MADAME
HOFFMAN-TANSKA

PAR

Mme LOUISE COLET.

ÉDITION ILLUSTRÉE DE 19 VIGNETTES PAR BERTALL

PRIX : **70** CENTIMES.

PARIS,
PUBLIÉ PAR GUSTAVE BARBA, LIBRAIRE-ÉDITEUR,
RUE DE SEINE, 31.
140.

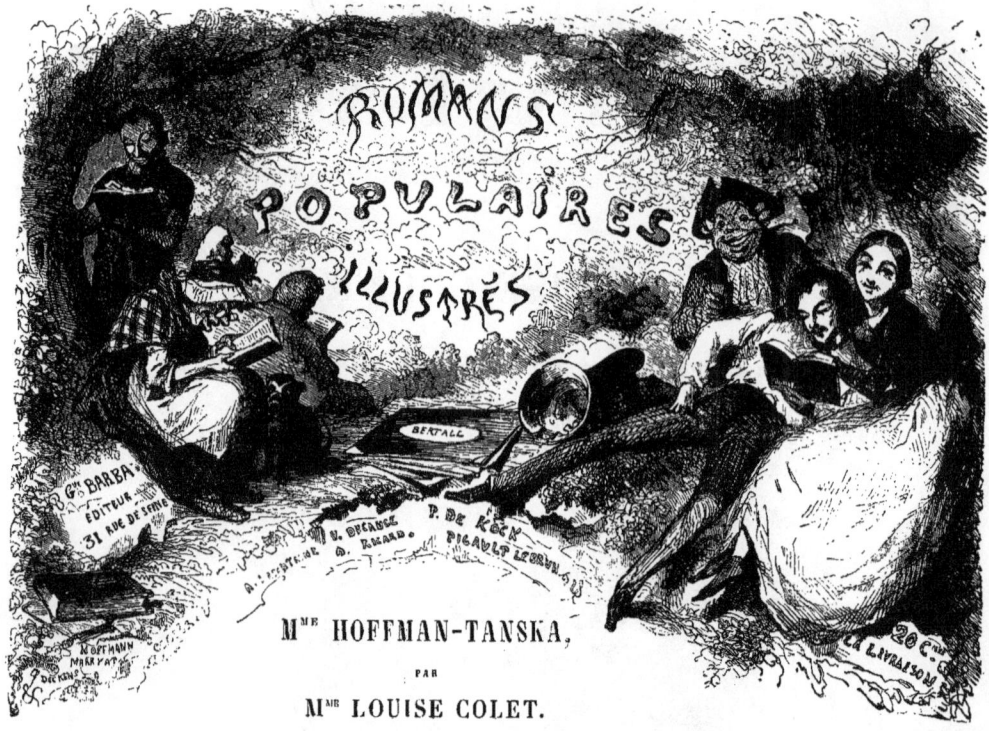

Mme HOFFMAN-TANSKA,

PAR

Mme LOUISE COLET.

Mes cheveux déployés traînaient jusqu'à terre...

Les derniers événements arrivés en Pologne ont attiré plus vivement la sympathie et la curiosité de la France vers cette nation glorieuse et romanesque dont l'histoire est un composé d'actes héroïques qui touchent aux intérêts publics, et d'intrigues privées répandant tout le piquant de mémoires anecdotiques et intimes sur les annales d'un grand peuple.

Ces intrigues, commençant par l'amour, ou plutôt dont l'amour n'était souvent que le prétexte, aboutissaient presque toujours à l'ambition, et par là se liaient aux destinées du pays.

Le caractère polonais captive l'historien et le moraliste. On aime à étudier ces natures chevaleresques, enthousiastes, croyantes (un peu superstitieuses), légères et mobiles, donnant trop à l'éclat et pas assez à la pratique de ces vertus solides qui forment la raison d'un peuple, fortifient son patriotisme et assurent la durée des États.

On a beau admirer ces courageux athlètes, ces entraînants acteurs, et se passionner pour les scènes émouvantes de leur histoire, on leur en veut quand on voit tant de retentissantes et stériles agitations aboutir à l'anarchie et amener enfin l'esclavage.

Dans l'attente de la reconstitution d'une nationalité à laquelle nous intéressent de récentes et glorieuses tentatives, la France étudie avec plus de soin les institutions et la littérature de la Pologne.

Dès 1831, la nombreuse émigration polonaise nous fit connaître quelques écrivains nationaux parmi lesquels M. Mickiewicz excita tout d'abord une admiration et un intérêt qui l'ont suivi au collège de France lorsque dans ses savantes et ingénieuses leçons il initia le public français à la littérature slave.

Les beaux articles publiés dans la *Revue des Deux Mondes* par M. Cyprien Robert, héritier de la chaire de M. Mickiewicz, nous ont montré sous un jour nouveau les destinées de ce peuple à qui la France est désormais liée par une double confraternité politique et littéraire.

Nous n'avons pas la prétention de développer ici ce que d'autres ont si bien et si complétement dit avant nous; nous désirons seulement fixer l'attention sur une femme fort célèbre dans son pays, mais qui a passé presque inconnue parmi nous.

Au mois de septembre dernier, les journaux annoncèrent que madame Hoffman (née Clémentine Tanska), auteur de plusieurs ouvrages sur l'éducation et de plusieurs romans, venait de mourir à Paris.

Le prince Czartoryski, ce noble chef de l'émigration polonaise, prononça sur sa tombe l'éloge de cette femme distinguée, et ses frères d'exil réunirent une souscription considérable pour lui élever un monument. Puis le silence se fit autour de cette mémoire que les journaux littéraires n'ont point proclamée.

Réparons autant qu'il est en nous cette omission, disputons quelque temps à l'oubli une intelligence élevée et pure.

Clémentine Tanska, d'une famille noble, était née en Pologne. Son père, poète de mérite, lui donna le goût de la littérature. Fort jeune encore, mademoiselle Tanska publia un ouvrage ayant pour titre : *Souvenir d'une bonne mère*. Inspiré par l'amour filial et l'amour de la patrie, ce livre est l'expression des sentiments les plus touchants et les plus nobles rendus dans un style d'une pureté et d'une élégance rares.

La jeunesse de l'auteur contribua au succès mérité de ce livre. Il en fut fait huit éditions successives, et quoiqu'il eût été exclusivement écrit pour les jeunes filles, il fut adopté dans les écoles des deux sexes.

Encouragée par ce brillant début, mademoiselle Tanska fonda en 1824 une revue intitulée : *Récréation de la jeunesse*. Cette publication continua jusqu'en 1830, et durant ces sept années se fit remarquer par une grande variété de rédaction, un intérêt vif et moral, un esprit patriotique qui animait chaque récit et en faisait pour ainsi dire un enseignement national.

On le voit, dans la femme et l'écrivain se montrait déjà la citoyenne que nous retrouverons héroïque au moment de l'insurrection.

En 1827, le gouvernement créa à Varsovie une école pour former des institutrices. Mademoiselle Tanska fut nommée professeur dans cet établissement, et en même temps inspectrice de tous les pensionnats de jeunes filles.

Parvenue par son talent et par l'élévation de son caractère à une aussi honorable position, mademoiselle Clémentine Tanska se maria en 1829 à M. Charles Hoffman, publiciste renommé. Leur maison devint le rendez-vous de tous les écrivains de Varsovie.

Dans des réunions fréquentes on s'occupait de littérature avec un zèle et une ardeur qui indiquaient que pour ces généreux esprits la littérature n'était qu'un moyen de propager les sentiments patriotiques. Il en était alors en Pologne comme dix ans auparavant en Italie [1], les livres et les journaux préparaient les jours de glorieuse révolte.

L'insurrection éclata, et dès lors madame Hoffman-Tanska mit en pratique les sentiments généreux répandus dans ses écrits. A la tête des dames de Varsovie, elle soignait dans les hôpitaux les soldats blessés sur le champ de bataille et les cholériques.

Quel courage inaltérable, quel dévouement angélique montrèrent alors les femmes polonaises! Emilie Plater et quelques autres animaient les défenseurs de la patrie et combattaient elles-mêmes dans leurs rangs. Le plus grand nombre, à l'exemple de madame Hoffman, prodiguaient leurs soins et leurs consolations aux mourants, bravant la redoutable épidémie avec cet héroïsme tranquille et résigné qui est le caractère distinctif de ce grand peuple polonais.

Si, comme nous l'avons indiqué, les hommes en Pologne manquent peut-être de cette énergie dans le repos, de ce sens juste et pratique nécessaire à la conduite des individus et à la direction des Etats; si, enfin, osons le dire, ces hommes qui savent être des héros et des martyrs quand les circonstances l'exigent ne montrent souvent (et l'histoire en fait foi) dans les temps ordinaires qu'un esprit turbulent et indécis, ces défauts de caractère sont moins sensibles chez les femmes polonaises, ou plutôt on ne songe pas à les remarquer en elles, car si l'absence de certaines qualités telles que la rectitude de la raison et la fermeté du jugement indique la faiblesse dans un homme, elle ne laisse dans la femme que plus de place à la bonté, au dévouement et à cette foi aveugle et enthousiaste qui sied à sa nature.

Le caractère de la femme polonaise est adorable; on trouve dans son noble cœur le courage, l'abnégation, une pitié fervente et une tendresse dévouée pour tous ceux qui souffrent.

Sa mélancolie rêveuse, si pleine de grâce, s'est empreinte depuis un siècle de la grandeur des malheurs patriotiques qui en sont la source; la femme polonaise a, dans le son de sa voix et dans son maintien, quelque chose de douloureux et de digne qui fait penser aux souffrances héroïques de son pays.

Telle était madame Hoffman-Tanska. Quand les Russes triomphèrent à Varsovie, elle émigra avec son mari, et durant quatorze ans elle subit sans se plaindre toutes les privations et toutes les douleurs de l'exil.

[1] En 1820 et 1821, le *Conciliateur* était rédigé à Milan par Silvio Pellico, Confalonieri et d'autres patriotes italiens enfermés depuis au Spielberg.

L'étude lui fut une bienfaisante consolation, elle retrouva dans un travail assidu cette quiétude et cette sérénité d'âme que le malheur peut altérer sans toutefois en épuiser la source lorsque nous la cachons en nous.

Une *Vie des saintes femmes* où se reflétaient la mansuétude de ce noble cœur, l'érudition et la grâce de ce vif esprit, fut le premier ouvrage que madame Hoffman-Tanska publia dans l'exil. Elle épancha pour ainsi dire les tristesses infinies qui s'étaient emparées de cette âme patriotique à la vue de la ruine de son pays, et qui ne trouvait qu'en Dieu et dans les aspirations de ses élus l'allégement et l'espoir.

Le temps cicatrisa insensiblement ce cœur saignant, qui revint toujours ému mais presque souriant aux impressions de jeunesse et aux souvenirs du pays. Dans cette disposition moins sombre, madame Hoffman-Tanska écrivit deux romans où l'imagination se mêle à l'histoire : d'abord *Caroline*, puis *Jean Kochanowski*, poète inspiré du seizième siècle. Ces deux ouvrages l'emportent sur tous les précédents de l'auteur par l'intérêt et aussi par l'exquise correction du style.

Mais de toutes les publications qui portent le nom de madame Tanska, il n'en est pas dont la lecture soit plus attachante que le journal de *Françoise Krasinska*; la jeune Clémentine Tanska l'avait fait paraître en 1825 dans la revue littéraire qu'elle avait fondée. Le journal de *Françoise Krasinska* offre un curieux et naïf tableau des mœurs de la Pologne au dix-huitième siècle, sous la fin du règne d'Auguste III, électeur de Saxe, ce prince dont Ruhlière a dit : « Il se ruinait en magnificence sans l'aimer, en tableaux sans s'y connaître. Le faste de sa cour n'était animé par aucun esprit de galanterie; et ce roi, d'une beauté majestueuse, gardait une inviolable fidélité à la reine son épouse, la plus laide princesse de son siècle; cette beauté même, qui dans les traits de ce prince frappait au premier coup d'œil, s'éclipsait à la plus légère attention; on lui trouvait je ne sais quoi d'épais; sa physionomie muette et morne n'avait aucun caractère, si ce n'est quelque fierté. Son esprit était si paresseux et borné, que jamais il n'a pu apprendre la langue de son royaume. Son unique passion fut pour la chasse; et la reine, ne le quittant jamais, l'y suivait dès le point du jour dans une chaise ouverte, bravant avec lui toutes les intempéries des saisons. Dans cette unique et perpétuelle occupation, il prétendait gouverner seul ses deux États de Saxe et de Pologne. Mais, en effet, tous les soins du gouvernement étaient abandonnés à un favori [1]. Il préférait le séjour de Dresde à celui de Varsovie, parce que les forêts de son électorat étaient plus favorables pour la chasse que les forêts de son royaume, et parce qu'étant ennemi de toute représentation, il n'était point obligé de tenir une cour à Dresde comme toutes les coutumes polonaises l'y contraignaient à Varsovie.

» C'était en Saxe qu'il entretenait à grands frais des troupes de danseurs français et de chanteurs italiens, et qu'il se ruinait en folles prodigalités.

» La loi qui l'obligeait de convoquer une diète tous les deux ans le rappelait en Pologne à cette époque; il désirait passionnément que ces assemblées eussent une heureuse issue, parce qu'il eût regardé le succès comme une preuve de confiance que les Polonais lui eussent donnée. Mais, après quelques sessions tumultueuses, il se trouvait toujours quelque nonce dont l'opposition obligeait la diète à se dissoudre, et le roi accoutumé à ce malheur paraissait aisément consolé quand la saison était favorable pour retourner en Saxe. Pendant trente ans que dura ce règne la nation s'assembla toujours vainement, et presque toujours les prétextes les plus frivoles suffirent pour ces ruptures.

» Qu'on s'imagine le plus simple héritage quelques années sans maître et sans régie, tout y tomberait en ruine, et l'un des plus grands royaumes de l'Europe resta pendant trente années sans aucune sorte d'administration. Il n'existait aucun pouvoir légitime pour demander compte ni de la perception des impôts ni de l'état des troupes. Les grands trésoriers s'enrichissaient du trésor public, tandis que l'État était pauvre et obéré; les grands généraux étaient puissants et la république sans défense. Les grands maréchaux étaient redoutés sans que la police fût maintenue, et on reprochait aux chanceliers de signer arbitrairement des actes illégaux. Toutes les grandes affaires restaient indécises. Aucun ministre n'avait été envoyé aux puissances étrangères.

» Au milieu d'une longue paix la nation, plongée dans la mollesse, se faisait un devoir d'imiter le luxe de la cour, et ce luxe insensé déguisait sous une apparente prospérité le véritable état du royaume. Le peuple, c'est-à-dire les esclaves, devenaient chaque jour plus malheureux, parce que les possesseurs des terres s'efforçaient d'en accroître les revenus par le surcroît de travaux dont ils chargeaient ces infortunés.

» Ce qui peut à peine se comprendre, c'est que, dans une pareille

[1] Le comte Brühl, dont il est question dans le journal de Françoise Krasinska.

anarchie, la Pologne paraissait heureuse et tranquille : la sûreté régnait dans les villes, les voyageurs pouvaient, sans rien craindre, traverser les forêts les plus solitaires et les routes les plus fréquentées. Jamais on n'entendait parler d'un crime, et rien peut-être ne fait plus d'honneur à la nature humaine et ne confirmerait mieux l'opinion philosophique que l'homme est naturellement bon. Toutes les haines de religion semblaient assoupies,

. . . .

» Cette république, à la veille des plus terribles calamités, se contenait dans une espèce de calme. »

Tel est le portrait du roi Auguste et tel le tableau abrégé que trace Rulhière de l'état de la Pologne à cette époque. Encore un règne ou plutôt le simulacre d'un règne [1], et cette grande nation allait être morcelée et rayée du nombre des Etats de l'Europe! Cependant, sans prévoir la catastrophe imminente, la Pologne ne songeait qu'à jouir d'un bien-être matériel, factice et précaire, dont elle ne mesurait pas la durée.

Quand Auguste avait bu, la Pologne était ivre,

a dit Voltaire, et la Pologne elle-même semble avoir voulu confirmer l'exactitude de ce vers par un proverbe national qui date de cette époque :

Sous le règne du roi saxon,
Mange, bois, et desserre ceinturon [2].

O peuple ventripotent! se fût écrié Rabelais.

Le journal de Françoise Krasinska nous introduit dans l'intimité de ces grandes familles dont se composait l'oligarchie polonaise.

A l'aide de ce curieux document, nous pouvons étudier les mœurs de la Pologne tout entière au dix-huitième siècle, au moment même qui touche à sa dissolution.

La noblesse, autrefois chevaleresque et guerrière, ne s'occupe plus désormais que de bonne chère, de chasse, de courses en traîneau, de bals et d'intrigues d'amour, elle oublie que des haines voisines convoitent et menacent la Pologne, elle désapprend la guerre et la politique, elle ne paraît plus aux diètes que pour la forme, elle abdique pour ainsi dire elle-même les prérogatives publiques dont elle se montrait si jalouse et si fière au temps de sa grandeur.

Pourtant un siècle ne s'était pas écoulé depuis les victoires de Jean Sobieski, qui portèrent si haut la renommée guerrière de la Pologne! C'est que le mal datait de loin, c'est que Sobieski lui-même, *le héros, le brave roi*, comme l'appelait madame de Sévigné dans ses lettres, entrevoyait déjà de son temps la chute de son pays, lorsqu'il adressait aux sénateurs toujours divisés, toujours remuants, ces douloureuses et prophétiques paroles : « Quelle sera un jour la morne sur-

[1] Celui de Poniatowski élevé au trône de Pologne par Catherine II, dont il avait été l'amant lorsqu'elle n'était encore que grande-duchesse.

[2] Za krola sasa
Jedz, pij a popuszczaj pasa.

prise de la postérité de voir que, du faîte de tant de gloire, nous avons laissé notre patrie tomber en ruine, et y tomber, hélas! pour jamais! Quant à moi, j'ai pu vous gagner çà et là des batailles, mais je me reconnais destitué de tous moyens de salut. »

Dans le journal de Françoise Krasinska, nous retrouvons la peinture fidèle de cette heure de décadence fatalement arrivée...

Nous voyons pour ainsi dire le jeu des rouages secrets et déliés qui produisent les événements dont s'occupe l'histoire. La jeune fille, tout en nous parlant beaucoup d'elle-même, ne laisse pas de nous parler aussi de la chose publique.

La haute position de sa famille, l'amour qu'elle inspire au prince royal lient les intérêts de son cœur à ceux de la nation. Elle nous raconte ainsi tout naturellement ses espérances de bonheur et les divisions du pays. Au tableau de sa vie de famille succède le tableau des magnificences de la cour.

De là se déroulent à la fois et simultanément une analyse attachante d'un cœur naïf et une étude très-piquante des mœurs du temps. Ame tendre, vif esprit, telle est cette jeune fille, qui, par son mariage avec le prince royal, appartient à l'histoire.

Rulhière a ainsi raconté cet événement : « Aussitôt que le prince royal eut obtenu la couronne de Courlande, il se pressa d'en faire secrètement hommage à une jeune Polonaise qu'il choisit pour épouse, Françoise de Corvins-Krasinska, dont la beauté justifiait cette passion et dont la vertu mérita cette alliance. Il crut que la souveraineté le rendrait en quelque sorte indépendant du pouvoir paternel, et ne demanda point le consentement du roi son père pour un mariage que la fierté de la maison de Saxe eût regardé comme inégal.

» Cette union, toujours ignorée du roi, fut d'ailleurs consacrée par toutes les formalités qui pouvaient la rendre indissoluble. Toute la nation en fut instruite, quoique la nouvelle épouse conservât son propre nom et continuât de vivre chez ses parents. Et il est remarquable que parmi les haines publiques qui animaient un grand nombre de Polonais contre la cour ils n'imaginèrent jamais de troubler par cette odieuse délation la paix de la famille royale et la faveur constante que le roi marquait à son fils.

» Plusieurs maisons alliées par ce mariage au nouveau duc de Courlande s'attachèrent à ses intérêts, et leur influence lui donna un si grand nombre de partisans, qu'il crut pouvoir désormais élever ses vues jusqu'à l'espérance de succéder au roi son père. »

La jeune fille qui devait être princesse se peint elle-même dans son journal par mille traits charmants. Laissons le lecteur l'écouter et la connaître. Par leur naturel et leur simplicité mêmes, ces pages, recueillies par madame Tanska, nous semblent dignes d'intéresser le public français, qui, à la longue, doit se dégoûter de la plupart de ces étranges romans-feuilletons où des événements impossibles sont racontés dans une langue qui n'en est plus une. Parmi des fleurs fades et inodores la plus humble fleur attire et un parfum d'originalité s'en exhale, et il est encore quelques délicats qui préfèrent à l'orgueilleuse pivoine et au tournesol éclatant la modeste giroflée et l'humble liseron.

I. C.

JOURNAL DE FRANÇOISE KRAZINSKA.

Au château de Maleszow, lundi 1er janvier 1759.

Il y a huit jours c'était la fête de Noël, mon père s'est fait apporter un grand livre dans lequel il consigne de sa propre main différents actes publics et privés ; c'est un recueil de discours, de manifestes, de lettres, de vers, de calembours, et tout cela est mis par ordre de dates.

Cet usage est pratiqué presque par tous les seigneurs polonais. Mon père nous a montré et nous a lu différentes pièces.

Comme j'écris avec assez de facilité en français et en polonais et que j'aime beaucoup m'exercer à écrire, ceci m'a donné l'idée que je pourrais tenter de faire un journal.

En France, m'a-t-on dit, quelques femmes ont cette habitude, pourquoi n'en ferais-je pas autant?

J'ai préparé un cahier assez volumineux, il faut que je le remplisse ; j'écrirai mes pensées comme elles se présenteront, je dirai tout ce qui me touche, tout ce qui touche ma famille sans omettre, autant que cela m'est possible, les affaires publiques.

Mon père, qui est un homme grave, en est exclusivement occupé ; moi, jeune fille bien ignorante, j'écrirai au gré des caprices de mon imagination, mais je dirai tout sans prétention : ce sera un véritable journal, car je l'écrirai jour par jour.

Nous voici au premier jour de l'année, c'est une époque bien choisie pour commencer mon journal ; dans ce château le temps ne me manquera pas.

Aujourd'hui la prière du matin est déjà dite, et pendant les vêpres je terminerai mes lectures pieuses.

Dix heures sonnent, je suis habillée, coiffée, j'ai encore deux heures avant le dîner.

Je commencerai par des réflexions sur moi-même, je parlerai de ma famille, de notre maison, de la république, puis j'écrirai au fur et à mesure tout ce qui nous arrivera.

Je suis née en 1744, j'ai donc seize ans ; j'ai reçu sur les fonts baptismaux le nom de Françoise.

Ma taille est assez élevée, on m'a dit bien souvent que j'étais belle, et, en vérité, quand je me regarde au miroir, je ne me trouve pas trop mal. « Il en faut rendre grâce à Dieu, dit ma mère, n'en point avoir d'orgueil, car c'est son ouvrage et non le nôtre. »

Mes yeux et mes cheveux sont noirs, mon teint est blanc et j'ai de fraîches couleurs ; tout cela ne me satisfait pas, je voudrais être plus grande. Il est vrai que je suis mince et que ma taille est bien prise ; mais j'ai vu des femmes plus grandes et je les envie, moi qui, dit-on, ne dois plus grandir.

Ma famille est très-noble et très-ancienne, je descends des Corvins-Krasinski.

Dieu me préserve d'entacher jamais par un acte indigne l'illustration de ce nom! je voudrais en contraire en accroître la gloire; parfois je regrette de n'être pas homme, j'aurais pu faire de actions éclatantes.

Mon père et ma mère sont si fiers de leur origine, que nous savons tous et que nos voisins savent la généalogie de nos ancêtres.

J'avouerai à ma honte que je la sais beaucoup mieux que celle de nos rois.

Mais quel sera le sort de mon journal? doit-il vivre ou mourir? pourquoi ne traverserait-il pas les siècles comme tant de correspondances et de mémoires?

Il faut que je soigne mon style. Combien je regrette de ne pas avoir le talent de madame de Sévigné ou de madame de Motteville! Il me semble que j'écrirai mieux mon journal en français; mais non, ce ne serait pas d'une bonne Polonaise. Vivant en Pologne, je dois écrire dans la langue de mon pays. Il est vrai que toute la noblesse parle généralement le français; mais c'est une mode, qui, comme toutes les autres, pourrait bien ne pas durer : alors que deviendrait ma mémoire!

Si ces pages, échappant à la dent des rats ou à l'usage des papillotes, tombent entre les mains de quelqu'un qui veuille bien les parcourir, que l'on soit indulgent pour mon ignorance sur bien des choses, qu'on se souvienne que j'écris sans méthode et sans suivre de règle.

J'ai à peine seize ans, et les *grandes petites choses* qui me préoccupent si fort aujourd'hui sembleront un jour bien puériles et bien peu dignes d'attention.

Toutes ces idées incohérentes qui se pressent dans ma tête, tous ces rêves de mon imagination, qu'en pensera un lecteur raisonnable?

Je reviens à la généalogie de ma famille.

La souche des Corvins est connue en Pologne depuis Boleslas le Chaste (1250). Sous son règne, Warcilas Corvins, descendant d'une ancienne famille romaine, arriva de Hongrie en Pologne : il y était appelé par Conrad, duc de Mazovie, qui lui confia le commandement de ses armées et le fixa à sa cour en lui faisant épouser une très-riche héritière.

Stavomir, petit-fils de Warcilas, fut le premier qui prit le nom de Krasinski d'une de ses terres appelée Krasne.

Il eut pour petit-fils André, guerrier célèbre, qui perdit la vie en 1497 dans la malheureuse campagne que Jean Albert entreprit contre les Valaques, dans laquelle périt la fleur de l'armée polonaise.

Cet André fut le grand-père de François, évêque de Cracovie, que j'aime par-dessus tous mes ancêtres.

Les portraits de tous les Krasinski illustres sont suspendus dans la grande salle de réception du château. Je contemple surtout avec plaisir le portrait de cet évêque, et je suis fière d'avoir le même nom de baptême que lui.

François Krasinski fut très-jeune ordonné prêtre et bientôt après nommé chanoine. Envoyé deux fois par le clergé polonais auprès du pape Paul IV, il s'acquitta si bien de sa mission, que Sigismond-Auguste le nomma ambassadeur auprès de Maximilien, empereur d'Allemagne.

Plus tard, devenu évêque, il fut un de ceux qui contribuèrent le plus à faire passer à la diète de Lublin (en 1569) l'acte d'union de la Lithuanie avec la Pologne.

Le roi Sigismond, pour récompenser ses services, lui donna l'évêché de Cracovie et voulut sur son lit de mort recevoir l'extrême-onction de ses mains.

François, doué d'un caractère doux et conciliant, fut le seul parmi les évêques qui à la diète de Varsovie en 1573 (pendant l'interrègne) signa les articles de paix avec les dissidents [1].

Lorsqu'on lui reprocha sa tolérance, il répondit qu'en agissant ainsi il croyait avoir servi l'Église.

Il aimait ardemment son pays ; plus d'une fois il équipa à ses frais des régiments pour défendre les frontières. Il fit construire dans son domaine de Krasne une église, un hôpital et une école ; il vivait là en grand seigneur, entouré d'une cour nombreuse et faisant beaucoup de bien aux pauvres. S'il ne dépensa pas sa fortune il ne l'augmenta pas : à sa mort on trouva sa cassette presque vide.

Un de ses neveux nommé Jean a été chanoine et secrétaire particulier du roi Etienne Batory.

Ce Jean était un homme docte et savant. Il reste de lui plusieurs ouvrages estimés, entre autres la *Polonia*.

Ce livre, imprimé à Bologne, est écrit dans un latin très-pur ; il contient des notions exactes sur la topographie, le gouvernement et les mœurs du pays. Jean avait dédié cet ouvrage à Henri de Valois afin de faire connaître la Pologne au roi et à sa suite française.

Ce livre est devenu très-rare ; mon père n'en possède qu'un exemplaire qu'il garde comme une relique.

C'est ce même Jean qui écrivit un récit de l'élection d'Etienne et de la mort d'Henri III, pages fort remarquables (à ce qu'on m'assure), car je ne puis en juger par moi-même, ne sachant pas le latin.

Un autre neveu de l'évêque François, Stanislas, palatin de Plock, fut un voyageur célèbre : il visita d'abord Malte et la Sicile, puis les côtes d'Afrique.

Marié deux fois, il a laissé cinq filles et dix garçons dont un grand nombre s'étant mariés ont laissé à leur tour beaucoup d'enfants : aussi la famille de Krasinski est-elle devenue très-nombreuse.

[1] On appelait dissidents en Pologne tous ceux qui n'étaient pas de la religion catholique romaine.

Un Krasinski, Alexandre, vivant sous le règne de Sigismond III, se défendit vaillamment, à la tête de ses vassaux, contre une horde de Tartares, dans ce même château de Maleszow où j'écris si paisiblement mon journal.

Dans de nombreuses sorties, il se jeta avec tant de bravoure dans les rangs ennemis, que le chef des infidèles voulut en se retirant laisser une marque de son admiration et de son estime au guerrier polonais.

Il lui envoya comme souvenir ce qu'il possédait de plus précieux : c'était une pendule en bois d'un travail très-simple, mais qui à cette époque était regardée par ces peuplades comme une œuvre merveilleuse.

Cette ancienne curiosité, cadeau d'un ennemi, d'un Tartare habitué plutôt à piller qu'à faire des largesses, a été conservée avec respect dans notre famille. Je n'ai vu cette pendule que deux fois : mon père la tient sous clef, et je suis bien persuadée qu'il ne la céderait pas en échange de dix pendules à musique nouvellement confectionnées à Paris.

Cet illustre guerrier fut tué à la guerre contre les Moscovites : il ne laissa pas d'enfants.

Je le regrette beaucoup ; j'aurais été bien fière de descendre en ligne directe d'un homme aussi brave.

C'est une Krasinski, Jean-Bonaventure, palatin de Plock, qui fit élever à grands frais à Varsovie un magnifique palais dans le style italien entouré d'un parc admirable.

N'étant jamais allée à Varsovie, je n'ai pu juger par moi-même de la beauté de ce monument; mais tout le monde s'accorde à dire que son architecture est d'un meilleur goût que celle du palais de Saxe et même du Château-Royal [1].

Ce Jean Krasinski avait deux frères, dont l'un a laissé deux fils : Michel, quartier-maître de Ciechanowiec, et Adam, évêque de Kamienec, tous deux vivants encore.

L'évêque est en grande estime dans le pays, et mon père prétend qu'il surpassera la gloire de l'évêque de Cracovie [2].

Un autre frère de Jean-Bonaventure, Alexandre, quartier-maître de Pandonin, a été mon grand-père, et j'ai pour père son fils, Stanislas Krasinski, staroste de Nowcmiasto, de Prasnysz et d'Uyscié. Ma mère, Angélique Humiecka, est fille du célèbre palatin de Podolie.

Cette branche de Krasinski s'éteindra avec eux, car, à mon grand regret, je n'ai point de frère. Nous sommes quatre sœurs : Barbe, moi, Sophie et Marie.

Les gens de notre petite cour me répètent souvent que je suis la plus jolie, mais, en vérité, je ne le crois pas. Nous sommes toutes quatre bien élevées : on nous a donné l'éducation qui convient à des filles nobles qui ont pour père un staroste.

Nous sommes droites comme des joncs, vives comme des poissons, blanches comme du lait et colorées comme des roses.

Nous avons une gouvernante française qui nous donne des soins : on l'appelle *Madame* ; c'est elle qui nous habille, et quand elle nous a lacées notre taille pourrait tenir dans les deux mains.

Madame nous a appris à saluer avec grâce et à avoir un maintien convenable. Dans le salon nous nous asseyons sur le bord de notre chaise, les yeux baissés sur le parquet et les bras agréablement croisés.

On s'imagine que nous sommes fort ignorantes.

On croit aussi que nous savons à peine marcher et que nous nous tenons toujours comme des momies ; on serait bien étonné de nous voir courir et sauter par les belles matinées d'été.

O comme nous nous dédommageons alors de la contrainte! C'est pour nous une vraie fête quand nos parents nous permettent de faire une promenade dans les bois. Nous quittons la frisure, le corset, les souliers à talons et nous élançons comme des folles en *déshabillé* ; nous gravissons les montagnes en courant ainsi que des biches. et la pauvre *Madame*, qui veut à toute force nous suivre, en perd haleine, elle ne peut ni nous atteindre ni nous retenir.

Mes deux sœurs cadettes et moi nous n'avons jamais quitté le château et ses dépendances ; notre plus long voyage s'est borné à aller voir notre tante la palatine Malachowska, qui habite à Konskié, et à visiter le bourg Piotrkowice, qui nous appartient.

Mon père, à son retour de son voyage d'Italie, fit élever dans ce bourg une belle chapelle sur le modèle de Notre-Dame de Lorette ; il a fondé aussi une autre chapelle à Lissow, notre paroisse, qui dépend de Maleszow.

C'est là tout ce que je connais de nos environs. Ma sœur aînée est plus avancée que moi : elle s'est allée jusqu'au bout du monde ; elle a fait deux voyages à Opole pour voir ma tante la princesse Lubomirska, palatine de Lublin. Mon père a pour cette sœur une grande affection et la respecte comme si c'était sa mère.

Barbe est restée un an à Varsovie dans la pension des religieuses

[1] Ce palais, parfaitement conservé, existe encore à Varsovie, et mérite les éloges de Françoise Krasinska.

[2] Cet Adam Krasinski, évêque de Kamienice, homme d'État et bon patriote, a joué un rôle très-important dans la fameuse confédération de Bar (1768-1772).

du Saint-Sacrement, aussi est-elle bien plus savante que nous; elle salue on ne peut mieux, et se tient droite à merveille : son port est admirable.

Je sais que mes parents ont projeté de me mettre aussi en pension; à chaque instant il me semble voir arriver le carrosse qui doit me conduire à Varsovie ou à Cracovie.

Je regretterai le château, j'y suis si bien! Cependant ma sœur Barbe ne s'est pas mal trouvée de son séjour au couvent, sans doute il en sera de même pour moi. Je veux en attendant me perfectionner dans la langue française. On dit que c'est indispensable pour une femme de qualité, de même que le menuet et la musique; enfin je verrai une grande ville et j'aurai au moins quelques souvenirs.

Jusqu'à présent il m'a été impossible de juger par comparaison : je ne sais donc pas bien si le château de Maleszow est réellement beau ; ce que je sais, c'est qu'il me plaît infiniment, quoique quelques personnes disent qu'il est fort triste ; moi, je ne m'en aperçois point ; je me sens si heureuse dans ce monde que je ne voudrais que chanter et danser toute la journée.

Le château est vaste et commode ; il a quatre étages, quatre tourelles ; il est entouré d'eau vive avec un pont-levis ; le site d'alentour est charmant, boisé et montagneux.

Comment peut-on dire qu'une telle habitation est triste ?

J'entends pourtant mes parents se plaindre ; ils ne trouvent pas encore leur demeure assez spacieuse. Il est vrai que nous sommes un grand nombre d'habitants.

Comme je l'ai dit, le château a quatre étages, et chaque étage est divisé ainsi qu'il suit : une salle , six chambres, et quatre cabinets dans les quatre tourelles; nous n'habitons pas tous le même étage.

Au premier étage est la salle à manger ; au deuxième, nous jouons et prenons nos récréations avec les autres demoiselles ; au troisième nous avons nos chambres.

Mon père et ma mère, qui ne sont plus jeunes, trouvent très-fatigant de monter et de descendre à chaque instant : pour moi, j'aime cela à la folie, surtout quand je n'ai pas encore mon corset ; je saisis la rampe, je me glisse agilement sans effleurer les marches et me voilà en bas.

L'affluence de nos visiteurs est toujours nombreuse.

Le château de Maleszow, fût-il trois fois plus grand, je crois qu'il les contiendrait à peine. Notre habitation est si gaie, si animée, si bruyante, que nos voisins l'ont surnommée le *Petit Paris*.

Lorsque l'hiver arrive nous avons encore plus de monde : le capitaine de nos dragons ne se donne plus la peine de baisser le pont-levis; les visiteurs se succèdent sans interruption du matin au soir.

La musique de la chapelle du château ne cesse de se faire entendre; nous rions, nous dansons : c'est une joie rien qu'à nous voir.

En été ce sont d'autres plaisirs : des promenades dans la campagne, des jeux de toute espèce dans le vestibule du château; ce vestibule est d'une hauteur prodigieuse, il est éclairé par le dôme et l'on y respire une fraîcheur délicieuse dans les jours bien chauds.

Je doute qu'il y ait beaucoup de maisons polonaises dont le train surpasse celui de la nôtre en magnificence.

Notre suite se compose des hommes appelés *courtisans* et des gens de service employés dans le château : les premiers sont les plus considérés, ils ne sont pas gagés et servent par honneur ; étant tous gentilshommes, ils portent le sabre.

Quelques-uns pourtant sont d'une assez basse extraction, mais mon père prétend « qu'un noble qui habite une de ses dépendances (et notez bien que ces dépendances n'ont souvent que quelques pieds d'étendue) est l'égal d'un palatin. » Il n'y regarde donc pas de si près quant à la noblesse; cela augmente d'ailleurs la suite des *courtisans*, puis ce sont des voix pour les diétines; ce n'est pas à dédaigner.

Les devoirs des *courtisans* consistent à se rendre dans les appartements du suzerain, à l'attendre, à se présenter devant lui dans un costume convenable, à être toujours prêts à exécuter les ordres qu'il lui plairait de leur donner ; quand le seigneur ne commande rien ils jouent aux cartes et entretiennent la conversation avec esprit s'ils en ont.

Il entre aussi dans leur service d'accompagner leur maître dans ses promenades et dans ses visites, de le défendre dans toutes les circonstances difficiles, et enfin de lui donner toujours leur voix aux diétines.

C'est encore leur devoir de le distraire et de l'amuser ainsi que ceux qui l'entourent.

Le petit Mathias s'acquitte à merveille de cette dernière fonction; c'est vraiment un personnage très-étrange : on dit qu'autrefois toutes les cours en avaient un de ce genre, dont elles ne pouvaient se passer.

Mathias passe pour être dépourvu d'esprit et de raison, cependant il juge de toutes choses avec une rectitude et une sûreté parfaites; ses bons mots sont inimaginables ; seul entre tous les courtisans il a le droit de dire la vérité sans la farder.

Notre petite cour l'appelle le *fou*, mais nous nous l'appelons le petit Mathias; il ne mérite pas le sobriquet qu'on lui a donné.

Outre les *courtisans*, six demoiselles de familles nobles nous sont attachées; elles demeurent dans le château sous la surveillance de *Madame*. Nous avons aussi deux nains : l'un a quarante ans, il est grand comme un enfant de quatre ans, on l'habille à la turque ; l'autre a dix-huit ans, sa figure est charmante, il porte le costume cosaque.

Souvent mon père permet à ce dernier de monter sur la table pendant le dîner, et il circule dans le labyrinthe des plats et des bouteilles comme s'il était dans un jardin.

Les courtisans, ainsi que je l'ai dit, ne sont pas gagés, ils appartiennent presque tous à des familles riches ou aisées ; ils se forment à notre cour aux nobles manières qui leur facilitent l'accès des emplois civils ou militaires.

La nourriture de leurs chevaux leur est payée; ils reçoivent de plus chaque semaine deux florins pour leurs palefreniers, et ils ont un domestique pour leur service particulier.

Ces domestiques sont habillés à la hongroise ou à la cosaque. Rien ne me divertit comme de voir leur figure quand ils sont debout derrière leurs maîtres; pendant tout le dîner leurs yeux restent fixés sur les assiettes, et c'est bien naturel puisqu'ils n'ont pas d'autre nourriture que ce qui reste sur les assiettes de leurs maîtres.

Notre petit Mathias est inépuisable en plaisanteries sur eux, il nous fait mourir de rire.

Les courtisans gagés sont en plus grand nombre que les autres et ne sont point admis à notre table, excepté le chapelain, le médecin et le secrétaire.

Le maître d'hôtel et le gardien de la cave sont toujours sur pied pendant le dîner, ils se promènent dans la salle et surveillent le service ; ce sont eux qui versent le vin au maître du château et à ses hôtes.

Les courtisans n'en boivent que le dimanche et les jours de fête; le commissaire, le trésorier, l'écuyer et l'officier nommé *offreur de bras*, parce que sa charge consiste à présenter son bras au maître ou à la maîtresse du château toutes les fois qu'ils veulent sortir, dînent à la table du maître d'hôtel.

Les courtisans qui mangent à la nôtre peuvent avoir beaucoup d'honneur, mais ils n'en sont pas mieux partagés pour cela ; ils ont beau puiser aux mêmes plats que nous, ils ne mangent pas des mets pareils.

Le cuisinier dresse le rôti en pyramide, il place au sommet la volaille et le gibier, et met au-dessous le bœuf et le porc ; nous nous servons d'abord : puis on passe les plats aux courtisans, qui ne trouvent plus que la base de l'édifice.

Quand on place les plats sur la table, ils paraissent si volumineux qu'on pense que chacun pourra en avoir sa part; mais ce qu'ils contiennent disparaît si rapidement, que parmi les pauvres courtisans il s'en trouve de très-mal partagés : car il y en a quelques-uns qui mangent d'une manière effroyable et qui engloutissent tout avant que les autres soient servis.

Ordinairement le dîner se compose de quatre plats ; mais les dimanches, les jours de fête, et lorsque nous avons des visiteurs, il y a toujours sept ou douze plats : je ne me souviens pas d'avoir vu enlever de dessus la table un seul plat qui ne fût vide. Les demoiselles dînent avec nous.

Les courtisans gagés ont une paye très-forte, on leur donne de trois cents à mille florins par an, et le fourrage pour leurs chevaux et la livrée pour leurs domestiques.

Mon père exige qu'ils soient très-bien habillés et à la dernière mode, surtout quand il y a réception au château.

Lorsqu'il est content de leur service, mon père les récompense généreusement ; il donne à ceux dont il est le plus satisfait une gratification le jour de sa fête, ou de l'argent, ou des effets de sa garde-robe.

Les courtisans gagés sont sous la dépendance du maître d'hôtel, il a le droit de les réprimander et de leur infliger les punitions.

Les *chambreurs* ou officiers de la chambre sont aussi sous les ordres du maître d'hôtel ; ils commencent leur service de quinze à vingt ans et le font pendant trois ans.

S'ils se rendent coupables de quelque faute , le maître d'hôtel leur applique des coups de martinet ;

On étend un tapis parterre, car le parquet à découvert n'est que pour les domestiques qui ne sont pas nobles, puis on châtie le coupable.

Le maître d'hôtel est d'une sévérité rigoureuse, il prétend que c'est ainsi qu'on forme la jeunesse, que sans cette discipline elle s'écarterait bien vite de la dépendance nécessaire. Mon père nous assure qu'il n'y a pas une chambre, une chaise dans le château de Maleszow où il n'ait reçu des corrections, c'est sans doute pour cela qu'il est si bon.

Nous avons à notre service une douzaine de *chambreurs*: l'un d'eux, Michel Chronowski, pauvre gentilhomme, mais beau garçon, aura fini son noviciat le jour des Rois, il sera fait une cérémonie à cette occasion.

Les *chambreurs* doivent toujours être habillés convenablement ; ils sont admis dans les appartements, ils nous accompagnent à pied ou à cheval quand nous sortons en voiture, ils portent nos lettres d'invitation et nos cadeaux.

L'énumération de tous les autres serviteurs du château serait trop longue, j'ignore même le nombre des musiciens, des cuisiniers, des heiduques, des Cosaques, des garçons et des filles de service.

Je sais seulement que cinq tables sont servies tous les jours, et que deux officiers sont occupés du matin au soir à faire porter à la cuisine tout ce qui est nécessaire pour les repas.

Ma mère préside souvent à la distribution des comestibles, elle garde chez elle les clefs des armoires où se trouvent les épiceries, les liqueurs et les confitures; chaque matin le maître d'hôtel vient présenter le menu du dîner à mes parents, qui le changent ou le conservent selon qu'ils le trouvent bien ou mal ordonné.

Voici de quelle manière notre vie intérieure est réglée : en été nous nous levons à six heures, et en hiver à sept.

Mes trois sœurs et moi, nous couchons dans la chambre de *Madame* au troisième étage. Chacune de nous a un lit en fer avec des rideaux.

Barbe, comme l'aînée, a deux oreillers et un édredon, nous n'en avons qu'un seul et une couverture de flanelle. Après nous être habillées à la hâte, nous disons nos prières en français, puis nous commençons nos leçons.

Autrefois notre précepteur nous apprenait à lire, à écrire, à compter en polonais, et le chapelain nous enseignait le cathéchisme; aujourd'hui Barbe et moi sommes sous la direction exclusive de *Madame*, nos deux sœurs suivent les leçons du précepteur.

A huit heures nous entrons chez nos parents pour leur souhaiter le bonjour et pour déjeuner. En hiver nous mangeons de la soupe à la bière, en été nous buvons du lait; les jours maigres on nous donne une très-bonne panade.

Après le déjeuner nous allons tous entendre la messe dans la chapelle du château. Cette chapelle est charmante.

Quand l'office est terminé le chapelain commence à haute voix les prières en latin, nous les répétons ainsi que toute notre suite. Franchement je n'en comprends pas le sens, un jour je le demanderai.

Nous remontons ensuite dans notre appartement, et nous commençons nos études.

Madame nous fait écrire sous sa dictée les vers du poëte français Malherbe. Nous avons un forte-piano; un Allemand qui dirige l'orchestre de notre cour nous donne des leçons, il reçoit trois cents florins d'appointements. Barbe touche assez bien du piano.

Après la leçon de musique, le coiffeur du château vient nous coiffer; il commence toujours par l'aînée; si par malheur il nous arrive avec quelques modes nouvelles nous sommes bien sûres qu'il nous mettra la tête en sang.

Ma chevelure est longue et plus épaisse que celle de mes sœurs; quand je suis assise, mes cheveux déployés traînent jusqu'à terre; le coiffeur fait tous ses essais sur ma tête; la mode actuelle me plaît infiniment.

C'est une sorte de négligé fort élégant: une partie des cheveux est réunie et bouclée au sommet de la tête, le reste tombe en tresses sur le cou et sur les épaules. Le coiffeur emploie une demi-livre de poudre pour arranger mes cheveux.

Nous mettons bien deux heures à notre toilette, mais afin que ce temps ne soit pas entièrement perdu, nous apprenons par cœur des proverbes français, ou bien *Madame* nous fait la lecture d'un ouvrage nouveau tout à fait moral et amusant : c'est le *Magasin des Enfants*, par madame de Beaumont.

Ces contes, d'une gouvernante à ses enfants, m'enchantent.

A midi l'on sonne l'*Angelus* et nous descendons pour le dîner, il dure ordinairement deux heures; après le dîner nous allons à la promenade s'il fait beau.

Puis nous nous mettons au travail; nous faisons en ce moment une broderie pour l'église de Piotrkowice.

Quand le jour s'obscurcit on allume les bougies, et notre travail n'est pas interrompu. Dans toutes les saisons nous soupons à sept heures.

Après le souper, on ne fait plus rien, on cause ou on joue aux cartes, notre petit Mathias fait des mines étonnantes quand la bonne carte ne lui arrive pas; il a le don de me faire toujours rire.

Un des *chambreurs* va tous les huit jours à Varsovie, il en rapporte les lettres ainsi que les journaux qui nous sont lus par le chapelain. Je donne une attention particulière à certaines nouvelles.

Mon père nous lit souvent de vieilles chroniques; mais j'avoue que les livres français m'amusent bien davantage. *Madame*, qui ne sait pas un mot de polonais, nous fait toujours des lectures françaises, cela me donne l'usage de cette langue. Mon père ne nous fait ses lectures qu'une fois par semaine.

Mais à l'époque du carnaval, adieu les lectures; on ne pense plus qu'à jouer, à danser et à se divertir. A Varsovie, les fêtes doivent être bien plus belles que dans notre château. O que je voudrais voir tout cet appareil d'une grande cour!...

Mais j'entends sonner midi, il faut que je dise bien vite mon *Angelus*, que j'arrange ma coiffure et que je descende, demain j'écrirai ce que je n'ai pu écrire aujourd'hui.

2 janvier, mardi.

Hier j'ai donné trop de temps aux choses intérieures, je veux aujourd'hui m'occuper des intérêts publics.

Je ne serais pas digne d'être Polonaise si je ne mettais pas les affaires de notre chère patrie au-dessus de tout. On en parle beaucoup au château, et je prête toujours une vive attention à ce qu'on dit. Depuis que j'ai commencé mon journal, je désire plus vivement encore connaître les événements extérieurs.

C'est Auguste III, électeur de Saxe, qui règne à présent sur la Pologne et la Lithuanie.

Il y aura vingt-cinq ans le 17 de ce mois que l'évêque de Cracovie a placé sur le front d'Auguste le diadème royal.

Un parti considérable, opposé à son élection, voulait élever au trône Stanislas Leszczynski[1], Auguste l'emporta; le vertueux Leszczynski, faute d'argent et de soldats, se vit forcé d'aller retrouver ses Lorrains, qu'il rend fort heureux.

La reine, qui encouragea vivement le roi dans la lutte qu'il eut à soutenir avant de parvenir au trône, était, dit-on, digne d'être reine des Polonais; elle les aimait.

Marie-Joséphine se montra toujours ennemie de l'intrigue, humaine, clémente et pieuse; elle fut excellente pour son mari et pour ses enfants, indulgente pour tous, et d'une sévérité extrême dans ses mœurs. On peut dire qu'elle réunissait toutes les vertus désirées dans une femme.

Elle est morte à Dresde il y a à présent deux ans. Elle avait eu quatorze enfants, dont onze, sept filles et quatre fils, vivent encore.

J'ai gardé le souvenir de la douleur que causa sa mort aux Polonais. On célébra des services funèbres dans toutes les églises du royaume: nous fîmes une cérémonie dans notre petite église de Piotrkowice, tous les pauvres y assistèrent : ils pleuraient et sanglotaient en priant pour la reine.

Le roi passe pour être d'un esprit facile, et on prétend qu'il se repose entièrement sur son ministre Brühl[2]; c'est lui qui gouverne véritablement la Pologne et la Saxe; ce dernier pays est livré à de grands malheurs; la Prusse, qui n'est cependant qu'un Etat naissant, fait déjà trembler toute l'Europe.

On dit qu'un homme de génie préside à ses destinées.

L'électeur de Brandebourg est parvenu au trône par sa seule volonté en 1701. La Pologne ne lui confirma pas le titre de roi, et aujourd'hui le successeur de l'électeur serait assez puissant pour donner des couronnes aux autres Etats. Il résiste à l'Autriche, à la Saxe, à la Moskovie, et avec ses seules forces il agrandit chaque jour son royaume. Il passe pour avoir de grandes connaissances dans l'art mi-

[1] Père de Marie Leszczynska, qui fut la femme de Louis XV.
[2] Le comte Brühl, chasseur infatigable, parce que c'était un moyen sûr de plaire à son maître; convive agréable, adroit à tous les exercices, avait passé sa vie entière à la cour, et, devenu ministre, ne fut encore qu'un courtisan. Ce ne fut point au choix du roi qui porta Brühl à cette place, mais une faveur qui, s'accroissant de jour en jour sans être fondée sur aucune estime, fit tomber peu à peu toutes les affaires entre ses mains. Jamais respecté plus servilea ne furent rendus à aucun prince que ceux qu'il rendait à son maître avec une perpétuelle assiduité: toujours à sa suite dans les forêts, ou passant les matinées entières en sa présence, sans jamais dire un mot, tandis que le prince désœuvré se promenait en fumant et laissait tomber les yeux sur lui sans le voir : « Brühl, ai-je de l'argent? — Oui, sire. » Ce fut toujours sa réponse. Mais, pour satisfaire chaque jour aux nouvelles fantaisies du prince, il chargea en Saxe la banque de l'Etat de plus de billets qu'elle n'avait de fonds; et en Pologne il mit à l'encan tous les emplois de la république. Il portait dans les grandes affaires de la politique générale de l'Europe cet esprit d'intrigues usitées, de mensonges et de doubles manœuvres qu'on prend si souvent dans les cours ; rampant devant son maître, séduisant dans la société de ses grâces et sa faveur, faible et perfide dans les affaires, et partout ailleurs le plus superbe des hommes. L'excès de son luxe en tous les genres paraîtrait exagéré dans un roman, et la vérité passe ici de bien loin toute vraisemblance.

Lucullus, l'étonnement des Romains après qu'ils eurent pillé la Grèce et l'Asie; Lucullus, qui prêta un jour aux entrepreneurs d'un spectacle cinq mille de ses habits, aurait paru au ministre saxon dénué de tout et presque nu. Il prétendait que cette folle magnificence n'était pas en lui un goût personnel, qu'il ne s'y asservissait uniquement que pour flatter un faible de son maître. En effet, Auguste, attaché par indulgence à une vie simple et privée, mettait de l'orgueil à être servi par un ministre fastueux. *Sans mes profusions*, disait Brühl, *il me laisserait manquer du nécessaire*. Et le plus vain, le plus superbe des hommes n'était encore, au milieu de toute cette pompe, que le plus vil des flatteurs. On ignora longtemps qu'une secrète dévotion se mêlait dans l'âme de ce ministre à toutes les passions d'un courtisan ; mais un jour deux étrangers pénétrèrent indiscrètement dans ses appartements intérieurs, ils l'aperçurent avec surprise à genoux, le visage contre terre, devant une table illuminée comme le sont les tombeaux dans les cérémonies funèbres. Brühl, qui venait avec précipitation, leur dit : « Qu'après avoir donné sa journée entière à son maître temporel, il fallait bien donner quelques moments à l'éternité. » Tels sont les replis du cœur humain ; les mêmes sentiments qu'il cachait avec soin sous un désordre qui perdait deux Etats.

Le comte Brühl, d'abord ministre de Saxe, n'était rien en Pologne, où les étrangers sont exclus de tous les emplois; mais aussitôt que son crédit sur l'esprit du roi l'eut commencé à disposer seul de toutes les grâces il se donna hardiment pour Polonais, et, trouvant un moyen, dans un procès suscité à dessein, de faire reconnaître par un tribunal une fausse généalogie. Ce jugement devint un titre qui permit à la faveur de le combler personnellement de richesses et de dignités.

Le maître et le favori n'avaient point d'autre système politique qu'une dépendance entière de la Russie.

litaire et une prodigieuse capacité politique, il est en outre savant et philosophe; c'est un grand caractère.

Bien des personnes pensent qu'il faudrait à la Pologne un homme de la trempe de Frédéric le Grand; mais comme il ne nous gouverne point et que ses intérêts sont contraires aux nôtres, on craint qu'il ne devienne tôt ou tard la cause de notre ruine.

Dieu veuille que la Prusse, qui n'est qu'une fraction de la Pologne, ne l'engloutisse pas un jour!

Les hommes qui s'occupent de la chose publique disent, mais bien bas, que les affaires de la république vont mal; ce qui ôte toute espérance pour l'avenir, c'est que les belles vertus antiques qui faisaient la gloire de la patrie ont presque disparu pour faire place à l'ambition et à l'intérêt personnel; les besoins de la mère commune sont oubliés; on ne pense plus qu'à son bien propre, la cause générale est abandonnée.

Les diètes s'assemblent et se rompent sans remédier au mal.

La voix de Conarski et celles de ses honorables amis s'élèvent en vain; ils prêchent dans le désert.

Les mauvaises passions sont les plus fortes et font dévier nos destinées.

Cependant tous les moyens de salut ne sont pas encore perdus : le trône de Pologne est électif, le roi régnant a déjà soixante-trois ans; si son successeur est doué d'un grand caractère, si ses vertus sont au niveau de sa position, il pourra sauver la république et lui rendre son ancienne prépondérance.

Nos frontières n'ont pas été entamées, je mets toute ma confiance dans la miséricorde de Dieu.

Tous les bons et vrais patriotes désirent ardemment un roi digne de commander aux Polonais.

On désigne déjà plusieurs candidats; les deux qui semblent avoir le plus de chances sont Stanislas Poniatowski, fils du castellan [1] de Cracovie, et Charles, prince royal, fils du roi régnant.

Le père de Poniatowski était le favori de Charles XII, roi de Suède; il fut très-aimé de la princesse Czartoryska.

Je ne sais pourquoi mon cœur penche si fort pour le prince Charles! Poniatowski est pourtant Polonais, mais on dit que l'autre a des qualités éminentes. Je dirai sur les deux concurrents tout ce que j'ai pu apprendre, puis j'ajouterai mes réflexions.

Stanislas Poniatowski est un jeune et très-joli garçon; il est prévenant, affable; il a beaucoup voyagé; il a dans ses manières l'élégance des Français, ce qui lui fait obtenir de grands succès auprès des femmes.

Il aime les sciences et les savants; il a séjourné plus de quatre ans à Saint-Pétersbourg en qualité de secrétaire d'ambassade; il a été rappelé depuis quelque temps; il est en très-grande faveur à la cour de Russie. On fonde là-dessus sa fortune à venir.

Le prince royal Charles a vingt-six ans; c'est le troisième fils du roi; il est aimé de son père et de tous ceux qui l'approchent; on dit que sa tournure est noble, que son visage est plein d'agrément; ses manières sont affables, son abord facile; il plaît, il attire à lui et captive tous les cœurs.

Il habite la Pologne depuis son enfance; il aime beaucoup les Polonais et parle très-bien leur langue.

[1] Castellan, c'est-à-dire gouverneur de château et de ville. Voici ce que dit Rulhière de Stanislas-Auguste Poniatowski élevé plus tard au trône de Pologne par Catherine, dont il avait été l'amant lorsqu'elle n'était encore que grande-duchesse : « La mère de Poniatowski, sœur des princes Czartoriski, lui avait inspiré pour lui-même toute l'ambition qu'elle tenait d'eux. Épouse d'un soldat de fortune, qui, après avoir ébranlé le trône de deux de ses rois, était devenu, par leur faveur même, premier sénateur du royaume, elle se doutait plus que ses enfants ne fussent destinés aux plus illustres entreprises... Stanislas-Auguste, dont nous parlons, était le quatrième enfant né de ce mariage... Un aventurier italien, nommé Fornica, moitié astrologue, moitié alchimiste, présent à la naissance de Stanislas-Auguste annonça que l'enfant qui venait de naître serait roi. On le nomma Stanislas-Auguste comme s'il était également né sous les auspices des deux rois ennemis que son père avait servis tour à tour. La comtesse Poniatowski rapportait à ce présage toute l'éducation qu'elle donnait à son fils... Mais la nature n'avait formé de ce jeune Poniatowski pour être un homme aimable : aucune imagination, aucune force ne s'annonçaient dans son caractère... Sa figure, qui presque seule lui a valu cette couronne à laquelle se fixaient toutes ses pensées, était véritablement très-belle, quoique la faiblesse de sa vue, jointe au caractère de sa physionomie, laissât toujours dans ses regards quelque chose de dur, de louche et de sinistre. Ses yeux étaient grands et noirs, ses cheveux noirs et épais; ses traits avaient de l'éclat et de la régularité; sa taille, sans être grande et même sans élégance et sans grâce, n'était pas sans noblesse, et marquait de la force. Il avait dans son air, dans ses manières, dans sa démarche une sorte d'apprêt théâtral, et dans ses discours une tournure affectée, singulière et romanesque... Dans un voyage qu'il fit en France, la méchanceté de son esprit lui fit fermer des maisons qu'il désirait le plus fréquenter. Une galanterie fausse, étudiée, de perpétuelles déclarations d'amour répétées à toutes les femmes auxquelles il parlait, et qu'un jour trente femmes rassemblées dans une maison de campagne se racontèrent mutuellement, l'exposèrent à d'extrêmes ridicules. » Tel est le prince qui fut l'am t de Catherine et devint plus tard roi de Pologne. Le prince Charles, son compétiteur au trône, d'une figure agréable, d'un esprit aimable et souple, était le troisième fils du roi Auguste III. Le journal de Françoise Krasinska nous le fera assez connaître.

Élevé au sein de notre république, il n'est ni fier ni servile, il sait garder avec chacun une juste mesure.

Le roi ayant reconnu dans son fils toutes ces qualités, l'envoya dans les cours étrangères; il commença par celle de Saint-Pétersbourg, il voulut qu'il fît ses premières armes chez cette puissance dont il espérait l'appui.

Il avait encore en vue d'autres projets, il espérait que son fils pourrait être nommé duc de Courlande. Ce duché est tributaire de la Pologne.

En 1737, la tzarine Anne nomma le comte de Biren gouverneur de Courlande; mais, quelque temps après, le comte tomba en disgrâce et fut envoyé avec sa famille en Sibérie, durant plusieurs années le duché resta sans maître.

Notre roi, qui en avait le droit, confia à son fils cette dignité vacante, mais il lui fallait la sanction de la cour de Saint-Pétersbourg; le prince royal, en se montrant, devait obtenir tout ce qu'il désirait, car sa grâce et son affabilité sont devenues proverbiales.

Il se rendit donc à Saint-Pétersbourg après s'être arrêté quelque temps à Mittau, capitale de la Courlande, où il sut gagner l'estime et l'affection de tous les habitants. La tzarine ne tarda pas à confirmer la nomination du prince royal.

Son consentement fut annoncé avec solennité au roi de Pologne, l'an passé, au moment où la diète se réunissait. Mais, selon l'usage fatal qui dissout les diètes, un nonce de Volhynie, nommé Podhorski, rompit celle-ci. Et l'affaire qui intéressait la Courlande n'étant point débattue, il devint nécessaire d'avoir recours au sénatus-consulte.

De vifs débats s'engagèrent dans le sénat, les princes Czartoriski s'efforçaient surtout de compliquer la question en prétendant que le roi n'avait pas le droit de disposer du duché sans la participation de la diète; et que le comte de Biren n'ayant subi aucun procès, n'ayant été ni jugé ni condamné, ne pouvait être frustré de ses droits, que la nomination du prince royal ne serait donc que provisoire et valable pendant la vie de la tzarine.

Une imposante majorité fit raison de ces clameurs insensées; cinq boules noires contre cent vingt-huit boules blanches décidèrent la question en faveur du prince Charles.

Il a déjà reçu le diplôme des mains du grand chancelier de la couronne, et c'est aujourd'hui même qu'a lieu la cérémonie de l'investiture.

Varsovie doit être éblouissante de l'éclat des fêtes; la joie est universelle, j'en suis sûre. Le roi est si heureux d'avoir vu réussir ses projets, qu'il est, dit-on, rajeuni de dix ans.

J'ignore si cet événement est très-important pour la chose publique, mais je suis ravie du triomphe du prince Charles. Je me demande à chaque instant d'où vient que cette affaire m'a tant préoccupée.

Les destinées de la république dépendront peut-être bientôt de ce prince; il me semble qu'il est appelé à détourner les malheurs qui menacent la Pologne. Il nous donnera, je crois, de meilleures lois et un gouvernement plus ferme. Le duché de Courlande lui servira de marchepied pour arriver au trône.

Je me sens triste au fond de l'âme de n'être pas aujourd'hui à Varsovie, j'aurais assisté à de belles fêtes, j'aurais vu la cour et le prince Charles!... Mais, puisque cela ne se peut, je dois me contenter de boire à sa santé à notre table.

Hier, au milieu des toasts, au bruit de la musique et des décharges de nos dragons, tandis que nous célébrions ainsi l'investiture du duc de Courlande, le chambrier envoyé à Varsovie est revenu avec des lettres qui nous annoncent que la cérémonie est retardée à cause de l'indisposition du prince royal; elle est remise au 8 janvier. « C'est de mauvais augure, a dit le petit Mathias : la couronne ducale lui échappe, la couronne royale lui échappera aussi. »

Me voilà inquiète... mais plusieurs visites sont venues me distraire; après le dîner nous avons eu madame l'échansonne Dembinska avec ses fils et ses filles, le panetier Jordan avec sa femme et son fils, M. Swidzinski, palatin de Braclaw, avec son neveu le jésuite Vincent, ce dernier est venu plusieurs fois à Maleszow : c'est un homme très-pieux; mes parents l'aiment et l'estiment beaucoup; quoiqu'il soit jeune, nous lui baisons les mains comme à un ministre de Dieu.

Barbe est tout à fait dans ses bonnes grâces, il lui a donné un rosaire et la *Journée du Chrétien*.

Au souper on l'avait placé auprès d'elle, il lui a adressé deux fois la parole; c'est tout simple, Barbe est si bonne, puis elle est l'aînée : on doit lui faire plus de politesses qu'à ses cadettes.

Ce 5 janvier, vendredi.

Le palatin et son neveu le jésuite sont toujours au château; nous attendons encore de nouveaux hôtes.

Le palatin, veuf depuis plusieurs années, a deux fils : l'aîné est staroste de Radom; le cadet, colonel des armées du roi.

Il a aussi deux filles : l'une mariée à Granowski, palatin de Rawa; et l'autre récemment à Lanckoronski, castellan de Polonièc. Je suis bien curieuse de voir les fils du palatin : ils ont fait leur éducation en France, à Lunéville; ils doivent avoir un autre air et d'autres manières que les Polonais.

Le bon roi Stanislas, quoiqu'il habite un pays étranger, n'a pas cessé de s'intéresser à ses compatriotes: plusieurs jeunes gens font leurs études à Lunéville, aux frais du roi Stanislas; ils y reçoivent la meilleure instruction.

Les fils de nos premières familles briguent cet honneur; pour l'obtenir, ils se disent tous parents éloignés du roi. Ils ont bien raison de désirer cette éducation, car lorsqu'on peut dire d'un jeune homme: *Il a fait ses études à Lunéville et il est allé à Paris*, cela lui est très-utile pour faire son entrée dans le monde.

On sait à l'avance qu'il aura de nobles manières, qu'il saura le français, et qu'il dansera avec grâce le menuet et les contredanses. Tous les jeunes gens qui ont été en France obtiennent les plus grands succès et sont très-recherchés des dames.

Selon le vieil usage polonais, il laisse croître sa barbe; ce qui lui donne l'air très-grave.

En vérité, je suis bien impatiente de connaître les deux fils du palatin.

Ce 6 janvier, samedi.

Enfin, ils sont arrivés hier après dîner; mais ils ne répondent pas à l'idée que je m'en étais faite, M. le staroste encore moins que son frère.

J'avais pensé voir un tout jeune homme élancé, aimable, tel en un mot que le prince Chéri des contes de madame de Beaumont, et ne s'exprimant qu'en français; mais je me suis bien trompée, M. le staroste est loin d'être jeune, il a trente ans, il est gras, il n'aime pas la danse, et ne dit pas un mot de français.

De temps en temps il lance des phrases latines comme fait mon père.

Le colonel m'a plu davantage; il porte l'uniforme, il est jeune et sait au moins quelques paroles françaises.

C'est aujourd'hui la fête des Rois, jour fixé pour l'émancipation de Michel Chronowski.

On prépare à l'office un énorme gâteau qui contiendra une fève. Qui donc sera roi? Si j'allais être reine, bon Dieu! on ceindrait ma tête d'une couronne pour toute une soirée, et je commanderais en souveraine dans le château... C'est alors qu'on danserait, j'en réponds! mais on dansera de toute manière, car la foule des visiteurs se presse depuis ce matin; nos gens murmurent; le garde de la vaisselle se fâche en voyant arriver cette file de calèches et de carrosses sur la place de l'église de Piotrkowice, il dit que c'est un surcroît de besogne pour lui; pour moi, je saute de joie: c'est ainsi dans ce monde, les uns se félicitent de ce qui fait le tourment des autres.

Ce 7 janvier, dimanche.

Quelle foule élégante! que le château est gai, animé, bruyant! nous nous sommes singulièrement amusés.

Je n'ai pas été reine. C'est Barbe qui a eu la fève: au moment où elle l'a découverte dans sa part de gâteau, elle a rougi jusqu'au blanc des yeux.

Madame, qui était placée à côté d'elle, a proclamé cette nouvelle. Aussitôt toute la société et tous les gens de service l'ont accueillie par des vivat.

Le petit Mathias a dit en riant: « Celle qui a la fève épousera *M. Michel.* » C'est un proverbe polonais qu'on répète le jour des Rois. On dit encore qu'une jeune fille qui a la fève se marie avant la fin du carnaval. Dieu veuille que les proverbes ne mentent pas, nous aurions des noces et des danses!

Je ne puis me faire à M. le staroste, son air grave ne me plaît pas; hier il n'a voulu danser que des danses polonaises.

Il parle à peine de Paris et de Lunéville; puis, comprend-on qu'il ne fasse pas la moindre attention aux jeunes filles? il ne nous adresse jamais de ces paroles de galanterie qui sont la monnaie courante de la bonne compagnie; il ne s'entretient qu'avec les grands parents, il joue aux cartes et il lit les gazettes. Je répète que son frère vaut mieux; au moins il est sociable, il parle de Paris et de Lunéville, enfin il est plus jeune.

Mais, en faisant mes observations, j'oublie de raconter la cérémonie de l'émancipation de Michel Chronowski; elle m'a fort amusée: toute la société s'est assemblée dans la grande salle du château; mon père s'est placé sur le siége le plus élevé, puis on a ouvert les deux battants de la porte, et le maître d'hôtel, suivi de quelques courtisans, a introduit le jeune émancipé vêtu d'un habit neuf fort riche.

Il s'est mis à genoux devant mon père, qui, après lui avoir touché légèrement la joue en signe de protection, lui a attaché le sabre à la ceinture, a vidé une coupe de vin avec lui, et lui a fait présent d'un beau cheval avec son palefrenier également bien monté et bien équipé.

Les deux chevaux piaffaient dans la cour du château. Mon père a demandé à Chronowski s'il aimait mieux courir le monde ou rester auprès de lui: Chronowski a répondu d'une voix timide qu'il se trouvait à merveille au château, mais qu'il désirait voir du pays, et il a sollicité une recommandation auprès du prince Lubomirski, palatin de Lublin, beau-frère de mon père.

Sa demande lui a été accordée; mon père lui a mis dans la main un petit rouleau de vingt ducats en or, en l'invitant à passer le reste du carnaval au château.

Chronowski a paru enchanté de cette proposition; après avoir déposé ses hommages aux pieds de ma mère et de mon père il a baisé la main à toutes les dames; dès ce moment il a été admis dans notre société et a dansé de son mieux la mazourka et la cracovienne avec Barbe; il faut convenir qu'il danse fort bien: ma sœur ne lui cède pas en grâce: c'était délicieux à voir!

Ce 8 janvier, lundi.

La prophétie s'est accomplie. Barbe se marie à la fin du carnaval; elle épouse réellement M. Michel, c'est le nom de M. le staroste Swidzinski.

Hier il a demandé la main de Barbe à ma mère, et demain se font les fiançailles.

Cette pauvre Barbe était tout éplorée en nous apprenant la grande nouvelle; elle redoute le mariage, et la pensée de quitter la maison paternelle l'attriste.

Pourtant elle n'aurait pu refuser ce parti puisque mon père et ma mère assurent qu'elle sera très-heureuse.

M. le staroste me paraît un très-honnête homme pieux, doux, honnête; sa famille est noble, ancienne et riche. Que faut-il de plus? Les trois frères Swidzinski, Alexandre, Michel et Antoine moururent en braves, près de Choczim, sous les ordres du célèbre Chodkiewcz; leur illustration rejaillit sur ceux qui vivent.

Les parents du staroste lui ont déjà donné en toute propriété le château de Sulgostow; en outre le roi lui accordé une staroste considérable, et avant peu de temps il sera nommé castellan.

M. le palatin Swidzinski est revenu au château avec l'abbé Vincent pour hâter le mariage; ils le désirent tous deux vivement.

Barbe plaît au palatin et il l'aimera plus encore quand il la connaîtra mieux.

Les noces seront célébrées au château de Maleszow, le 25 février. Nous allons donc avoir des fêtes magnifiques, des bals, des concerts; nous danserons jusqu'à en perdre haleine. Barbe va donc devenir madame la starostine; j'aurai de la peine à ne pas l'appeler Barbe tout court.

J'éprouve du remords d'avoir si maltraité le staroste dans mon journal; pourtant je crois n'avoir rien dit de très-offensant.

Pourvu que Barbe soit heureuse! Je pense qu'elle le sera; elle m'a toujours dit qu'elle n'aimait pas les très-jeunes gens: le staroste est dans la catégorie des hommes raisonnables et, de l'avis de ma mère, ce sont les meilleurs maris: puisque ma sœur le dit, ce doit être vrai: ce qui ne m'empêche pas, je l'avoue, d'avoir plus de goût pour les jeunes gens aimables et gais; il n'est pas défendu d'avoir ses préférences.

Je n'ai pas oublié que c'est aujourd'hui que doit avoir lieu la cérémonie de l'investiture du prince royal au duché de Courlande. Sa santé est rétablie.

M. le colonel Swidzinski, qui connaît beaucoup le prince, en fait le plus grand éloge; mais le palatin et son fils aîné ne désirent pas qu'il succède à son père; ils disent que la couronne doit revenir à un noble polonais.

Ce 10 janvier, mercredi.

Les fiançailles ont été célébrées hier; on a servi le dîner à l'heure ordinaire.

Lorsque Barbe a paru dans le salon, ma mère lui a donné, selon l'usage du pays, une pelote de soie à défaire. Barbe était rouge comme la braise; elle tenait ses yeux baissés, tandis que tous les regards étaient fixés sur elle. M. le staroste ne la quittait pas; le petit Mathias souriait avec son air malin; il lançait mille plaisanteries qui

Swidzinski, palatin de Bracklaw, est venu plusieurs fois avec son neveu le jésuite Vincent.

divertissaient toute la compagnie; on riait aux éclats : moi, je ne comprenais pas le sens et la finesse de ces plaisanteries, mais je riais plus que les autres.

Après dîner, Barbe s'est placée dans l'embrasure d'une croisée et a repris son ouvrage, M. le staroste s'est alors approché d'elle et lui a dit à haute voix :

« Est-il vrai, mademoiselle, que vous daigniez consentir à mon bonheur ? » Barbe a répondu en tremblant, d'une voix basse : « La volonté de mes parents a toujours été pour moi un devoir sacré. » Leur entretien s'est terminé là.

Lorsque les chambreurs, les gens de service et les domestiques se furent retirés, le palatin et l'abbé Vincent ont conduit M. le staroste devant mon père et ma mère, qui étaient assis sur un sofa.

Le palatin a adressé à mon père le petit discours suivant :

« Mon cœur est pénétré de la plus sincère affection et du plus profond respect pour l'illustre maison de Corvins-Krasinski; mon vœu le plus ardent a toujours été que les modestes armes de *Ponkozica* fussent réunies aux armes radieuses de *Slepowron*, et mon bonheur est comblé puisque Vos Illustrissimes Seigneuries veulent bien m'accorder cet honneur.

» Votre fille Barbe est un modèle de vertus et de charmes, mon fils Michel est l'orgueil et la consolation de ma vie, daignez consentir à leur union, daignez me confirmer votre promesse. Voici l'anneau que je reçus autrefois de mes parents, je le plaçai moi-même au doigt de ma femme bien-aimée qui n'est plus, hélas! mais qui ne cessera de vivre dans mon cœur, permettez que mon fils l'offre aujourd'hui à votre fille comme un gage de son amour et de son dévouement inaltérables. »

En achevant ces paroles, le palatin mit sur un plateau que portait l'abbé Vincent une bague enrichie de diamants.

L'abbé prononça aussi son discours, mais il l'entremêla de tant de latin qu'il me fut impossible de le comprendre.

Mon père répondit en ces termes aux deux discours :

« Je suis heureux de confirmer la promesse que je vous ai faite, je consens à l'union de ma fille et de M. le staroste; je donne à ma fille ma bénédiction et remets à votre honorable fils tous mes droits sur elle.

» — Je partage toutes les volontés et toutes les intentions de mon mari, ajouta ma mère.

» Je donne à ma fille cette bague, c'est le bijou le plus précieux de notre maison; mon père Etienne Humiecki l'a reçue des mains d'Auguste II pour avoir conduit à bonne fin le traité de Carlowitz, par suite duquel le fort de Kamiénice-Podolski fut rendu aux Polonais par les Turcs.

» Cette bague, dont la mémoire est si glorieuse, a servi à mes fiançailles; je la donne à ma fille aînée en y joignant ma bénédiction et mes vœux sincères de mon cœur : qu'elle soit aussi heureuse que je l'ai été moi-même depuis mon mariage! »

Elle plaça alors sur le plateau une bague ornée de superbes diamants et de la miniature d'Auguste II.

« Barbe, approche-toi de moi, lui dit mon père, » mais la pauvre enfant était si confuse et si troublée qu'elle pouvait à peine se soutenir; je ne comprends pas comment elle parvint à faire ces trois ou quatre pas : enfin elle se plaça près de mon père, et l'abbé Vincent donna aux deux fiancés la bénédiction nuptiale en latin.

Un des anneaux a été remis à M. le staroste et l'autre à ma sœur : c'est son fiancé qui le lui a placé au petit doigt de la main gauche appelé *cordial*; après quoi il a baisé la main de Barbe. Celle-ci, à son tour, lui a offert la bague qui lui était destinée, mais avec tant d'émotion qu'elle n'a pu la faire entrer au bout de son doigt. M. le staroste lui a alors baisé la main encore une fois, puis il s'est mis aux pieds de mon père et de ma mère en leur promettant de se consacrer au bonheur de leur fille bien-aimée. M. le palatin a embrassé Barbe sur le front; le colonel et l'abbé Vincent ont fait assaut de mille compliments tous plus gracieux les uns que les autres.

Madame Strumle, célèbre maîtresse de pension, l'a emporté sur le couvent du Saint-Sacrement.

Mon père a rempli une immense coupe de vieux vin de Hongrie; il a porté le toast des nouveaux époux, et tous les assistants ont bu à la ronde dans la même coupe.

Tout cela s'est passé avec tant de solennité et de tendresse que je ne pouvais m'empêcher de pleurer. « Ne pleurez pas, petite Françoise, m'a dit Mathias, qui était présent, dans un an au plus tard ce sera votre tour. »

Dans un an! c'est trop tôt, mais si c'était dans deux ans je n'en serais pas fâchée.

Toute la famille de Swidzinski est pleine d'attentions pour Barbe. Pour la première fois mon père et ma mère l'ont embrassée au visage lorsqu'elle est venue leur souhaiter le bonsoir; depuis hier, toutes les personnes du château lui montrent des égards infinis; on lui adresse de tous côtés des félicitations, enfin on l'accable d'hommages et de compliments. Chacun parmi nos serviteurs aurait désiré faire partie de la composition de sa maison. Mon père a remis à ma mère mille ducats de Hollande, en lui disant de faire pour sa fille tout ce qu'elle croirait convenable. Ils se sont longtemps consultés sur le trousseau qu'on lui donnerait.

Mademoiselle Zawistowska part demain pour Varsovie avec M. le commissaire pour faire des emplettes ; c'est une personne fort respectable que cette demoiselle Zawistowska, elle a été élevée au château depuis son enfance, et elle a aujourd'hui trente ans.

Dans le garde-meubles se trouvent quatre grands coffres d'argenterie qui nous sont destinés à mes sœurs et à moi ; mon père s'est fait apporter celui de Barbe, et, après l'avoir ouvert, l'a examiné attentivement. Ce coffre doit être envoyé à Varsovie, où l'on nettoiera l'argenterie.

M. le palatin et M. le staroste se rendent au château de Sulgostow pour y disposer la réception que l'on doit faire à Barbe.

Mon père a fait préparer les lettres de part et les a fait porter par nos *chambreurs* dans plusieurs parties de la Pologne. Le premier de nos *chambreurs*, suivi d'un écuyer richement équipé, part dans deux jours pour remettre les lettres au roi, aux princes ses fils, au primat et aux principaux sénateurs. Mon père leur annonce le mariage de sa fille et les prie de lui accorder leur bénédiction, s'il ne les invite pas précisément à la noce, il leur fait comprendre qu'il serait fort honoré de leur présence. Ah ! si un des princes pouvait venir ici, le prince de Courlande, par exemple... Quel éclat cela jetterait sur ce mariage ! mais ils se contenteront d'envoyer leurs représentants comme c'est l'usage en pareille circonstance.

On déploie une activité étonnante dans le château, on fait les préparatifs des festins que nous allons donner.

M. le staroste est d'une munificence sans égale, il nous a fait à toutes de charmants cadeaux : j'ai reçu une épingle en turquoise ; Sophie une croix en rubis ; Marie une chaîne de Venise ; mon père et ma mère ont aussi daigné accepter des présents : une coupe en vermeil admirablement ciselée a été offerte à mon père et un étui en nacre de perle monté en or à ma mère. *Madame* n'a pas été oubliée, elle a trouvé ce matin sur son lit un mantelet en blonde ; elle porte aux nues la générosité des seigneurs polonais, mais c'est la seule qualité qu'elle leur accorde : aussi ne puis-je aimer *Madame*, son injustice envers mes compatriotes y met obstacle.

Il y a eu hier un grand souper d'apparat, la musique a joué pendant tout le temps, on a porté de nombreux toasts au couple heureux et les dragons on fait force coups de carabine. Le capitaine avait donné mot d'ordre Michel et Barbe.

Barbe commence à reprendre contenance, elle ne rougit plus que lorsqu'elle regarde sa bague ; aussi la cache-t-elle autant qu'elle peut, ce qui n'empêche pas que tout le monde ne la voie : les brillants en étincellent comme des astres.

Ce matin toute notre petite cour est allée à la chasse ; suivant un vieil usage, auquel on n'a pas voulu manquer, cela porte bonheur aux mariés. Autrefois la fiancée était obligée, avant la chasse, de montrer le bas de sa jambe aux chasseurs. Dieu merci, cet usage n'existe plus, Barbe eût été capable d'en mourir de honte. Le petit Mathias voulait à toute force qu'on remplît cette formalité, prétendant qu'autrement la chasse serait mauvaise. Pour cette fois-ci sa prédiction s'est trouvée en défaut, car on a tué un sanglier, deux chevreuils, un élan, et un grand nombre de lièvres.

C'est M. le staroste qui a tué de sa main le sanglier, qu'il est venu déposer aux pieds de Barbe. Mon père avait fait sortir pour l'usage des chasseurs tous les chevaux de ses écuries ; dans le nombre il s'en trouvait un d'une beauté parfaite, mais tellement indomptable que le meilleur écuyer n'avait jamais pu le monter.

M. le staroste assura qu'il saurait s'en rendre maître, et, malgré l'effroi des assistants, il l'a monté et conduit si bien qu'il est parvenu à le diriger à son gré et a fait ainsi trois fois le tour du château de Maleszow.

C'était vraiment un beau spectacle ; Barbe était pâle, elle tremblait pour son fiancé, mais en le voyant si ferme sur son cheval, en entendant les bravos qui partaient de tous côtés, l'incarnat a reparu sur ses joues.

Depuis ce moment, je suis revenue de mes préventions contre M. le Staroste ; vraiment, il n'est pas si mal, il a bonne grâce à cheval, le courage plaît tant aux femmes ! Je lui pardonne à présent de ne pas savoir danser le menuet et les quadrilles français.

Mon père a donné au staroste le cheval qu'il a si bien conquis avec le harnachement complet et un palefrenier.

Ce 20 janvier, mercredi.

Depuis huit jours j'ai négligé mon journal, les préparatifs du mariage en sont cause ; il y a tant de monde au château, il faut bien faire les honneurs, nous passons les après-dînées et les matinées en compagnie.

Les études sont oubliées, la chronologie, la grammaire française et même *madame de Beaumont* reposent en paix. Nous ne travaillons plus qu'à l'aiguille ; nous voulons chacune offrir un cadeau à Barbe ; je lui brode un déshabillé qui sera délicieux ; je prends sur mon sommeil pour avancer mon ouvrage ; Marie lui brode une robe de mousseline couleur paille en soie de couleur foncée mêlée d'or ; Sophie lui brode une riche couverture de toilette.

Ma mère est tout entière au trousseau ; elle ouvre ses armoires et ses coffres, elle en tire de la toile, des draps, des fourrures, des tentures et des tapis : je seconde ma mère autant qu'il est en moi, elle daigne me consulter quelquefois. Elle met tant de scrupule à faire nos parts égales, sa délicatesse est telle à ce sujet qu'elle appelle le chapelain pour qu'il juge de l'exactitude du partage. Les tailleurs et les ouvrières qui sont venus de Varsovie pour faire le trousseau, auront bien de la peine à terminer leur ouvrage avant un mois. Toute la lingerie est déjà confectionnée ; il est vrai que les demoiselles de notre suite ont beaucoup aidé ; depuis deux ans on s'occupait du linge ; maintenant on le marque en coton bleu : ces pauvres filles doivent bien savoir faire les lettres B et K. Le trousseau sera magnifique. Barbe se demande ce qu'elle fera d'une si grande quantité de robes. Jusqu'à présent nous n'en avons eu que quatre chacune, deux en laine brune pour tous les jours, avec deux tabliers noirs ; une blanche pour les dimanches et une plus élégante pour les cérémonies. Cela nous paraissait très-suffisant ; mais ma mère dit que *madame la starostine* doit avoir une autre toilette que *mademoiselle Barbe*, et que ce qui convient à une jeune fille ne convient plus à une femme mariée.

J'ai dit que ma mère avait remis à Barbe une pelote de soie le jour des fiançailles, eh bien ! c'était pour faire une bourse à M. le staroste. Barbe travaille à cette bourse du matin au soir ; c'est comme une épreuve de son soin et de sa patience, il lui a fallu d'abord débrouiller et dévider la soie sans qu'elle perdît rien de sa fraîcheur et sans la casser, elle y a réussi merveilleusement.

Barbe peut se marier hardiment, le petit Mathias répond de sa vocation.

Les *chambreurs* et l'écuyer sont partis pour porter les lettres de faire part ; je suis bien impatiente de connaître les réponses. Barbe est tout effrayée de penser que peut-être les princes viendront avec les seigneurs de la cour de Varsovie. Qu'elle est enfant ! moi, j'en serais enchantée. Mais à propos, l'investiture du prince royal a eu lieu le 8 de ce mois. La veille du jour de cette solennité, notre cousin le prince de Lubomirski, palatin de Lublin et maréchal du prince royal, a donné un bal splendide ; les fêtes, les dîners, les concerts se sont succédé pendant plus de huit jours.

Le nouveau duc de Courlande a prononcé un discours en polonais qui a produit un excellent effet. On le regarde dès à présent comme un prince indépendant. Il a montré beaucoup de grandeur et de dignité dans cette circonstance importante. Le *Courrier Polonais* a publié les détails de la cérémonie de l'investiture ; j'aurais voulu les copier tant ils m'intéressent, mais le temps me manque ; d'ailleurs, tous ces détails ne peuvent me rendre tout ce que j'aurais vu si j'avais été présente. Qu'est-ce qu'une lecture comparée à ce qu'on observe par soi-même ? Enfin, je suis heureuse secrètement de l'investiture du prince, c'est le seul côté de la chose publique qui m'agrée et me console, car tout le reste va mal.

Tandis que je travaille à la hâte au déshabillé de Barbe, je suis forcée d'entendre la lecture de nouvelles affligeantes. Le chapelain nous lit les gazettes, elles m'apprennent que la république perd tous les jours en force et en dignité ; les puissances voisines l'envahissent sous divers prétextes, leurs troupes pillent et dévastent le pays, et le gouvernement jusqu'ici est resté impassible. Je n'ose penser à l'avenir. Mon père dit qu'il faut jouir des moments présents : on parle bien bas de malheurs qui menacent la Pologne, puis on danse, on boit, les fêtes et les bals pourraient faire croire à un état prospère. Les Polonais font peut-être comme le petit Mathias quand il a de la peine, il garde toujours le verre en main en répétant le proverbe : *Au chagrin le bon vin* ; plus il est triste, plus il boit.

25 janvier 1759, vendredi.

M. le staroste est de retour depuis hier soir ; ce matin Barbe a trouvé sur sa table à ouvrage deux belles corbeilles en argent pleines d'oranges et de bonbons, qu'elle a partagées entre nous, les demoiselles de notre cour et même les femmes de chambre.

Nos ouvrages avancent, j'ai presque fini mon déshabillé. Ma mère donne à Barbe un lit complet. Nous avons au château depuis longtemps des troupeaux d'oies et de cygnes. Il y a parmi les domestiques une pauvre créature qui ne sait pas faire autre chose que d'éplucher le duvet, elle est si stupide, cette Marine, qu'on n'a pu l'employer qu'à cet ouvrage, elle passe sa vie à éplucher. Chacune de nous a sa part de duvet ; Barbe aura deux gros matelas de plume, huit grands oreillers de duvet d'oie et deux petits oreillers de duvet de cygne. Les taies d'oreiller sont faites avec de la toile filée au château ; on les recouvrira de damas amarante, puis on y mettra encore un dessus de batiste de Hollande garni de dentelle. Les demoiselles de notre suite ont beaucoup travaillé à la confection des oreillers.

M. le staroste est reparti après avoir passé huit jours ici ; maintenant, quand il reviendra, ce sera pour emmener Barbe. Il m'est impossible de m'imaginer qu'elle s'en aille seule avec un homme, cela me paraît incroyable; il faudra que je le voie de mes yeux pour n'en plus douter. Barbe me semble avoir tous les jours plus d'estime et plus d'affection pour M. le staroste; pourtant il ne s'entretient qu'avec mon père et ma mère, et semble réserver tous ses soins et toutes ses attentions pour eux. Mais on prétend que c'est ainsi qu'un homme bien né doit faire sa cour et qu'il doit gagner le cœur de sa fiancée en plaisant à sa famille.

Dans trois semaines nous aurons les noces; on nous fait, à mes sœurs et à moi, des robes neuves; c'est un cadeau de Barbe; elle donne aussi une robe à toutes les demoiselles du château.

Presque toutes les personnes qui ont été invitées pour le jour du mariage ont répondu qu'elles acceptaient; mais, à mon grand regret, le roi et les princes n'enverront que leurs représentants. Je crains que madame la palatine, princesse de Lubomirska, ne puisse pas venir; il lui serait difficile de quitter à présent Varsovie.

Elle approuve fort le mariage de Barbe et vient de lui écrire une lettre charmante de félicitations; mon père en est enchanté.

Mon déshabillé sera fini à temps, car j'ai travaillé sans relâche, c'est-à-dire autant que j'ai pu, car à tous moments ma mère m'appelle; elle est si bonne pour moi, elle daigne m'employer dans tout ce qu'elle fait. Jusqu'ici c'était toujours Barbe qui avait été consultée et à qui ma mère montait de la confiance; comme l'aînée, ce bonheur lui revenait de droit; à présent mes bons parents désirent que je la remplace. On m'a déjà confié deux fois la clef du cabinet où sont enfermées les confitures et les liqueurs, cela me donne de l'importance. Déjà je prends un air plus grave, il faut bien qu'on voie que je suis plus vieille d'une année. Je vais m'efforcer d'imiter Barbe afin que mon père et ma mère ne se sentent pas trop son absence quand M. le staroste nous l'aura enlevée; j'ai beaucoup de bonne volonté, mais serai-je capable de satisfaire mes parents aussi bien que ma sœur?

12 février, mardi.

Il paraît qu'on n'a jamais déployé plus de luxe et de magnificence qu'à l'occasion de l'investiture du prince royal, les gazettes de Varsovie ne tarissent pas à ce sujet.

Nos invités commencent à arriver, il en vient des lieux les plus éloignés, et, malgré le nombre d'appartements, tout le monde ne pourra pas être logé au château; on fait des préparatifs dans la ferme, chez le curé et dans les plus belles chaumières des paysans pour recevoir une partie de nos hôtes.

Les cuisiniers et les pâtissiers sont à l'œuvre; la blanchisserie déploie une activité permanente; le trousseau est presque terminé; on a expédié aujourd'hui à Sulgostow les lits, deux grandes caisses remplies de matelas, d'oreillers, de tapis, un coffre d'argenterie et mille autres choses.

Les lits sont en fer et d'un très-beau travail; les rideaux sont en damas bleu et couronnés aux quatre coins par des bouquets de plumes d'autruche bleues et blanches.

Barbe, en vérité, doit baiser les pieds et les mains de nos parents, qui lui donnent de si belles choses! Mon père a écrit dans son grand livre la note exacte du trousseau; je vais en donner le préambule dans mon journal pour en garder mémoire.

« Liste du trousseau que moi, Stanislas de Corvins-Krasinski, etc., etc., et mon épouse, Angélique Humiecka, donnons à notre bien-aimée fille Barbe à l'occasion de son mariage avec Son Excellence Michel Swidzinski, staroste de Radom. Nous implorons pour notre chère enfant la bénédiction du ciel, et nous la bénissons nous-mêmes avec une tendresse toute paternelle. Au nom du Père, du Fils et du saint Esprit. Amen. »

Je ne copie pas la liste du trousseau, le temps me manque, puis j'aurai à le faire plus tard pour mon propre compte.

20 février, mardi.

Enfin le moment approche, dans cinq jours nous aurons les noces. M. le staroste est de retour; Barbe tremblait comme une feuille d'automne quand le chambreur l'a introduite dans les appartements.

Nous attendons aujourd'hui M. le palatin, le colonel, l'abbé Vincent, le palatin Granowski et sa femme, beau-frère et sœur du staroste.

Madame Lanckoronska, autre sœur du staroste, ne pourra pas venir à Maleszow; elle est en ce moment en Podolie avec son mari dans leur terre de Jagielnica. Barbe la regrette, elle désirait vivement la connaître, on en dit beaucoup de bien. Ma sœur va entrer dans une excellente famille, toutes les personnes qui la composent sont pieuses et honorables. On fait mille politesses à Barbe, on lui rend des hommages comme si elle était une reine. Le trousseau est complétement terminé, et ce qui n'a pas encore été expédié à Sulgostow est enfermé dans des coffres dont mademoiselle Zawistowska a les clefs. Barbe est très-satisfaite d'emmener avec elle mademoiselle Zawistowska. Elle la voit depuis son enfance, et lorsqu'elle sera éloignée de la maison paternelle, les soins de cette bonne demoiselle lui seront bien doux, de tendres souvenirs s'y rattacheront.

Quelques autres personnes de notre suite la suivront encore; elle aura deux chambreurs, deux jeunes filles dont elle a été la marraine et qui brodent fort bien, une femme de chambre et une demoiselle de compagnie. Cette dernière est d'une famille très-distinguée, elle s'appelle Louise Linowska; elle demeure au château depuis quelques années, et Barbe l'aime tendrement.

Il y a encore d'autres filles de service qui se recommandent à la protection de madame la future starostine. Si mes parents y consentaient, elle en emmènerait bien une douzaine.

Quand je me marierai je veux en prendre un grand nombre, j'ai déjà solennellement promis à trois d'entre elles qu'elles me suivraient. L'une est la fille de Hyacinthe, garde-vaisselle; ce pauvre homme en apprenant mon intention m'a fait un profond salut, et pour la première fois de sa vie son front s'est déridé.

24 février, dimanche.

C'est donc demain le mariage de Barbe! Il y a grande foule au château. Le ministre Borch représentant du roi est arrivé, celui du duc de Courlande aussi : c'est Kochanowski, fils du castellan favori du duc.

Kochanowski est un jeune homme accompli, et l'on peut dire en vérité : Tel maître, tel valet. Nos conviés étaient invités pour hier soir. Tout le monde a été exact au rendez-vous. L'entrée des arrivants offrait un coup d'œil superbe, tout avait été préparé pour leur réception, des courriers les avaient devancés, et nos dragons rangés en bataille présentaient les armes à chaque seigneur qui passait.

On tirait des coups de canon, la mousqueterie faisait un feu roulant, la musique jouait par intervalles; je n'ai jamais rien vu de si beau, de si animé, de si imposant que cette réception.

Comme je le pense, on avait réservé les honneurs tout particuliers à monsieur le représentant du roi : mon père, la tête découverte, l'attendait sur le pont-levis; pour arriver au château, le représentant traversa une haie composée de notre cour, de nos hôtes et de tous les gens de la suite. Il recevait de droite et de gauche de profondes salutations, les vivat se croisaient de toutes parts.

Aujourd'hui, au milieu d'un grand concours de monde et en présence des témoins désignés, on a dressé l'acte de mariage; je n'ai rien compris à toutes ces formules, mais ce que je sais c'est que les cadeaux de la jeune mariée sont magnifiques et du meilleur goût.

M. le staroste lui a offert trois rangs de perles d'Orient ainsi que des boucles d'oreilles en diamants avec leurs girandoles; M. le palatin une grande croix de diamants, une aigrette et un diadème; M. le colonel, toujours aimable et galant, lui a donné une montre et une charmante chaîne venant de Paris; M. l'abbé lui a fait un présent digne de lui et de ses reliques : enfin chacun la comble!

Jusqu'à ce jour Barbe n'avait jamais porté de bijoux; elle n'avait au doigt qu'une petite bague à l'image de la Vierge, qu'elle ne quittera pas malgré toutes ses splendeurs nouvelles.

Je cesse d'écrire, on m'apporte mon déshabillé tout blanchi et tout repassé; ma broderie fait merveille; je vais y mettre la dernière main, puis je le porterai à mademoiselle Zawistowska pour qu'elle l'offre demain matin à Barbe quand elle fera sa toilette; sera-t-elle gentille sous le déshabillé!

26 février, mardi-gras.

Notre petit Mathias prétend que cent chevaux lancés après Barbe ne sauraient plus l'atteindre, elle est madame la starostine.

Comment pourrai-je raconter tous les amusements de cette belle fête? j'en suis tout éblouie et toute charmée; il faut que je recueille mes idées pour mettre de l'ordre : hier, dès le matin, nous sommes allés à l'église de Lissow; les deux époux se sont confessés, puis ont communié à la grand'messe; ils étaient à genoux devant le maître-autel; et après la messe le curé leur a donné sa bénédiction.

Barbe, et je ne sais un gré infini, avait mis pour se marier le joli déshabillé que je lui ai fait, il lui sied à ravir; mais comme le froid était excessif elle a dû mettre par-dessus une pelisse en satin blanc doublée de renard blanc, ce qui a un peu chiffonné le déshabillé; sa coiffure était charmante, elle avait un voile en blonde blanche qui descendait jusqu'à ses pieds.

En rentrant au château on déjeuna, le repas fut servi avec un luxe extrême. Après le déjeuner Barbe monta dans son appartement, où ma mère suivie de douze dames présida à sa toilette. Elle mit une robe de satin blanc avec des raies moirées garnie d'une blonde de Brabant brodée d'argent. Sa robe avait une longue queue. Elle portait à son côté un bouquet de romarin et sur sa tête un autre bouquet plus petit des mêmes fleurs retenu par une agrafe en or sur laquelle étaient écrits en vers la date de son mariage et les félicitations qu'elle a reçues dans ce jour solennel. Barbe était fort belle dans cette toilette; ma mère n'a pas voulu qu'elle mît ses bijoux. Elle croit que cela porte malheur. « Celle, dit-elle, qui porte ses bijoux le jour de ses noces pleurera des larmes amères le reste de sa vie. »

Ce fut assez pour convaincre la pauvre Barbe, qui avait déjà tant pleuré qu'elle en avait les yeux tout gonflés.

Dans le bouquet placé par ma mère au côté de Barbe il y avait un ducat d'or frappé le jour de sa naissance, un morceau de pain et un grain de sel. C'est un vieil usage chez nous, qui, dit-on, assure pour toujours ces trois choses de première nécessité. On y joint une autre précaution symbolique, c'est un petit morceau de sucre pour adoucir les peines du mariage.

Nous avions précédé Barbe dans le salon ; nous étions douze jeunes filles toutes habillées de blanc avec des fleurs dans les cheveux. La plus âgée venait à peine de terminer sa dix-huitième année.

Le colonel et l'abbé Vincent nous attendaient près de la porte d'entrée du grand salon, où M. le staroste vint au-devant de nous suivi de douze chevaliers ; on portait derrière eux un immense plateau couvert de bouquets. Chaque bouquet était composé de romarin, de myrte, de fleurs de citronnier et de fleurs d'oranger liés ensemble par un nœud de ruban blanc. Nous avions toutes des épingles en or et en argent qui devaient servir pour fixer les bouquets. Ma mère et les vieilles dames qui présidaient au cérémonial nous ont enseigné la manière dont nous devions agir, les convenances et les usages que nous devions observer pour ne blesser personne. Nous avions très-bien compris toutes les recommandations, mais une fois arrivées dans le salon nous avons tout oublié. D'abord nous avons offert et fixé nos bouquets avec un air très-digne et très-solennel. Puis l'envie de rire nous a gagnées, et nous n'avons pas pu nous contenir. Nous avons fait mille enfantillages et des gaucheries, Dieu sait ! mais ou a tout pardonné ; je n'en ai pas été surprise : j'avais déjà remarqué qu'on ne garde jamais rancune aux jeunes filles, surtout quand elles sont jolies.

Notre gaieté s'est communiquée à toute l'assemblée ; les gens mariés, les vieux, les jeunes, ceux qui n'avaient pas le moindre droit aux bouquets nous en ont demandé, et nous leur en avons donné de bonne grâce.

En un instant la pyramide de fleurs a disparu ; les épingles d'or et d'argent manquaient, il a fallu avoir recours aux épingles ordinaires, mais comme c'était nous qui les présentions, on les recevait d'un air très-aimable.

Enfin chacun était enchanté, et le salon tout plein de fleurs ressemblait à un parterre.

Tout à coup j'ai découvert le petit Mathias relégué dans un coin, n'ayant pas de bouquet et faisant bien triste mine. Je me suis approchée de lui ; il m'a dit alors d'une voix basse et sentimentale : « Toutes ces demoiselles m'ont oublié, je ne m'en étonne pas ; mais vous, Françoise, vous que j'ai portée dans mes bras, vous que j'ai tant aimée depuis votre enfance, c'est bien mal de n'avoir pas pensé à moi. Ah ! je le prévois avec douleur, si jamais vous épousiez le prince royal, je ne serais pas présent à votre mariage. »

Je rougis jusqu'aux yeux, il avait raison de se plaindre, ce pauvre Mathias ! je courus bien vite dans ma chambre pour lui chercher un bouquet ; malheureusement il n'y en avait plus, ma mère les avait tous distribués à la société.

Le jardinier demeure loin d'ici, comment faire ? Je voulais pourtant que Mathias eût son bouquet ; à part sa prophétie, je tenais à le satisfaire.

Une excellente idée m'est venue ; j'ai fait deux parts de mon bouquet, je les ai nouées avec un ruban blanc, et je suis allée en attacher une avec une épingle d'or à la boutonnière de Mathias. J'ai fixé l'autre à mon côté avec une épingle ordinaire.

Mathias a été ravi de mon procédé ; il m'a dit : Françoise, non-seulement vous êtes belle, mais vous êtes un ange de bonté. Moi, je suis quelquefois prophète. Puissent s'accomplir les vœux et les souhaits que je fais pour vous ! Je conserverai pieusement ce bouquet jusqu'à votre mariage... Que serez-vous, Françoise, quand vous me rendrez ce bouquet ?

Chose étrange, ces paroles du petit Mathias m'ont fait rêver toute la soirée. Elles résonnaient dans mon cœur ; je ne pouvais m'en distraire : mais quelle idée a-t-il donc ? Suis-je une Barbe Radsivill ? Sommes-nous encore au temps où les rois faisaient des mariages d'amour ? Ce sont des folies que tout cela ; je rêve quand je ne devrais m'occuper que de ma sœur.

Je reviens à la cérémonie.

Toute la compagnie, réunie dans le salon, tournait les yeux vers la porte d'entrée. Enfin les deux battants s'ouvrirent, et Barbe entra tout en larmes soutenue par deux dames. Elle marchait en tremblant ; sa poitrine était oppressée, elle pouvait à peine retenir ses sanglots. M. le staroste la regardait d'un air attendri ; il s'approcha d'elle, il lui prit la main et la conduisit auprès de mon père et de ma mère, qui leur donnèrent à tous deux leur bénédiction. Tout cela se passait au milieu d'une émotion générale. Après avoir reçu cette tendre bénédiction les mariés firent le tour du salon, et chaque assistant leur adressa des vœux. On se rendit ensuite à la chapelle du château. L'abbé Vincent se tenait debout devant l'autel. Le ministre Borch, représentant du roi, et Kochanowski, fils du castellan, offrirent la main à Barbe ; et M. le staroste offrit la sienne à mademoiselle Malachowska, fille du palatin, et à moi. Mon père me mena, le reste de la famille et nos hôtes marchaient deux à deux. Le silence était si profond qu'on entendait le frôlement des robes de soie. Un grand nombre de cierges brûlaient autour du tabernacle. Un riche tapis brodé d'or et d'argent recouvrait les marches de l'autel : deux prie-Dieu, garnis de velours rouge, l'un aux armes des Krasinski, l'autre aux armes des Zwidzindski, étaient préparés pour les époux ; ils s'y agenouillèrent : les demoiselles se placèrent à droite et les cavaliers à gauche de l'autel. C'est moi qui portais le plateau d'or sur lequel étaient les deux bagues nuptiales. Mon père et ma mère se tenaient debout derrière Barbe, et M. le palatin derrière son fils. On entonna le *Veni, creator* ; puis l'abbé Vincent prononça un long discours presque tout en latin, ensuite commença la cérémonie. Barbe, au milieu de ses larmes et de ses sanglots, prononça assez distinctement : « Je vous prends pour époux, » etc. M. le staroste avait la parole bien plus haute et surtout bien plus assurée. Après l'échange des anneaux les mariés se sont jetés aux pieds de mon père et de ma mère, qui leur ont donné de nouveau leur bénédiction. A un signe du maître des cérémonies, les musiciens et les chanteurs italiens, qui avaient été appelés exprès au château, se sont mis à jouer et à chanter. En dehors de l'église, nos dragons tiraient des coups de canon et de carabine.

Quand ce bruit cessa et qu'il fut possible de s'entendre, mon père adressa aux mariés les paroles suivantes : « Cette union, bénie par le ciel, servira à la gloire de l'Éternel qui gouverne le monde. Que vos serments, que Dieu vient de recevoir, soient le gage de votre bonheur ; tous deux vous devez veiller sur ce bonheur, mais la mission de l'époux est la plus importante : il doit être le guide et le père de sa femme, (et se tournant vers M. le staroste) vos vertus et vos qualités me rassurent.

» Quant à toi, ma fille chérie, tes devoirs t'ordonnent de garder une profonde reconnaissance envers ta mère pour l'éducation qu'elle t'a donnée et pour les soins pleins de sollicitude dont elle a entouré ton enfance. Sois vertueuse, la vertu est un trésor de bonheur : c'est le droit chemin, c'est la renommée qui surpasse tous les biens de ce monde. Conserve la prudence et la circonspection dans tes paroles, la modestie et l'affabilité dans tes actions ; enfin ne cesse jamais de rendre grâce à Dieu. Aime ton mari et obéis-lui comme tu as obéi jusqu'ici à ton père et à ta mère, déteste le mal, aie du pouvoir sur toi-même, et sois résignée à toutes les peines de ce monde. Prends toujours pour guide la raison et la religion, et que Dieu te bénisse comme je te bénis en ce moment suprême. » A ces derniers mots, Barbe se mit à pleurer ; sa voix était si faible qu'on ne put entendre les paroles qu'elle essaya de répondre à mon père ; elle se jeta de nouveau à ses pieds et à ceux de ma mère ; puis vinrent de toutes parts les félicitations.

L'abbé Vincent, après avoir aspergé d'eau bénite les assistants, prit la patène et la donna à baiser à madame la panetière Jordan ; c'était une grande faute, un inconvenable oubli des droits de préséance ; il devait d'abord l'offrir à madame la castellane Rochanowska, mère du représentant du prince royal. Ma mère, qui heureusement s'aperçut de cette distraction, la répara en priant madame la castellane de vouloir bien prendre le pas sur madame la palatine Granowska pour conduire M. le staroste. Barbe marchait entre le représentant du roi et le palatin Malachowski. Nous entrâmes en conservant cet ordre dans le salon de compagnie, où l'on vint bientôt nous annoncer que le dîner était servi.

La table était immense et formait la lettre B ; le service était éblouissant : au milieu de la table s'élevait une pyramide en sucre, haute de quatre pieds ; durant deux semaines un cuisinier français avait travaillé à cet édifice, qui représentait le temple de l'hymen orné de figures allégoriques. Les armes des Krasinski et des Swidzinski, entourées d'inscriptions françaises, se voyaient sur les quatre façades ; de belles figures en porcelaine, des corbeilles d'or et d'argent ornaient et encombraient tellement la table, qu'il eût été impossible à notre nain Pierre d'y circuler. Je n'ai pu parvenir à compter tous les plats, et l'échanson aurait eu beaucoup de peine à dire le nombre des bouteilles qui ont été bues : c'était à l'infini, mais pour en donner l'idée je vous dirai qu'un tonneau de vin de Hongrie a été vidé pendant le repas ; on en avait été nommé le *vin de mademoiselle Barbe*. Mon père l'avait acheté le jour de la naissance de ma sœur, pour que, selon l'usage polonais, il fût servi le jour de son mariage. Chacune de nous a ainsi son tonneau de vin, et notre échanson m'a dit que, si le mien reste en cave encore deux ans, il sera parfait.

Il y a eu des toasts innombrables : on a bu aux nouveaux mariés, à la république, au roi, au duc de Courlande, au prince primat, au clergé, au maître et à la maîtresse de la maison, aux dames ; et après chaque toast on brisait les bouteilles et les verres, on tirait des coups de canon et on sonnait de la trompette.

A la fin du dessert, un calme parfait succéda à tout ce bruit : nous pensions que mon père allait donner le signal pour qu'on se levât de table, mais nous nous trompions fort ; il appela le maître d'hôtel, lui dit quelques mots à voix basse ; celui-ci sortit et revint bientôt après tenant une boîte de maroquin noir que je ne connaissais point.

Mon père l'ouvrit et en tira une coupe en or enrichie de pierreries : cette coupe avait la forme d'un corbeau ; il la montra à toute la compagnie et dit qu'elle lui venait par succession des anciens Romains de la famille des Corvins, et qu'il n'y avait pas touché depuis le jour de ses noces. Prenant ensuite des mains de l'échanson une grande bouteille couverte de sable qui attestait une respectable vieillesse, il nous répéta avec une sorte d'orgueil que ce vin était centenaire, et le vida dans la coupe jusqu'à la dernière goutte ; puis, comme elle n'était pas suffisamment pleine, il y versa jusqu'aux bords du même vin d'une seconde bouteille, après quoi il but le tout d'un seul trait *à la prospérité des nouveaux mariés*.

Le toast fut reçu avec enthousiasme ; la musique recommença à jouer de plus belle et le canon à gronder de son mieux. La coupe circula, et sa vertu était telle qu'elle parvint à faire boire encore une centaine de bouteilles de vieux vin. Après le coup de grâce, chacun quitta la table comme il put.

Il faisait déjà tout à fait nuit ; les dames montèrent dans leurs appartements pour faire une nouvelle toilette, mais la mariée, et nous demoiselles, nous n'en changeâmes point.

Vers sept heures, quand les vapeurs du vin se furent un peu dissipées, on commença à danser. Le représentant du roi ouvrit le bal avec Barbe. On dansa d'abord des polonaises, des menuets et des quadrilles ; mais, comme on s'animait par degrés, on en vint aux mazourka et aux cracoviennes. Kochanowski dansa admirablement la cracovienne et, se conformant à l'usage qui veut que celui qui ouvre la danse chante des couplets que les autres répètent, il improvisa au moment où il dansait avec Barbe un couplet dont voici à peu près le sens : « Aujourd'hui, je ne voudrais être ni roi ni palatin, je n'envie que le bonheur du staroste, il a mérité la plus accomplie de toutes les femmes. »

On suspendit le bal un moment ainsi que les toasts, qui avaient recommencé de plus belle, pour placer une chaise au milieu du salon ; la mariée s'y assit, et les douze demoiselles commencèrent à défaire sa coiffure en chantant d'un ton lamentable : « Ah ! Barbe, c'en est donc fait, nous te perdons. » Ma mère lui ôta sa guirlande, et madame la palatine Malachowska lui mit à la place un bonnet de dentelle.

J'aurais ri de bon cœur de ce travestissement, si je n'avais vu Barbe tout en pleurs. Cependant le bonnet lui allait à ravir, et tout le monde répétait que son mari l'aimerait beaucoup, beaucoup ; moi, je n'en doute pas ; comment ne pas aimer une si bonne et si douce créature ?

La cérémonie du bonnet achevée, les danses recommencèrent. Par respect pour l'usage introduit par la nouvelle cour, on fit danser le *drabant* à la mariée avec le représentant du roi ; ensuite la musique joua une grave polonaise : le palatin Swidzinski offrit la main à Barbe, qui tour à tour dansa avec tous les hommes de la société.

La polonaise étant plutôt une promenade qu'une danse, elle convient à tous les âges. Mon père figura donc aussi dans une polonaise ; mais après avoir fait une fois le tour du salon avec Barbe, il la remit à M. le staroste : c'est là le tout de bon.

La polonaise avait terminé le bal : ma mère nous engagea à aller dormir. Les vieilles dames s'emparèrent de Barbe et la conduisirent dans la chambre préparée pour elle et son mari. On m'a dit que c'avait été encore l'occasion de nouveaux discours très-touchants, de nouvelles rasades, de recommandations, de félicitations et de pleurs.

J'ai dormi d'un excellent sommeil, j'en avais grand besoin ; ce matin, je ne suis pas trop fatiguée. Mon Dieu, que je me suis amusée hier ! j'ai dansé avec le représentant du prince royal bien plus souvent qu'avec tous les autres, il est si aimable, il cause avec tant de grâce ; ce n'est pas surprenant, il a été à Paris et à Lunéville, et il n'est de retour en Pologne que depuis un an ; aussitôt son arrivée il a été attaché à la personne du prince, dont il se loue infiniment. En vérité, si son maître est plus galant que lui, ce doit être quelque chose d'idéal. Je suis toute joyeuse en pensant à la soirée d'aujourd'hui ; il nous faudra commencer la danse de très-bonne heure, car le mardi gras il n'est pas permis de la continuer après minuit. Je n'ai pas encore vu Barbe, c'est-à-dire madame la starostine ; mes parents ne veulent plus qu'on la nomme autrement. Je suis toute désorientée de ne plus la voir avec nous ; j'ai hérité de son lit, de sa table de travail ; enfin j'ai gagné tous les honneurs du droit d'aînesse, je ne suis plus Françoise, encore moins *Fanchette*, je suis la petite starostine ; il me fallait bien quelques consolations.

Ce 27 février, mercredi.

Nous voilà au triste mercredi des Cendres, il faudra languir encore toute une année avant d'arriver au carnaval prochain.

Nos hôtes commencent à partir, le représentant de Sa Majesté nous a quittés, les nouveaux mariés partiront après-demain, nous les accompagnerons jusqu'à Sulgostow.

M. le staroste n'admettra à son palais aucun étranger, car les amusements sont interdits pendant le carême. Pourtant il a fait une exception en faveur du fils du castellan Kochanowski, il a vivement sollicité d'être admis parmi nous, et le staroste, dont il a été le camarade de collége, n'a pu le refuser.

Je suis ravie de ce petit voyage, je vais voir le palais et les domaines de ma chère sœur. J'ai beaucoup de peine à m'habituer à dire *madame la starostine* en parlant à Barbe ; mais je dois imiter mes parents, qui ne l'appellent plus autrement.

Depuis son mariage, Barbe est devenue très-grave ; elle ne porte plus que des robes à longue queue, il me semble que ces grandes toilettes la vieillissent de quelques années ; elle a l'air triste, et cela se conçoit, au moment de quitter la maison paternelle ; puis l'idée de se trouver seule avec un homme qu'elle connaît à peine doit l'inquiéter. Elle est si craintive avec M. le staroste que personne ne pourrait se douter qu'il est son mari. Quant à lui, il n'est pas timide du tout, il l'appelle *ma petite femme*, il s'approche d'elle à chaque instant et lui parle bien plus souvent qu'il n'a jamais parlé à mon père et à ma mère.

Ce 9 mars 1759, samedi.

Nous sommes revenus hier de Sulgostow, où je me suis fort amusée. C'est un grand chagrin pour moi de ne pas ramener madame la starostine.

Comme le temps s'écoule ! il y a déjà une semaine qu'elle a quitté le château. Il y a eu hier huit jours, quand tous nos hôtes furent partis, Barbe sortit de très-bonne heure et se rendit à l'église paroissiale de Lissow, elle fit don à la chapelle consacrée à sa patronne d'un demi-cœur en or, comme pour indiquer que la moitié de ses affections reste ici ; puis elle prit congé du curé avec attendrissement. Rentrée au château, elle fit ses adieux à ses courtisans et à tous les gens de notre suite, après quoi elle descendit à la ferme pour y distribuer son petit ménage de demoiselle. Elle donna ses vaches, ses oies et ses poules à un pauvre paysan de Maleszow, dont la chaumière venait d'être incendiée ; elle garda seulement deux poules huppées et les cygnes qu'elle voulait emporter à Sulgostow, elle m'a laissé ses oiseaux et ses fleurs.

Après avoir distribué de la sorte tout ce qui lui appartenait elle a voulu visiter une dernière fois le château, elle a parcouru toutes les chambres, elle est montée à tous les étages, elle s'est arrêtée longtemps dans la chapelle et dans notre chambre particulière.

A peine avions-nous fini de déjeuner, que le claquement des fouets se fit entendre. Un chambreur entra et nous annonça que les voitures étaient prêtes. M. le staroste s'approcha de Barbe et lui dit qu'il était temps de partir. A ces mots, je compris que le cœur de ma sœur se gonflait, des larmes inondèrent ses joues, elle se jeta aux pieds de mon père et de ma mère pour leur témoigner de leurs bontés, de ses soins, du bonheur qu'ils lui avaient donné pendant dix-huit ans.

« Tout ce que je demande à Dieu, leur dit-elle, c'est d'être aussi heureuse dans l'avenir que je l'ai été jusqu'à ce jour. »

Pour la première fois de ma vie, j'ai vu mon père pleurer. Ah ! que de tendres bénédictions elle a reçues, cette pauvre Barbe ! Toutes les personnes présentes à cette scène étaient attendries. Quand nous arrivâmes près du pont-levis, le capitaine de dragons s'opposa à notre passage en disant à M. le staroste qu'il ne le laisserait pas partir sans avoir reçu de lui un gage qui serait la promesse tacite de nous ramener Barbe au château. Le staroste lui donna une belle bague ornée de diamants. Pendant ce colloque, j'examinai les équipages du nouveau marié. Ils sont vraiment magnifiques : le premier, à deux places, est jaune doublé de drap rouge ; venait ensuite un beau landau, puis une calèche et plusieurs briska ; les chevaux sont de la meilleure race ; le carrosse jaune était attelé de six chevaux blancs et grispommelé, il était occupé par les époux ; dans les autres voitures se trouvaient les gens de la suite ; nous étions tout à fait à la fin du cortége.

Madame la starostine poussait de tels gémissements que nous pouvions les entendre ; j'en avais le cœur navré. Les courtisans, les chambreurs et même les paysans nous ont accompagnés fort loin. Barbe leur a jeté tout l'argent qu'elle avait sur elle, et M. le staroste a été d'une prodigalité dont rien n'approche ; il a donné à tout le monde, depuis le maître d'hôtel jusqu'au dernier domestique du château. Dans tous les lieux où nous nous sommes arrêtés, soit pour faire reposer les chevaux, soit pour passer la nuit, nous avons été merveilleusement servis ; M. le staroste donnait les ordres, et à l'instant les tables se trouvaient dressées. Les Juifs, fermiers des auberges sur la grande route, délogeaient leurs enfants et leurs bagages pour nous faire place. Un peu avant d'arriver à Sulgostow, nous rencontrâmes le palatin et l'abbé Vincent, qui nous avaient devancés pour recevoir les jeunes époux. Les paysans, l'homme d'affaire du staroste en tête, nous attendaient à la frontière du domaine de Sulgostow ; ils ont arrêté notre cortége et nous ont offert le pain et le sel. Le doyen d'âge a prononcé un discours, puis ils ont tous crié : *Vivent cent ans les nouveaux époux !*

A notre entrée dans la cour du palais, une compagnie de hussards, que M. le staroste entretient à sa cour, a tiré des coups de fusil ; leur capitaine nous a présenté les armes ; le palatin, avec son neveu et toute leur suite, nous a reçus à la première porte ; les acclamations partaient de tous côtés. M. le staroste a remis à madame la starostine un énorme trousseau de clefs ; dès le lendemain, Barbe avait pris les rênes du gouvernement, tout marchait avec ordre, elle dirigeait, elle commandait, c'était un plaisir de la voir ; il est vrai que ma mère lui a enseigné dès l'enfance à conduire le ménage. Sulgostow est dans tout autre position que Maleszow, ces deux habitations ne se ressemblent guère ; la première est un palais, l'autre est un château.

Sulgostow est riant et splendide, le luxe déborde de tous côtés, la grandeur se fait sentir dans les moindres détails, la cour est nombreuse, la table est excellente; mais ce qui m'a surtout charmée, c'est que tout le monde est prévenant, est empressé pour ma sœur. Je prévois qu'elle aura bientôt oublié notre château.

J'ai mangé de délicieuses choses à Sulgostow; j'y ai goûté du café pour la première fois, mes parents ne l'aiment point : ils disent que cette liqueur est malsaine pour les personnes jeunes et surtout pour les demoiselles, qu'elle échauffe le sang et altère le teint. Mais je pense qu'ils reviendront de leur prévention; l'usage du café s'est récemment introduit en Pologne; on finira par s'y accoutumer; moi j'ai commencé par en prendre beaucoup à Sulgostow; M. le staroste en raffole; aussi a-t-il prié ma mère de me permettre d'en boire tous les jours une petite tasse.

Nous avons bien ri à propos du café en nous rappelant les vers de la femme-poëte Druzbacka; elle dit, en parlant d'une nouvelle mariée qui arrive au château de son époux : « Elle n'y trouva pas seulement trois grains de café, mais en revanche il lui offrit une grande soupière pleine de soupe à la bière et au fromage. »

Certes, madame la starostine ne peut pas en dire autant.

J'ai été bien affectée de quitter sitôt le palais de M. le staroste.

M. Kochanowski, fils du castellan, est d'une humeur enjouée qui m'amusait beaucoup; durant nos promenades il était toujours à cheval à la portière de notre voiture. Madame la starostine a beaucoup pleuré au moment de notre séparation, moi aussi j'étais triste et je le suis encore à Maleszow; cela durera pendant quelque temps.

Ce 12 mars, mardi.

Je l'avais pressenti, ma sœur bien-aimée a emporté avec elle toute ma gaieté : il me semble que le château est désert, que nous n'avons plus de cour, que le plaisir a fui pour Jamais; mon père et ma mère sont fort tristes; Barbe, comme l'aînée, était souvent auprès d'eux et leur rendait mille services; je m'efforce de la remplacer, mais j'ai bien de la peine à charger aussi bien qu'elle la pipe de mon père et à choisir pour ma mère les soies de couleur qu'elle emploie dans ses broderies. Avec du temps et l'aide de Dieu je deviendrai plus habile, mais jamais je n'égalerai Barbe; j'ai beaucoup de bonne volonté, pourtant malgré moi j'oublie bien des choses; tandis que ma sœur n'oubliait jamais rien, aussi toute notre cour en parle-t-elle avec attendrissement.

Mon père envoie aujourd'hui un chambreur à Sulgostow pour s'informer des nouvelles de madame la starostine, tous les chambreurs se disputaient l'honneur de le messager; et Michel Chronowski, qui part demain pour Opole, regrette vivement de n'être plus chambreur.

Le château est de plus en plus triste; le fils du castellan est parti et depuis trois jours entiers nous n'avons pas eu une seule visite : sauf des prêtres quêteurs et un gentilhomme du voisinage, qui est venu nous présenter sa jeune femme.

Ce gentilhomme avait fait autrefois partie de notre cour, il a l'air fort distingué. « Mon cœur, a-t-il dit à sa femme (qui n'a pas prononcé deux paroles), si je suis un bon mari, si je suis un bon père, rends en grâce d'abord à M. le staroste et au maître d'hôtel : le premier ne m'a pas épargné les réprimandes, et l'autre les coups de martinet. »

Cette naïveté m'a beaucoup plu. Mes parents ont fait de très-beaux cadeaux au gentilhomme.

Pas d'autres visites au château; tout est mélancolique et morne comme cela arrive après beaucoup de joie et de mouvement.

Cependant je dois raconter une petite scène qui m'a fait rire comme une folle : Ma mère après le mariage de Barbe avait distribué sa garde-robe aux demoiselles de notre suite pendant notre absence, chacune d'elles ajusta à sa taille une robe, soit un spencer, soit un mantelet, et ainsi parées des dépouilles de Barbe elles se présentèrent bravement devant nous à la chapelle.

Le petit Mathias, qui les aperçut le premier, feignit de soupirer, nous lui en demandâmes la cause : « Mon cœur se serre, répondit-il, en voyant le pillage de tout ce qui appartint à feu mademoiselle Barbe. »

Tout le monde se mit à rire; moi et Thècle nous riions aux éclats si bien que mon père nous gronda en nous rappelant l'ancien proverbe : « A la table comme à l'église. » Ce petit Mathias est si drôle, comment ne pas rire?

Ce 15 mars, vendredi.

Hier il s'est passé un événement qui doit trouver place dans mon journal.

Lorsque je suis descendue comme à l'ordinaire avec *Madame* dans le salon, j'ai trouvé le fils du castellan Kochanowski; il causait avec mon père dans l'embrasure d'une fenêtre, leur entretien était si animé qu'ils ne nous ont point aperçues lorsque nous sommes entrées. Je n'ai pu entendre de ce qu'ils disaient que les derniers mots prononcés par mon père avec vivacité : « Monsieur, vous connaîtrez tout à l'heure ma réponse définitive. » Après quoi mon père a parlé tout bas à ma mère, qui a fait appeler le maître d'hôtel et lui a donné des ordres; bientôt après on a servi le dîner. M. Kochanowski était placé vis-à-vis de moi; je remarquai le soin et la recherche qu'il avait mis dans sa toilette. Il portait un habit de velours brodé, un gilet de satin blanc, un jabot et des manchettes de dentelle; il était frisé, crêpé, pommadé. Enfin tout annonçait une intention dans cette toilette. Ses manières était à l'avenant, il pirouettait, parlait beaucoup, s'agitait et citait du français à tous propos; il faisait de l'esprit deux fois plus qu'à l'ordinaire, tout cela était à son avantage et il m'a fort amusée.

Le dîner s'est prolongé indéfiniment, le rôti s'est fait attendre et j'ai eu tout le temps d'observer que le fils du castellan, quoiqu'il affectait de sourire et de parler sans cesse, cachait une préoccupation; il pâlissait et il rougissait tour à tour, enfin nos gens sont entrés apportant le rôti, en ce moment Kochanowski est devenu pâle comme un linge; ne sachant à quoi attribuer cette émotion j'ai regardé de tous côtés, puis mes yeux se sont arrêtés sur le plat qu'on venait de poser sur la table. J'ai vu une oie baignée dans une sauce noire, ce qui chez nous signifie un refus.

Je n'ai plus osé lever les yeux, mille pensées se sont heurtées dans ma tête : je me suis rappelé les cracoviennes, les mazurkas, le menuet, toutes danses dans lesquelles Kochanowski a déployé tant de grâces; puis sa tenue élégante à cheval, les mots français qu'il jette dans la conversation et ses compliments répétés à satiété. Une émotion douloureuse s'est emparée de mon cœur, j'ai perdu toute contenance et je n'ai pu toucher à un seul plat. Mon père et ma mère ont fait comme moi, et si le *bout-gris* de la table n'eût attaqué le dîner, on l'aurait desservi intact.

Le petit Mathias a le premier touché au rôti, ce nain hardi a dit tout haut en découpant une cuisse d'oie : « C'est un dur morceau, en vérité, mais cela se digérera. »

Il m'a semblé que nous étions des siècles à table; j'avais un vif désir de savoir le dénoûment; enfin, mon père a donné le signal et on s'est levé; mais pendant que chacun disait les *grâces* M. Kochanowski s'est glissé par la petite porte de la salle à manger et n'a plus reparu.

Après que les courtisans et les chambreurs ont été sortis, mon père et ma mère m'ont ordonné de quitter mon ouvrage et de m'approcher d'eux; mon père m'a dit : « Mademoiselle, M. Kochanowski, fils du castellan de Radom, vient de me faire la demande de ta main. Je sais que sa naissance est ancienne et illustre, je sais qu'il a une fortune considérable proportionnée à la tienne, pourtant ce parti ne nous convient pas. Kochanowski est trop jeune, il n'a pas d'autre illustration que celle du titre de feu son père; il n'a obtenu aucune faveur à la cour, ou plutôt les faveurs qu'il a reçues ne lui ont pas donné un rang élevé; puis il s'est déclaré un peu brusquement, et il a exigé une réponse immédiate et décisive; nous lui avons donné notre réponse, elle équivaut à ses manières. Nous sommes sûrs, Fanchette, que tu approuveras ce que nous avons fait. »

En finissant ces paroles, il m'a ordonné de reprendre mon ouvrage avant que j'eusse pu lui répondre oui ou non.

Sans doute je suis de l'avis de mon père, mais comme j'ai résolu d'être franche dans mon journal, franche sans restriction, j'avoue que ni l'âge de Kochanowski ni la manière dont il a fait sa demande ne me paraissent être des motifs suffisants de refus. Le vrai motif, c'est qu'il n'a pas de titre; car, comme le dit le petit Mathias, « ce n'est pas grand'chose qu'un vice-castellan, un castellan, à la bonne heure, cela représente. »

Dieu lui dans ma mine : il sait que je n'ai point envie de me marier. Je me trouve complètement heureuse dans la maison paternelle. Après mon retour de Sulgostow j'ai été triste durant quelques jours, mais à présent mon ancienne gaieté m'est revenue. Ma position est bien différente de ce qu'elle était autrefois, on me traite avec plus d'égards; quand il n'y a pas d'étrangers à notre table, je suis servie la quatrième.

Désormais, j'accompagnerai mes parents partout où ils iront; ne serait-il pas triste d'abandonner ces bonnes, de si douces prérogatives? Puis le mariage est moins beau qu'on ne le dit : c'en est fait de l'avenir d'une femme; une fois mariée, tout est fixé, arrêté dans la vie; plus d'alternatives, plus de doutes, plus d'espérances meilleures. On sait ce qu'on doit être et ce qu'on sera jusqu'à la mort. Et moi qui aime tant à donner un libre cours à mes pensées! Une peau de bœuf ne serait pas assez grande, si je voulais écrire dessus tout ce qui me passe par la tête; quand je suis assise à travailler, mon esprit est plus occupé que mes doigts; c'est si bon de rêver, de se faire un bel avenir, de se colorer sa vie avec son imagination. Ma mère a beau me répéter : « Une demoiselle bien née et bien élevée ne doit jamais penser au celui qu'elle aura. » Mon Dieu! ce n'est pas au mari que je pense, c'est à mille choses, à des souvenirs, à des espérances, des lectures que je m'applique involontairement. Je me dis quelquefois : Si j'allais avoir une destinée semblable à celle des héroïnes de mademoiselle de Scudéry, de madame de la Fayette et de madame Beaumont; je me place si bien dans leur situation, je crois que toutes ces aventures m'arriveront. J'ai remarqué que depuis le mariage de Barbe, j'avais plus de penchant à la rêverie. Ma sœur blâmait la lecture des romans et m'empêchait de m'en nourrir l'esprit, mais pour rattraper le temps perdu *Madame* me fait à présent lire sans cesse, et plus je lis, plus mon imagination se perd dans le vague. Barbe avait un caractère tout différent; elle m'a juré que jamais elle n'avait pensé à son avenir ni au mari qu'elle épouserait, et si, par hasard, cette dernière pensée se présentait à elle, c'était au moment où elle faisait ses prières. Il faut savoir que, selon les ordres de ma mère, nous disons toujours après nos prières, depuis que nous avons atteint notre seizième année : « Mon Dieu! donnez-moi la sagesse, une bonne santé, l'amitié du prochain et un bon mari. » Ce n'est qu'en prononçant ces paroles que Barbe arrêtait sa pensée sur un mari. Et il le faut bien, disait-elle, puisqu'un jour il doit remplacer notre père et notre mère, et que nous devrons l'aimer, lui obéir, et vivre avec lui jusqu'à la mort. Du reste elle n'avait aucun souci de ce qu'il serait, et ne se demandait jamais quand il viendrait.

Malgré son insouciance, elle a parfaitement réussi. Son mari est le plus honnête et le meilleur des hommes; elle nous a écrit que lorsque la douleur qu'elle éprouve d'être séparée de nous sera calmée, il n'y aura pas dans le monde une femme plus heureuse qu'elle. On voit qu'elle aime chaque jour davantage M. le staroste : elle est complètement satisfaite de sa destinée. Et moi, quelle est la destinée qui m'attend?

Quoi qu'il en soit, mon père a bien fait de refuser M. Kochanowski. Pourtant je le plains de l'humiliation qu'il a subie; mais, si j'en crois la prophétie du petit Mathias, il se consolera.

Ce 17 mars, dimanche.

Hier, comme nous allions nous mettre à table pour souper, nous avons eu la visite de la princesse palatine de Lublin et du palatin son mari. Quelle charmante surprise! Ils n'avaient pu se trouver au mariage de ma sœur, à cause des devoirs qu'ils avaient à remplir auprès du prince royal, qui partait pour le duché de Courlande, et ils sont venus pour nous dédommager et pour féliciter mon père et ma mère sur l'heureux mariage de leur fille.

L'arrivée de ces hôtes illustres a rendu la vie au château; mon père est au comble de la joie et ne sait que faire pour recevoir dignement la princesse, qu'il aime et qu'il estime de toute son âme : il voudrait abaisser le ciel pour lui plaire. Il y avait cinq ans que le prince et la princesse n'étaient venus à Maleszow, j'étais une enfant alors; ils m'ont retrouvée une grande demoiselle, aussi leurs compliments ne tarissent pas.

Ils louent ma beauté, ma taille; en vérité, ils m'intimident : de tels éloges font plaisir, mais il faut les entendre à la dérobée; quand on vous les dit en face, ils perdent de leur prix, je dirai plus, ils embarrassent et remplissent de confusion : aussi suis-je plus contente de me rappeler aujourd'hui ces paroles flatteuses que de les avoir entendues hier.

Le prince palatin a dit, et d'un air fort sérieux, que si je me montrais à la cour de Varsovie, j'éclipserais mademoiselle Wessel, fille du staroste; l'écuyère tranchante Potocka et la princesse Sapieha, femme du chancelier : ce sont les trois plus célèbres beautés de la cour. Ma tante la princesse ajouta pourtant qu'il me manquait encore un maintien grave et de la dignité dans la tournure. Je n'avais de ma vie entendu tant de choses agréables; je ne croyais pas vraiment que je fusse belle à ce point, j'ai compris que le cœur de mon père était tout gonflé d'orgueil; mais ma mère a craint que ces éloges me rendissent trop vaine, elle m'a fait appeler ce matin et m'a dit que c'était là un langage de cour auquel je ne devais pas ajouter une entière créance.

Je ne sais pourquoi je m'imagine qu'on a des projets sur moi. O que je voudrais les connaître! Je n'ai pu dormir de toute la nuit. Le prince et la princesse ont dit des choses si curieuses, si intéressantes. Ma mère voulait que je me retirasse à dix heures dans ma chambre, comme à l'ordinaire; mais le prince palatin m'a fait obtenir la faveur de rester beaucoup plus tard au salon.

Il paraît que les fêtes qui ont eu lieu à l'occasion de l'investiture du prince royal ont été d'une magnificence sans exemple; on ne se rappelle pas d'avoir vu un carnaval aussi gai et aussi brillant. Tous les collèges ont représenté des tragédies et des comédies pleines d'allusions flatteuses pour le prince royal, qui les a adorées. Le lundi gras (c'était précisément le jour du mariage de Barbe) on a représenté au collège des Pères Jésuites la tragédie d'*Antigone*, dans laquelle le fameux guerrier Démétrius défend son père contre ses ennemis et lui restitue ses Etats; à la fin de la représentation on a couvert d'applaudissements les vers suivants, qui avaient été ajoutés à la pièce pour la circonstance : « Ce n'est pas seulement chez les Grecs qu'on trouve des fils fidèles. Notre siècle a aussi ses Démétrius. Nous contemplons en toi ce sublime exemple, ô Charles le Grand! Tu as défendu ton père contre d'injustes attaques, ton père qui efface par ses vertus les souvenirs que la Grèce nous a laissés. Sois aujourd'hui ton père, règne sur nous et ton peuple t'aimera avec l'amour d'un Démétrius. »

On voit d'après cet hommage que le prince royal a des partisans dévoués, j'ai la conviction secrète qu'un jour il sera roi de Pologne.

J'ai entendu avec beaucoup d'intérêt son éloge dans la bouche du prince palatin : je serais bien trompée si mon *héros* ne devenait pas un grand homme; mais souvent les prévisions échouent devant une foule d'intrigues. Je juge de la chose publique d'après les opinions si diverses de notre petit cercle. La princesse palatine est d'un autre avis que son mari, elle ne veut pas que la république choisisse pour roi le prince royal ni Poniatowski; elle porte ses vœux ailleurs. Qui donc sera entendu de Dieu?

Ce 19 mars 1759, mardi.

Nous voici seuls de nouveau, le prince et la princesse Lubomirski sont partis depuis une demi-heure, ils voulaient absolument nous quitter hier : mon père a prétendu que le lundi était un jour de malheur; et comme cet argument n'aurait pas été assez persuasif, il a fait enlever les roues de leur voiture. Le prince et la princesse m'ont comblée de bontés pendant leur séjour au château; ils s'intéressent vivement à mon avenir, ils ont engagé mes parents à m'envoyer à Varsovie pour que j'y termine mon éducation. Une étrangère, mademoiselle Strumle, qui se fait appeler *madame*, a fondé récemment une pension de demoiselles à Varsovie; cette pension jouit d'une brillante réputation, toutes les jeunes filles de qualité vont y perfectionner leur éducation. Etre restée quelque temps chez madame Strumle est aussi favorable à une jeune fille qu'avoir été à Lunéville l'est à un jeune gentilhomme.

Le prince palatin a conseillé à ma mère de me mettre non pas seulement chez *madame Strumle*; il prétend que cela donnera un lustre et un poli indispensables à mon éducation. Mon père et ma mère auraient préféré les sœurs du Saint-Sacrement; ils trouvent que le couvent est encore ce qu'il y a de mieux.

J'ignore ce qui m'est réservé, mais je me sens inquiète, agitée; mes lectures ne me captivent plus, je travaille péniblement et moins bien qu'autrefois, je me préoccupe bien plus de ce qui sera que de ce qui est; enfin je suis toujours émue comme à la veille d'un grand événement. Depuis que j'ai vu le prince et la princesse, j'ai une plus haute idée de moi-même. J'étais plus heureuse autrefois. En vérité je ne me comprends plus.

24 mars, dimanche.

Grâce à Dieu je suis hors de mes incertitudes : nous partons après demain pour Varsovie; mon père et ma mère y sont appelés subitement pour les affaires de la succession de Blaise Krasinski, mon oncle, qui est mort sans enfants et qui laisse une grande fortune.

J'ignore encore si on me mettra en pension; mais j'ai le pressentiment que je ne reviendrai pas de sitôt à Maleszow. Ma mère a fait emballer toute ma garde-robe; elle a fait refaire pour moi deux de ses robes. Ah! que je suis heureuse de ce voyage! nous ferons un détour pour aller passer quelques jours à Sulgostow.

Madame la starostine y est revenue après une excursion très-agréable; monsieur le staroste avait voulu la présenter à ses cousins, à ses amis et à tous ses voisins de terre; elle a été partout admirablement accueillie, maintenant elle va se fixer chez elle, ce qui l'enchante : car elle a d'excellentes dispositions pour devenir une bonne ménagère.

M. le palatin Swidzinski parlait d'elle avec tant d'effusion dans une de ses lettres que mon père et ma mère ont pleuré abondamment en la lisant; c'était de douces larmes, de ces larmes de joie qui sont si rares. Barbe a toujours été une cause de bonheur pour sa famille.

A Varsovie, ce 7 avril 1759, dimanche.

Me voilà installée depuis hier dans la célèbre pension de *madame Strumle*; je puis à peine y croire. Les conseils de la princesse palatine ont prévalu et *madame Strumle* l'a emporté sur le couvent du Saint-Sacrement.

Dieu en soit béni! J'avais un vif désir d'être ici. On m'y a fait un très-aimable accueil. Avant d'arriver à Varsovie nous nous sommes arrêtés à Sulgostow. Nous avons trouvé madame la starostine Swidzinska gaie et heureuse, la visite de sa famille a complété son bonheur. Elle m'a dit que la joie qu'éprouvait une fille à recevoir chez elle dans sa propre maison son père et sa mère ne pouvait être exprimée; que c'était là une satisfaction infinie qu'il fallait avoir éprouvée pour s'en faire une idée.

Barbe n'a rien oublié de ce qui pouvait nous être agréable; elle a fait servir sur sa table tous les mets, toutes les sucreries et toutes les boissons qu'elle savait être préférés de mon père et de ma mère.

M. le staroste l'a affectueusement secondée dans tous ces soins. Ma mère lui a dit : « Je crois que Barbe est encore meilleure depuis son mariage; à quoi M. le staroste a répondu : — Elle n'est pas meilleure, elle est telle que je l'ai reçue des mains de Vos Seigneuries; elle saisit l'occasion de vous témoigner sa reconnaissance et vous montre ici ces qualités si chères et si précieuses que vous avez formées en elle : depuis trois jours elle est pour ses parents ce qu'elle est à chaque instant pour moi. »

Il n'y avait point d'exagération dans ces paroles de M. le staroste, elles partaient du cœur. Il adore Barbe, et elle le respecte, l'honore et lui obéit comme à un père.

Ma sœur s'entend à merveille à diriger sa maison, dont elle fait parfaitement les honneurs. Tout le monde se loue d'elle. Les demoiselles et les femmes de chambre qui l'ont suivie sont enchantées de leur nouvelle condition.

Mon père et ma mère se sont séparés à regret de leur fille chérie, ils auraient voulu prolonger leur séjour auprès d'elle; pour moi, j'avoue qu'il me tardait de voir Varsovie : aussi ai-je été ravie lorsque des lettres nous ont forcés à partir. C'est vraiment un très-bon instinct qui me poussait ici. J'étudie et je me perfectionne chez *madame Strumle*. Mon éducation se complétera, et je pourrai devenir une femme distinguée ; ce que j'ai toujours ardemment souhaité ; mais il me faut beaucoup d'étude et d'application pour en arriver là ; il me faut surtout gouverner mes pensées, ne plus les laisser courir et divaguer comme je l'ai fait jusqu'à ce jour. Hier ma mère

Dans un mois je commencerai mon arbre peint à l'huile.

est venue me chercher à la pension pour me conduire à l'église. Je me suis confessée et j'ai communié, afin de demander à Dieu qu'il fasse tourner au bien les lumières que je veux acquérir.

Quand je serai tout à fait établie ici j'écrirai mon journal jour par jour, comme à Maleszow ; mais je suis encore tout ahurie de ce que je vois, il faut que je fasse connaissance avec ma nouvelle demeure.

Ce 12 avril, vendredi.

Me voilà au courant des habitudes de la pension. Madame Strumle me plaît beaucoup, elle a des manières parfaites et elle est fort gracieuse pour moi. Je pourrais bien regretter un peu notre cour, la magnificence, le bruit, le mouvement du château, mais après tout on vit gaiement et très-convenablement dans cette pension. Ce qui est tout nouveau et me semble singulier c'est qu'il n'y a pas le plus petit garçon dans toute la maison, point d'heiduques ; des femmes et toujours des femmes pour notre service privé et pour le service de table. Nous ne sommes qu'une quinzaine de pensionnaires, toutes jeunes et appartenant aux premières familles. On m'a beaucoup parlé de mademoiselle Marianne, sœur de M. le staroste Swidzinski ; elle est aujourd'hui mariée au castellan de Polaniec, elle a passé deux ans dans la pension, et elle a laissé un souvenir ineffaçable dans le cœur de madame Strumle et dans celui de mes compagnes. On dit que c'était une personne accomplie : affectueuse, sensée, aimable, et fort appliquée à l'étude.

Mon père et ma mère, après un examen approfondi de la pension, ont été entièrement tranquillisés, vraiment ils le devaient, car dans un couvent on ne serait pas mieux gardée qu'ici. *Madame* a toujours dans sa poche la clef de la porte d'entrée, personne ne peut donc arriver dans la pension ni en sortir sans qu'elle le sache ; si ce n'était deux ou trois vieux maîtres de langue et de musique, nous risquerions d'oublier quelles figures ont les hommes. Il est expressément défendu de recevoir la visite de ses cousins dans l'intérieur de la pension. Le maître de danse désirait que les messieurs Potocki, qui sont élevés au collège des Pères Jésuites, vinssent apprendre les contredanses avec leurs sœurs et moi ; mais *madame* a rejeté bien loin cette proposition, en objectant que ces messieurs n'étaient pas les frères de toutes ses pensionnaires.

J'ai un maître de langue française, un maître de langue allemande et des maîtres de dessin, de musique et de broderie. On apprend la musique sur un beau piano qui a cinq octaves et demie. Quelle différence avec celui que j'avais à Maleszow ! Quelques élèves jouent bien la polonaise, mais en suivant les notes et non de mémoire. Mon maître m'assure que dans six mois au plus j'en saurai autant qu'elles, il est vrai que j'avais déjà quelques notions de musique. Je dessine passablement d'après les modèles, mais avant d'aller plus loin je veux peindre à l'huile un arbre aux branches duquel je suspendrai une couronne de fleurs entourant le chiffre de mon père et de ma mère ; ce sera un témoignage de ma reconnaissance pour toutes leurs bontés et pour tous les soins qu'ils prennent de mon éducation. La jeune princesse Sapieha, qui est ici depuis un an, fait en ce moment un tableau semblable pour sa famille. Toutes les fois que je regarde son travail, il me fait envie. Quel bel effet ferait mon tableau dans le salon de Maleszow, au-dessus du portrait de mon digne oncle l'évêque de Kamiéniec !

Le maître de danse nous apprend, outre le menuet et les contredanses, à marcher et à saluer avec grâce. Combien j'étais ignorante ! je ne connaissais qu'une seule manière de saluer ; mais il y a un salut particulier pour le roi, un autre pour les princes du sang, et un autre encore pour les seigneurs et les dames de qualité.

J'ai voulu avant tout apprendre le salut qu'on fait au prince royal, je n'y ai pas mal réussi ; peut-être cela me servira-t-il une fois. Mes leçons se succèdent d'heure en heure ; je suis si avide de m'instruire que le temps fuit pour moi très-agréablement.

Ma mère est tellement occupée des affaires de la famille, qu'elle n'a pu venir me voir qu'une fois. Quand je suis arrivée à la pension, tout me surprenait ; ce qui surtout me paraissait étrange, c'était d'être réprimandée à chaque instant ; on me mettait même en pénitence ;

Le petit Mathias.

on m'a appliqué sur le dos une croix en fer pour me faire tenir droite, puis on a mis mes jambes dans un coffre de bois pour les redresser ; je crois pourtant que mes jambes étaient suffisamment droites ; tout cela n'était pas très-amusant pour moi, qui me croyais, depuis le mariage de Barbe, une grande demoiselle.

N'ai-je pas été demandée en mariage ? et le prince palatin m'a-t-il traitée comme une enfant ?

Madame Strumle m'a ordonné de ne plus dire dans mes prières : *Mon Dieu, donnez-moi un bon mari !* Elle veut que je remplace ces paroles par celles-ci : *Faites-moi la grâce de profiter de l'éducation que je reçois.* Ici il faut exclusivement penser au travail, et pas au delà.

Ce 28 avril, dimanche.

Voilà près de trois semaines que je suis dans la pension de madame Strumle, j'ai depuis ce temps tout à fait négligé mon journal ; mais l'uniformité de ma vie, la monotonie de ces heures où reviennent régulièrement les mêmes occupations ne m'inspirent aucun récit intéressant.

Dans ce moment j'ai la plume en main, et je suis prête à la quitter faute d'avoir quelque chose à raconter. Mon père et ma mère doivent partir bientôt. La princesse palatine m'a honorée de sa visite; elle a remarqué que je me tenais beaucoup mieux qu'autrefois. Mes maîtres sont satisfaits de mon application, *madame* ne fait des grâces toutes particulières, mes compagnes sont polies et amicales.

Tout cela vaut-il la peine d'être écrit? Parfois je m'imagine que je ne suis pas à Varsovie; je ne sais rien des événements publics; je n'ai vu ni le roi ni la famille royale; à Maleszow, du moins, nous recevions les nouvelles et nous voyions quelques hommes distingués.

Le duc de Courlande est absent et ne reviendra pas de sitôt.

Ce 9 juin, dimanche.

Si je devais vivre éternellement à la pension, je renoncerais à écrire mon journal. Pourtant c'est une sorte d'exercice qui a pour moi un but d'utilité; sans mon journal, je risquerais d'oublier le polonais : car, excepté les lettres que j'adresse à mes parents et quelques mots que je dis à ma femme de chambre, je n'écris et je ne parle que le français.

Je fais des progrès dans mes études; j'ai bien quelques moments de tristesse, mais, du moins, je m'instruis.

Madame la princesse palatine est venue me revoir; un mois s'était écoulé depuis sa première visite; elle m'a trouvée fort grandie, et a bien voulu louer mon maintien. Parmi les élèves de la pension, je suis celle qui ai la taille la plus élevée, et ce qui me charme, c'est que le tour de ma ceinture n'a pas une demi-aune.

Voici l'été de retour, quel beau temps! et je ne puis sortir! c'est bien un peu triste. Dieu! que je voudrais être un petit oiseau! je m'envolerais, j'irais bien loin, puis je reviendrais dans ma cage. Mais il faut passer toutes ses journées, toutes ses soirées dans cette maison mélancolique et qui est située dans une si vilaine rue; je crois bien que la rue de la Tonnellerie est la plus sombre et la plus crottée de Varsovie.

Si Dieu le permet, l'année prochaine je ne serai plus ici.

Ce 28 juillet, vendredi.

Le travail a cela d'heureux qu'il donne des ailes au temps; les journées s'écoulent sans distraction, sans nouvelles extérieures.

Aujourd'hui je me suis souvenue de mon journal, j'ai regardé l'almanach pour y chercher le quantième, et j'ai été toute surprise de voir qu'il y avait sept semaines que je n'avais écrit une seule ligne. Mais je dois mentionner cette journée, rien de pareil ne m'est arrivé depuis que je suis au monde.

J'ai reçu une lettre par la poste! On sait donc qu'il existe une *Mademoiselle la comtesse Françoise Krazinska!* J'ai sauté comme une folle quand on m'a remis cette lettre; une lettre à moi! Elle est de madame la starostine Swidzinska; je la conserverai, ainsi que l'enveloppe, comme un précieux et bien cher souvenir; mais elle m'écrit qu'elle se porte bien et qu'elle est heureuse; qu'elle est bonne pour moi! elle m'envoie quatre ducats en or sur ses petites économies et sur la vente des produits du jardin que M. le staroste lui abandonne.

C'est la première fois que j'ai de l'argent à ma disposition, cela me fait un vif plaisir; avec l'argent l'envie de le dépenser et mille projets me sont venus; il me semble que je pourrais acheter toute la ville.

Grâce à la bonté de mes parents, je n'ai besoin de rien, je n'achèterai donc rien pour moi; mais je désire laisser un joli souvenir à chacune de mes compagnes; une bague en or, par exemple; *madame* m'a fait beaucoup de peine en m'apprenant qu'avec mes quatre ducats j'aurai tout au plus quatre bagues. C'est désolant! je pensais pouvoir acheter, outre les bagues, un mantelet de blonde pour madame Strumle.

Voilà tous mes projets détruits; on m'a dit que le mantelet coûterait une centaine de ducats; je me décide donc à donner un ducat à l'église de la paroisse pour faire dire une messe à la chapelle de Jésus, afin que Dieu donne une bonne issue aux affaires qui occupent en ce moment ma famille, et aussi afin qu'il veille sur le bonheur de madame la starostine.

Je changerai un second ducat et j'en distribuerai la monnaie entre toutes les servantes de la maison; avec les deux autres ducats je donnerai une collation à mes compagnes dimanche prochain; il y aura du café, chose délicieuse que nous ne prenons jamais ici, puis des gâteaux et des fruits. Madame Strumle a consenti de très-bonne grâce à ce dernier projet.

Certes, ce n'était pas une toilette ordinaire.

Que Dieu rende à ma chère Barbe tout le bonheur qu'elle m'a causé; il n'y a pas de plaisir qui surpasse celui de faire des cadeaux et de traiter ses amis.

Si je désire avoir un mari plus riche que moi, c'est surtout afin de pouvoir être généreuse.

J'emploie bien mon temps, je fais des progrès de jour en jour. Je joue déjà couramment des contredanses et des menuets, bientôt j'apprendrai une polonaise; la plus à la mode a un nom fort singulier : elle s'appelle les *Cent-Diables*. Dans un mois je commencerai mon arbre peint à l'huile avec sa couronne allégorique.

Malgré des études plus sérieuses, je ne néglige pas les petits ouvrages de femme. Je brode sur le canevas un chasseur qui porte un fusil et qui tient un lévrier en laisse. Je lis énormément, j'écris sous la dictée, je copie les bons ouvrages, ce qui est un excellent moyen pour former son style.

Je parle le français aussi bien et mieux peut-être que le polonais; enfin il me semble que je suis très en état de faire mon entrée dans le grand monde.

Quant à la danse, il est inutile de dire qu'elle va merveilleusement. Mon maître, qui ne me flatte pas, m'assure que dans tout Varsovie il n'y a pas une danseuse qui me vaille.

Je vais quelquefois chez les princes palatins, mais le matin, quand ils ne reçoivent pas encore; on me dit toujours, et particulièrement le prince Lubomirski, des choses fort agréables; le prince pense que je pourrais sortir de pension, mais la princesse et ma famille veulent que j'y passe l'hiver. Nous ne sommes encore qu'à la fin de juillet! Que d'heures, que de jours avant que l'hiver arrive! Ce moment viendra-t-il jamais?

Ce 20 décembre, jeudi.

Enfin, Dieu soit loué! le moment de quitter ma pension est venu. Une nouvelle existence va commencer pour moi; mon journal sera mieux rempli, les récits variés ne manqueront pas; que de choses intéressantes je vais avoir à dire.! Je ne retournerai pas de sitôt au château de Maleszow.

Le prince et la princesse sont excellents pour moi; ils ont obtenu de ma famille la permission de me garder tout l'hiver auprès d'eux; ils me feront faire mon entrée dans le monde.

Je sors de pension après-demain, et je vais m'établir chez la princesse Lubomirska. J'éprouve bien un peu de peine de quitter madame Strumle et les amies que j'ai faites ici; cependant la joie l'emporte; enfin je vais voir le monde, puis c'est bien bon de quitter cette cage.

On va me mener à la cour ; je serai présentée au roi, à la famille royale ; d'un jour à l'autre on attend le duc de Courlande ; je le verrai donc ! Les jours me semblent d'une interminable longueur depuis que je dois quitter la pension.

Ce 18 décembre 1759.

Je ne perdrai jamais le souvenir de cette journée. La palatine princesse Lubomirska est venue me chercher dès le matin. J'ai fait mes adieux à madame Strumle et à mes compagnes ; j'étais heureuse de partir, et pourtant je pleurais en les quittant ! Avant de nous rendre au palais de la princesse, nous sommes allées à l'église ; je n'étais guère en état de me recueillir ; il y avait tout un avenir dans ma tête, tout un monde dans mes pensées. Me voilà chez la princesse ; son palais est situé dans la rue du faubourg de Cracovie, presque en face de celui du prince Czartoriski, palatin de la Russie Rouge. Le palais que nous habitons n'est pas très-vaste, mais il est fort élégant : d'un côté, les fenêtres ont vue sur la Vistule et sur un charmant jardin. Ma chambre est jolie ; en été elle sera délicieuse ; elle a un balcon et une porte qui s'ouvrent sur le jardin ; elle communique à droite avec les appartements de la princesse, et à gauche avec la pièce occupée par ma femme de chambre.

Le tailleur est venu me prendre mesure, il va me faire plusieurs robes ; j'ignore comment elles seront ; la princesse les a choisies sans consulter mon goût ; elle m'inspire tant de respect ou de peur que je n'ose lui adresser la moindre question. Le prince m'impose beaucoup moins ; il est vrai que ses manières sont douces et engageantes. Il est parti en ce moment pour aller à Bialystock au-devant du duc de Courlande, il est en grande faveur auprès du prince. Demain nous irons faire des visites, la princesse me présentera dans les plus grandes maisons ; c'est ainsi qu'on doit débuter pour être invitée dans les bals et les soirées. Je suis contente, et pourtant l'idée de ces visites m'effraye ; comme on va m'examiner !... Mais j'aurai bien des choses intéressantes à voir, bien des observations à faire ; c'est le bon côté de ma nouvelle position.

19 décembre, dimanche.

J'ai du moins à présent des nouvelles à raconter ; mon journal ne sera plus aride et décoloré. Le prince Charles est arrivé hier à une heure après-midi avec le prince palatin. En vérité je suis toute pénétrée des bontés de ce dernier ; il me traite comme si j'étais sa fille, il n'y a sorte d'amitiés et de preuves d'intérêt qu'il ne me donne. Nous avons fait nos visites ; nous sommes allées dans une quinzaine de maisons, mais nous n'avons pas été reçues partout ; entre autre chez les ambassadeurs de France et d'Espagne qui sont ici avec leur famille, le prince primat, etc., etc., où la princesse a laissé des cartes. Notre première visite a été pour madame Humiescka, femme du porte-glaive de la couronne ; madame Humiescka est ma tante. Nous sommes allées ensuite chez madame la princesse Lubomirska, femme du général des avant-gardes des armées de la couronne ; elle est cousine-germaine de la princesse palatine. La générale, née princesse Czartoriska, est jeune et d'une beauté remarquable ; elle tient le premier rang parmi les jeunes femmes ; elle aime passionnément tout ce qui est français.

Je suis très-charmée de savoir la langue française ; non-seulement cela m'est utile, mais cela me fait rechercher dans la société. Dans toutes les grandes maisons on parle français ; il n'y a que les hommes âgés qui aient conservé l'ennuyeuse habitude de mêler du latin à la conversation ; les jeunes gens se gardent bien de ce pédantisme, ils parlent français, cela vaut mieux, au moins je les comprends. Nous sommes allées aussi chez la grande générale Branicka. Son mari, grand général de la couronne, est un des plus riches seigneurs de la Pologne, mais il n'est pas bien vu à la cour. Puis nous avons fait visite à la princesse Czartoriska, palatine de la Russie Rouge. Chez elle on parle polonais ; il est vrai qu'elle est déjà d'un âge avancé, ce qui explique sa répugnance pour les modes nouvelles. Elle nous a présenté son fils unique ; c'est un charmant garçon qui a des manières polies et élégantes ; il m'a fait une foule de compliments très-gracieux. Cette visite m'a paru plus agréable que toutes les autres. Mais non, il me semble que j'ai eu autant de plaisir chez madame Poniatowski, castellane de Cracovie. C'est une personne assez supérieure ; elle parle beaucoup, mais du moins avec chaleur et d'une façon qui intéresse. Nous l'avons trouvée dans une joie extrême : elle venait de revoir son fils après une longue absence [1]. On dit que ce fils si cher sera peut-être un jour roi de Pologne. Cette prévision, qui ne se réalisera pas sans doute, me l'a fait regarder plus attentivement. Il ne me plaît pas, je l'avoue franchement, et cependant il est beau et très-recherché, mais il a une sorte de roideur dans les manières, une prétention à la dignité et aux grands airs qui nuisent à toute sa personne. Je ne dois pas oublier dans l'énumération de nos visites celle que nous avons faite à madame Rzewuska, palatine de Podolie. Cette visite avait un double intérêt pour moi : j'étais curieuse de connaître le prince Rzewuski, vice-grand général de la couronne,

[1] Stanislas-Auguste Poniatowski, dont il a été question, au commencement de ce journal, dans une note.

dont mon père m'avait beaucoup parlé. Le vice-grand général, quoiqu'il appartint à une illustre famille, a été élevé avec les enfants du peuple, il marchait pieds nus comme eux et partageait tous leurs plaisirs ; plaisirs très populaires, ce me semble. Cette singulière éducation lui a donné une force et une santé rares. Quoiqu'il ait aujourd'hui cinquante ans, il monte à cheval et il marche mieux qu'un jeune homme. Selon le vieil usage polonais, il laisse croître sa barbe ; ce qui lui donne un air très-grave. On m'a dit qu'il avait composé de fort belles tragédies. Nous nous sommes présentées chez madame Brühl, qui nous a reçues avec une politesse exquise. Son mari, ministre favori du roi, n'est pas estimé, mais on va chez eux par étiquette, et aussi pour madame Brühl, qui est fort gracieuse. Le même jour nous sommes encore allées chez madame Solthk, castellane de Sandomir ; elle est veuve, mais jeune encore et fort belle. Son fils Stanislas a neuf ans ; c'est un charmant enfant, qui a déjà toutes les manières du grand monde. Au moment où nous sommes entrées, il s'empressa de m'avancer un fauteuil en m'adressant un compliment plein de gentillesse. Madame la castellane ajouta que son fils aimait beaucoup les beaux visages et les yeux noirs. L'évêque de Cracovie est oncle de ce jeune enfant ; il voudrait le faire élever auprès de lui, mais sa mère ne veut pas s'en séparer. De toutes les personnes que j'ai vues, madame Moszinska, veuve du grand trésorier de la couronne, est celle qui me plaît et m'attire le plus. Elle m'a témoigné tout d'abord de l'affection, et je me suis senti pour elle un penchant extrême. Elle a beaucoup admiré ma figure ; partout j'ai entendu des éloges, partout on m'a dit que j'étais belle. Je dois peut-être une bonne part de la sensation que j'ai produite à ma toilette ; j'étais si bien habillée ! bien mieux que le jour du mariage de Barbe. J'avais une robe de soie blanche avec des falbalas de gaze ; j'étais coiffée avec des perles. Si j'avais vu le duc de Courlande, je serais complètement satisfaite. Mais je ne l'ai rencontré dans aucune des maisons où nous sommes allées. On m'a dit qu'il était si heureux de se retrouver dans sa famille après une longue absence, qu'il lui consacre tous ses moments ; ce sentiment m'a paru bien naturel : lorsque j'étais à la pension, j'avais des tristesses infinies en pensant à mes parents et un désir de les revoir qui me semblait le plus vif que j'eusse jamais éprouvé. Le carnaval va bientôt commencer, on dit qu'il sera très-brillant cette année ; il y aura une foule de bals ; il est impossible que je ne rencontre pas le duc de Courlande.

Ce 1er janvier 1760, mercredi.

Tous mes vœux sont comblés bien au delà de mes espérances, j'ai vu le prince royal, je l'ai vu, je lui ai parlé ! N'est-ce pas un rêve ? Je vis dans un tourbillon de sensations vives et d'idées sans cesse renaissantes qui m'élèvent, m'accablent, me transportent, me font peur et me comblent de joie tout à la fois. Je n'oserais écrire à personne ce que je vais écrire, ce n'est peut-être qu'une illusion, une fantasmagorie, un prestige! Pourtant, jusqu'ici j'ai toujours compris l'effet que je produisais ; j'ai toujours vu juste : me serais-je trompée cette fois? D'ailleurs pourquoi donc un prince ne me trouverait-il pas belle, puisque tous les autres hommes disent que je le suis? Mais dans les regards du prince royal il y avait plus que de l'admiration, il y avait une expression significative et pénétrante ; leur regard est plus séduisant qu'un regard ordinaire, plus expressif que la parole. Peut-être tous les princes sont-ils ainsi?

Pour m'en souvenir toute ma vie ou plutôt pour le relire un jour, je vais tracer avec tous ses détails le récit de cette soirée et tous les moments qui l'ont précédée : hier matin la princesse Lubomirska me fit appeler chez elle et me dit :

— Il y a ce soir, pour le premier jour de l'année, un grand bal costumé ; tous les seigneurs y seront, et je pense aussi le roi et ses fils : je vous ai choisi un costume, vous serez en fille du soleil.

Je fus enchantée du choix de costume, et je baisai la main de la princesse. Après le dîner, toutes les femmes de chambre vinrent faire ma toilette. Certes, ce n'était pas une toilette ordinaire. Mes cheveux n'étaient pas poudrés et je n'avais pas de paniers ; la princesse palatine m'avait dit gravement : « Ce costume n'est pas très-sévère ; toute autre femme serait perdue si elle le portait, mais j'ai la conviction que vous rachèterez par la dignité de votre maintien et par la pureté de vos manières ce qu'il y a de laisser-aller dans votre habit. » Je n'ai pas oublié cette recommandation ; malgré ma vivacité, je sais quand il le faut prendre un air majestueux ; aussi ai-je entendu dire au bal : « Quelle est cette reine travestie? » Ah ! j'ai bien compris que j'étais plus belle qu'à l'ordinaire. Mes cheveux, sans poudre, noirs comme de l'ébène, tombaient en boucles sur mon front, sur mon cou et sur mes épaules ; ma robe était de gaze blanche, toute ronde, elle n'avait pas cette longue queue qui cache les pieds et gêne les mouvements ; j'avais autour de la taille une ceinture d'or et de pierreries et sur la poitrine un soleil d'or ; un voile blanc transparent m'enveloppait tout entière ; je semblais être au milieu d'un nuage. Quand je me regardai ainsi parée dans la glace, j'eus peine à me reconnaître. C'était un ravissant coup d'œil que cette salle de bal éblouissante de lumières, étincelante d'or et de parures ; les femmes, presque toutes costumées, étaient charmantes, je ne savais à laquelle donner la préférence. Nous étions depuis quelques moments à la fête, lorsqu'on vint nous dire que le duc de Courlande venait d'entrer dans la salle. Je le cherchai des yeux, et je le vis entouré d'une brillante jeunesse; son costume était à peu près le même que celui des seigneurs de sa cour, et cependant je le reconnus entre tous. Sa taille élevée est pleine de noblesse, son air est digne et affable, ses beaux yeux et son sourire charmant font oublier tout ce qui l'entoure; là où il est on ne peut plus voir que lui. Je l'ai regardé jusqu'au moment où ses yeux ont rencontré les miens; alors j'ai évité son regard, mais je l'ai rencontré toujours. Quel a été mon trouble quand j'ai compris qu'il demandait au prince palatin Lubomirski qui j'étais! Son visage a exprimé une joie visible en entendant la réponse du prince; il s'est bientôt approché de la princesse Lubomirska, il l'a saluée avec une grâce qui n'appartient qu'à lui, et, après l'échange des premiers compliments, la princesse m'a présentée à lui en lui disant que j'étais sa nièce. Je ne sais pas comment je l'ai salué, sans doute bien autrement que mon maître de danse ne me l'avait appris; j'étais si agitée, je le suis encore à tel point, que je ne puis me rappeler les paroles que le prince m'a d'abord adressées, l'impression est moins fugitive que la parole. Quelle soirée! Le prince a ouvert le bal avec la princesse palatine, et il a dansé la seconde polonaise avec moi; alors il a pu me parler, et moi, si timide, si troublée, si émue d'abord, je lui ai répondu avec une assurance dont je ne me serais jamais crue capable. Il m'a demandé des nouvelles de mon père et de ma mère. Il m'a parlé de madame la starostine et des fêtes de son mariage. J'ai été toute surprise de le voir si bien au courant de ce qui regarde ma famille, mais je me suis rappelé que Kochanowski, fils du castellan, était son favori. Quelle âme honnête que ce Kochanowski! Non-seulement il a digéré l'oie baignée dans la sauce noire, mais il a dit encore mille choses aimables sur nous. Le prince a presque toujours dansé avec moi; il m'adressait la parole à chaque instant. Je ne puis rendre l'accent ineffable de tout ce qu'il me disait; chez lui l'expression est aussi féconde que la pensée. Les mots dont il se sert signifient davantage, savent peindre et colorer les sentiments bien mieux que ceux dont je pourrais me servir. Je garde le souvenir de tout ce qu'il me dit, mais je craindrais de l'affaiblir en l'écrivant. Lorsqu'à minuit on tira un coup de canon pour annoncer la fin de l'année et le commencement de l'autre, le prince me dit : « Jamais je n'oublierai les heures que je viens de passer, ce n'est pas une nouvelle année que je commence, c'est une nouvelle vie. » Puis, montrant le soleil d'or que je portais, il ajouta : « Le soleil, c'est votre regard, source de lumière et qui allume un feu pur dans les cœurs. » Voilà une des mille choses qu'il m'a dites, qu'il m'a prodiguées; il me parlait toujours français, et j'aurais bien de la peine sous l'impression qu'il me domine à traduire sa conversation en polonais. Tout ce que j'ai lu dans mademoiselle de Scudéry et dans madame de la Fayette est fade, comparé à ce que me disait le prince royal. Mais peut-être ce n'était là que de la simple courtoisie. Grand Dieu! si ce langage était une feinte, un de ces aimables mensonges du monde, un langage de cour dont on se sert auprès de toutes les femmes, ou bien encore si je devais ces compliments seulement à mon costume qui me faisait paraître belle! Je suis en proie à des incertitudes désolantes, je n'ose me confier à personne; je n'ose pas demander : M'a-t-il réellement préférée?

Ma famille est loin de moi, et la princesse palatine ne m'inspire aucun abandon, je la redoute comme un juge froid, sévère et indifférent. Le prince palatin est bon, mais peut-on avouer à un homme les faiblesses d'un cœur de femme? Je suis donc abandonnée à moi-même, sans expérience et sans conseils. Hier j'étais encore à la pension étudiant comme une petite fille; aujourd'hui me voilà jetée dans un monde inconnu, y jouant un rôle que toutes les femmes ambitionnent. Il me semble que je rêve ou que j'ai perdu la raison. Dans dix jours, Barbe arrivera; elle sera mon bon ange, elle me guidera et me protégera, elle est si sensée, elle a tant de jugement. Je lui ouvrirai mon âme avec bonheur; elle ne m'inspire pas d'effroi, elle sera compatissante, elle est belle et heureuse, et j'ai toujours remarqué que cela rendait les femmes meilleures. Il y a neuf mois que je n'ai vu cette chère sœur; mais je juge d'après ses lettres qu'elle est chaque jour plus aimée de son mari et plus satisfaite de son sort. Reverrai-je le prince royal, me reconnaîtra-t-il avec mon costume ordinaire, me retrouvera-t-il belle encore?

Le 3 janvier 1760.

Mes désirs et mon impatience n'ont pas été trompés; j'ai revu deux fois le prince royal. Il m'a reconnue; que j'étais enfant de douter de son souvenir! pourquoi le croire plus oublieux que moi? sous quel habit ne le reconnaîtrais-je pas? Le jour de l'an, comme j'étais en train d'écrire mon journal, le prince palatin est entré dans ma chambre et m'a dit : « Vous avez, Fanchette, surpassé l'autre soir mon attente; en tous points vous avez été parfaite, votre toilette et plus encore vos manières ont charmé tout le monde; vous avez été même remarquée des personnes d'un rang auguste. Je viens de la cour, où j'ai présenté avec les sénateurs et les ministres mes hommages à Sa Majesté. Son Altesse Royale le prince de Courlande m'a pris à part et m'a dit qu'il n'avait jamais rien vu qui vous fût comparable. Sans l'étiquette de la cour, a-t-il ajouté, qui m'oblige de passer le premier jour de l'an auprès de mon père, je serais allé en personne offrir mes félicitations à mademoiselle Françoise Krasinska. » En entendant ces paroles du prince palatin, j'ai cru que l'émotion allait faire éclater mon cœur. Le prince, par bonté, a feint de ne pas remarquer mon trouble; il est parti, et je suis restée seule avec ma joie, mon délire et toute l'exaltation de mes pensées. Je ne m'étais donc pas abusée, le prince royal veut venir chez moi! et M. le palatin me l'a dit : il ne trouve rien qui me soit comparable! Cette phrase se reproduit dans mon souvenir comme une mélodie enchanteresse. On est venu m'annoncer que le dîner était servi. J'ai été d'une gaieté folle, la princesse m'a grondée. Après le dîner, nous avons été faire des visites, mais sans trouver personne, tout le monde était en course pour des souhaits de bonne année; on se rencontrait dans les rues et on se disait : J'allais chez vous, ou je viens de chez vous; les voitures se croisaient, se heurtaient ou s'arrêtaient quand on parvenait à se reconnaître au milieu de cette cohue; alors on se remettait réciproquement des cartes de visite; quand la nuit vint, les heiduques allumèrent les lanternes de chaque carrosse, et les coureurs marchèrent devant avec des flambeaux. Toutes ces lumières, toutes ces livrées et tout ce mouvement de voitures formaient un coup d'œil ravissant; on ne saurait rien imaginer de plus animé. Il y a eu quelques légers accidents; mais, grâce au ciel, il ne nous est rien arrivé. Il était tard quand nous sommes rentrés, j'étais fatiguée, je me suis vite endormie, mais mon sommeil n'a pas amené le repos; je rêvais, je pensais, je voyais l'avenir... Quel choc d'idées, que de faiblesse et de force dans la tête d'une femme!

Le lendemain, à midi précis, après avoir fait ma toilette pour toute la journée, je me suis rendue au salon où était déjà la princesse; je commençais à broder, lorsqu'un chambellan accourut tout effaré en criant à haute voix : <i>Son Altesse Royale monseigneur le duc de Courlande.</i> La princesse se leva précipitamment pour aller au-devant du prince dans l'antichambre. Je pensai à me retirer, mais la curiosité et un sentiment secret l'emportèrent sur la peur; je restai. Il entra, il s'approcha aussitôt de mon métier et me demanda des nouvelles de ma santé. Malgré mon trouble, je répondis avec assez de présence d'esprit. Il s'assit près de moi et parut s'occuper de mon ouvrage. J'avais une si ferme volonté de paraître calme, que je parvins à enfiler de la grosse soie dans des aiguilles bien fines, et pourtant Dieu sait si je tremblais! Le prince royal a loué mon adresse; il a trouvé l'occasion de me dire des choses flatteuses et bonnes, quoiqu'il parlât plus souvent à la princesse qu'à moi : sa visite a duré une demi-heure. Oh! j'ai la certitude à présent que mon costume ne m'a pas changée à ses yeux. Il m'a dit en partant qu'il espérait me voir le soir au bal de l'ambassadeur de France, le marquis d'Argenson; j'y suis allée. Les noces de Barbe n'étaient rien à comparer aux fêtes que je vois aujourd'hui; il y avait bien autant de luxe et de magnificence, mais non cette grâce exquise et cette courtoisie chevaleresque que l'on trouve ici. La province a beau faire, elle est toujours la parodie de la capitale. A Varsovie, tout le monde est également poli, également aimable; il n'y est pas permis d'être ennuyeusement sincère; on se sert de compliments tout faits, qui ne diffèrent que par la manière de les dire. J'excepte de ce jugement le prince royal : son langage n'a rien de banal, ses politesses ont un air d'inspiration. Au bal du marquis d'Argenson, le prince n'a pu me parler aussi souvent qu'à la fête précédente; je lui dirais plus la <i>fille du soleil</i>, et l'étiquette est plus rigide à un bal paré qu'à un bal costumé; puis je remarquais que toutes les femmes cherchaient à entendre ce que me disait le prince, cela m'a fort déplu; cette curiosité m'a paru bien déplacée dans des personnes d'un haut rang. La princesse palatine est d'une humeur charmante, parce que le prince n'a dansé qu'avec elle à la soirée d'hier; c'est-à-dire qu'elle est la seule dame âgée à qui il ait fait cet honneur. Le prince palatin est plus aimable que jamais, il ne me fait aucune question et ne me donne aucun conseil. J'attends avec la plus vive impatience l'arrivée de ma sœur. Que de choses j'ai à lui dire! Il n'y a qu'une semaine que j'ai quitté la pension, et il me semble qu'il y a des siècles; une foule d'événements et d'impressions divers ont donné à quelques jours l'étendue de toute une vie. Ces émotions nouvelles ont transformé ma nature, mes rêves de jeune fille ont été surpassés et sont devenus des réalités sérieuses.

5 janvier, dimanche.

Le croirait-on jamais! pendant toute la journée d'hier, je n'ai pensé ni aux bals, ni aux fêtes, pas même au prince royal, j'ai été exclusivement occupée de ma sœur : elle est arrivée plus tôt que nous ne l'attendions; mais en arrivant elle est tombée malade; la princesse, aussitôt prévenue, est accourue et a passé la journée auprès d'elle. Je voulais absolument l'accompagner, mais on ne me l'a point permis. Je suis restée jusqu'à minuit dans d'horribles inquiétudes; j'ai envoyé à trois églises pour y faire dire des messes. Enfin la princesse est revenue à une heure du matin, elle m'a dit que Barbe se portait bien et qu'elle avait mis au monde une fille. Ce matin, j'ai supplié presqu'à genoux la princesse de me permettre d'aller voir ma sœur; mais elle m'a répondu que cela ne se pouvait pas, qu'il n'était point convenable qu'une jeune personne allât rendre visite à une femme en couches. Il n'y avait rien à répliquer; j'attendrai donc. M. le staroste est venu nous voir un moment; il est au comble de la joie; on dit que la petite fille est charmante, potelée, rose et blanche; on l'appellera Angélique pour être agréable à ma mère, qui porte ce nom. O combien je désire voir cette chère enfant! jusqu'ici j'ai l'honneur d'être tante sans en avoir le plaisir. Le prince royal a envoyé pour féliciter la princesse sur la naissance de la petite fille, et en même temps il a bien voulu faire demander de mes nouvelles.

8 janvier, mercredi.

Ma sœur va tous les jours de mieux en mieux, pourtant elle ne quitte pas encore son lit. Je n'avais vu qu'une seule fois le prince royal cette semaine, il avait accompagné le roi à la chasse; mais hier il nous a dédommagés, sa visite a duré plus d'une heure. Mon Dieu! qu'il doit être bon! comme il aime tendrement son père! en nous parlant de sa mère il était tout attendri. Il paraît être très-attaché aux Polonais. Autant que je puis en juger, je crois qu'on ne trouverait pas d'âme plus énergique et plus noble. Tout ce que j'ai entendu dire de lui, tout ce que j'ai raconté dans mon journal est exactement vrai. Il est encore au-dessus des louanges qu'on lui donne : on ne peut décrire ni le son de sa voix, ni son sourire, ni ce regard qui exprime tant de hautes pensées; je ne suis pas étonnée de la prédilection que l'impératrice a pour lui. Il a su se rendre cher au peuple courlandais; il plaît sitôt qu'on le voit, et quand on le revoit on l'aime. Je crois que si le roi venait à mourir les Polonais le proclameraient son successeur. Eh bien ! ce prince, l'objet de tant d'amour, m'a distinguée! je lui plais, je ne puis plus en douter : quelques paroles qui lui sont échappées ont confirmé l'éloquence de ses yeux..... mais oui, c'est bien sûr, puisque le prince palatin me l'a dit. On dirait que la princesse prend un malin plaisir à gâter ma joie, elle m'a dit nonchalamment à table que plusieurs femmes avaient déjà plu au prince royal et que la dernière qu'il voyait était toujours la plus belle. Mais, suis-je enfant de ne tourmenter! ai-je pu m'imaginer que j'étais la seule personne belle qui fût au monde? La starostine Wessel, l'écuyère tranchante Potocka et la princesse Sapieha sont bien plus belles que moi; elles savent ce que je ne sais pas, ajouter des grâces à leur beauté; moi, je suis sans art. Mais le prince royal me dit que c'est mon plus grand charme. Pourtant il me semble que mes joues sont pâles à côté de l'éclat des joues de ces dames, leur teint est rose, toujours rose, le mien varie selon mes émotions. Madame Potoka était surtout ravissante au bal de l'ambassadeur de France; le prince royal a dansé deux fois avec elle; il était impossible de ne pas la remarquer. Mais que puis-je regretter, toute mon ambition était de le voir, d'être distinguée par lui un instant; mes souhaits ont été exaucés, je le désire et je veux plus encore. Le cœur a donc des facultés infinies pour désirer toujours.

12 janvier, dimanche.

Oh! maintenant je dois me trouver complétement heureuse! jeudi passé au bal du prince Czartoriski, palatin de la Russie Rouge, le prince royal n'a dansé qu'avec moi. La veille il était venu nous faire visite, et hier il nous a envoyé son aide de camp pour nous inviter à assister à l'opéra italien la *Semiramide* qu'on devait représenter à la cour. Durant tout le spectacle, le prince ne s'est occupé que de moi. J'ai été présentée au roi, qui m'a témoigné beaucoup de bonté; il m'a demandé des nouvelles de ma famille et particulièrement de ma mère. M. le staroste est venu nous annoncer que le prince royal voulait être le parrain de sa fille et qu'il me choisissait pour marraine; c'est sa volonté expresse. Quoi, je tiendrai cet enfant sur les fonts baptismaux avec le prince! me voilà au même rang que lui. Que la volonté de Dieu s'accomplisse! La cérémonie se fera solennellement dans l'église cathédrale de Saint-Jean. D'autres baptêmes devaient avoir lieu ce jour-là, mais ils seront différés par respect pour le prince. La haute société de Varsovie assistera à la cérémonie; tout le monde va en parler, et assurément le *Courrier Polonais* ne manquera pas d'en rendre compte. Que diront madame Strumle et toutes les demoiselles de la pension? Que diront mes parents et toute la cour de Maleszow? Que dira le petit Mathias? C'est pour le coup qu'il va croire à la vérité de ses prophéties. Oh! ce cher Mathias, que de fois il me revient en pensée! C'est lui qui est responsable de tous mes tourments, de toutes mes inquiétudes; sans lui ma raison ne m'aurait pas abandonnée, sans lui de folles espérances ne seraient pas entrées dans mon cœur. A peine ai-je eu le temps de me réjouir de la cérémonie qui se prépare, la princesse m'a dit que le mariage était défendu aux personnes liées par un baptême; j'ai frémi à ces mots! Mon Dieu! que se passe-t-il donc en moi? J'éprouve mille combats et mes propres réflexions me font peur; je passe tour à tour de la tristesse à la joie; de délicieuses espérances viennent me sourire, puis je me sens accablée par des pressentiments douloureux; je suis agitée, craintive, je veux renoncer au monde et tout m'y attire. Enfin je vais revoir ma sœur, ce sera un heureux instant; les vraies consolations se trouvent dans les affections douces et calmantes. Après la cérémonie nous irons chez ma sœur; elle se lève déjà et se porte à merveille, mais elle ne peut encore sortir de ses appartements.

15 janvier, mercredi.

La cérémonie du baptême s'est faite hier; j'ai revu ma sœur; qu'elle est charmante! elle est devenue plus blanche, sa taille est plus mince et elle est toujours d'une bonté angélique. Ah! c'est qu'elle est heureuse comme une reine! Le prince royal voulait absolument qu'on donnât mon nom à la petite fille, mais Barbe s'y est opposée, elle dit que nous devons la préférence au nom de ma mère, mais le prince a voulu qu'on lui promît que la seconde fille de Barbe s'appellerait Françoise. Ma petite filleule est gentille, mais rouge comme une écrevisse. Elle a poussé des cris tout le temps qu'a duré le baptême. On dit que c'est de bon augure et qu'elle vivra. Dieu le veuille, car je l'aime déjà de tout mon cœur. J'ai été tout embarrassée pendant la cérémonie, je ne savais comment présenter l'enfant à l'église, mes mains tremblaient, le prince royal m'a aidée avec bonté; il est vraiment excellent. J'étais aussi étonnée que ravie de me trouver à côté de lui, en face de l'autel et en présence d'une si nombreuse assemblée. Quel bonheur de voir mon nom écrit sur un grand livre à côté du sien; mais sans doute les prophéties du petit Mathias se borneront là. Chacun me félicite de l'honneur que m'a fait le prince royal, et lui est encore plus aimable pour moi depuis le baptême; il a plus de laisser-aller dans les manières, il ne m'appelle que *ma belle commère*, et quand il parle de la petite fille il dit : *notre Angélique*. Il m'a fait de magnifiques cadeaux ainsi qu'à ma sœur; il a été d'une générosité toute royale pour les pauvres et pour les gens de madame la starostine. Il a promis à M. le staroste sa protection auprès du roi pour lui faire obtenir la castellanie de Radom. Hélas! moi je ne puis rien pour ma famille : j'ai brodé une robe pour Angélique, cela m'a coûté beaucoup de temps et de travail; le prince royal m'a dit qu'il la trouvait du meilleur goût. Plus tard je broderai un bonnet pour cette chère petite. Mais j'oublie une nouvelle de la plus grande importance. Le prince Jérôme Radziwill, porte-enseigne de la Lithuanie, prépare une grande chasse pour fêter le roi et le prince royal. Il veut surpasser tout ce qui a été fait en ce genre jusqu'à ce jour; il dépense des sommes énormes. Il a fait venir du fond de la Lithuanie toute espèce de gibier pour en peupler son parc. La chasse doit commencer demain; le temps la favorise, il gèle fort, les traîneaux glisseront sur la neige on ne peut mieux. Le prince royal désire que j'assiste à cette fête. Il conduira lui-même le traîneau dans lequel seront placées les quatre beautés de Varsovie; il faut bien que je dise que je suis une des quatre beautés à la mode aujourd'hui; nous aurons toutes des costumes semblables qui ne différeront que par la couleur; j'ai choisi l'amarante, madame Potocka le bleu, madame Sapicha le vert, et mademoiselle Wessel le bronze. Nos robes de velours faites de même auront des garnitures de fourrures en martre zibeline. Nos bonnets seront de la même étoffe. Je regrette que Barbe ne puisse pas assister à cette fête; mais elle a son Angélique, et c'est un bonheur qui vaut mieux que tous les autres.

17 janvier, vendredi.

J'ai été élevée dans un château qui avait une cour brillante, j'ai vu les fêtes royales de la cour de Varsovie, mais rien n'est comparable à la chasse du prince Radziwill. Nous partîmes à neuf heures du matin; quelle innombrable quantité de chevaux et de traîneaux! le nôtre était le plus riche, il suivait immédiatement celui du roi. Le prince royal avait un habit de chasse en velours vert. Je ne sais si c'est son costume qui le rendait éblouissant ou si c'est lui qui relevait l'éclat de son costume; ce qui est certain, c'est que je ne l'avais jamais vu si beau. Nous nous dirigeâmes d'abord bien au delà de l'église de Sainte-Croix, puis nous descendîmes rapidement la côte sur laquelle la ville de Varsovie est bâtie. Au milieu d'une plaine, près du Szulec et d'Uiazdow (le Lazienki d'aujourd'hui), s'étend le parc du prince Radziwill, c'est un lieu admirable par sa position s'élève un pavillon en fer dont toutes les façades à jour sont hérissées de fers aigus pour repousser l'attaque des bêtes sauvages. Tous les meubles du pavillon sont en velours vert. Le roi et le prince royal se sont placés dans cette enceinte, tandis que toute la cour se rangeait sur un amphithéâtre construit au dehors. Les collines de droite et de gauche étaient couvertes d'une foule de curieux. A une certaine distance du pavillon, des allées bordées d'arbres se dessinaient en rayons. Dès que nous fûmes arrivés et que chacun fut placé selon son rang, les cors de chasse se firent entendre. Les chasseurs du prince Radziwill lâchèrent huit élans, trois ours, vingt-cinq loups, vingt-trois sangliers; les daims, dressés, lançaient la bête vers le pavillon du roi. Les cris des chasseurs, les hurlements des animaux étaient étourdissants. Le roi tua une vingtaine de pièces. Le prince royal tua une vingtaine de pièces; il voulut ensuite lutter à la massue contre un ours, ce qui est la preuve d'une adresse et d'une force prodigieuse. La peau de cet ours, trophée de la chasse du prince, me servira de tapis. La chasse s'est prolongée jusqu'à quatre heures du soir; on a servi des viandes, des gâteaux et des boissons chaudes. J'ai compté jusqu'à quatre-vingt-quatre gardes forestiers appartenant au prince Radziwill, ils étaient tous vêtus d'un riche costume. Des vers écrits en latin et en polonais ont été distribués à la société. La fête a été ravissante. Le prince Radziwill avait voulu célébrer ainsi l'anniversaire du couronnement du roi; ce soir, à la même occasion, il y aura un grand bal chez le maréchal Biélinski : j'y suis invitée.

19 janvier, dimanche.

Le bal était splendide, le prince royal a été d'une gaieté charmante; il portait une plaque montée en diamants que le roi lui avait donnée. Le souper était merveilleux, exquis, et le maigre obligé du vendredi n'a pas nui au luxe et à l'abondance; il y avait une innombrable quantité de mets et pas une parcelle de viande. J'ai tellement dansé que j'ai encore aujourd'hui les pieds tout endoloris; mais je me repens d'avoir parlé de mon mal, car on m'oblige à garder la chambre pendant dix jours pour me reposer. La princesse palatine s'inquiète de ma santé, elle craint qu'elle ne soit altérée par les bals et les veilles; en effet, il me semble que mes couleurs sont moins vives qu'autrefois. Nous avons reçu des lettres de Maleszow, ma mère a bien voulu m'écrire elle-même. Elle me recommande de soigner ma santé et m'exhorte par-dessus tout à me conduire avec prudence, à me tenir en garde contre les flatteries. Elle me dit : « Ne sois pas vaine, n'aie pas de l'orgueil des louanges qu'on te donnera; c'est moins ta beauté qu'une fantaisie qui t'attire les préférences du monde. Si la raison s'endort à ces murmures trompeurs, la beauté de toute la vie est en péril! et souvent du vol de ses illusions on retombe sur la terre. » J'espère que les craintes de ma bonne mère ne se réaliseront pas; si j'ai de trop ambitieux désirs, je saurai les cacher au fond de mon cœur. La lettre de ma mère m'arrache des larmes, je la porte sur moi, je la relis souvent. Dieu a permis que les paroles des parents pénétrassent jusqu'au cœur des enfants. Heureuse la jeune fille qui n'a pas quitté la maison maternelle, malgré tous mes succès je regrette plus d'une fois le château de Maleszow.

29 janvier 1760, mercredi.

Enfin ma quarantaine est finie; mais ce qui me désole, c'est qu'il y a eu quatre bals pendant ma réclusion. Je regrette surtout un bal costumé où je devais figurer dans un quadrille écossais avec les trois beautés célèbres. Mademoiselle Maluchowska, fille du palatin, m'a remplacée, et je suis restée dans la solitude malgré les instantes prières du prince royal; quand la princesse a dit non, il n'est pas possible de la fléchir. J'avoue que cette privation m'a causé du chagrin, mais j'ai dû le cacher à mon âge, il faut être raisonnable; au reste, le prince royal m'a dédommagée; il est venu me voir souvent, et il m'a dit qu'il appréciait ma résignation et la force de mon caractère. Depuis le baptême, la distance qui sépare le prince royal, le successeur au trône, de la starostine Françoise Krasinska semble disparaître; le prince royal désire que je le traite en égal, quelle précieuse et ineffable bonté! Les heures qu'il me donne passent le plus agréablement du monde; il nous parle de ses voyages à Saint-Pétersbourg, à Vienne, en Courlande, et malgré la société qui nous entoure il trouve le secret de m'adresser des paroles qui ne sont comprises que par moi. Le prince royal connait et juge toutes les intrigues qui minent notre malheureuse république; mais, par respect pour son père, il ne dit ce qu'il pense. O mon Dieu! que ne peut-il devenir roi! La princesse, qui cherche empressement un mauvais côté aux meilleures choses, dit que les politesses du prince ont pour but de se faire un parti, et qu'une fois maître de la couronne il nous oubliera et nous dédaignera. Je ne le crois pas, je repousse ce soupçon comme une injustice : la princesse voudrait voir Lubomirski sur le trône, mais je doute fort que cela arrive jamais.

Il y aura ce soir réunion chez les sœurs chanoinesses, j'y suis invitée; la supérieure, mademoiselle Komorowska, est la fondatrice de cette communauté, instituée sur le modèle de celle de Remiremont en Lorraine. Cette maison sert d'asile aux jeunes personnes qui ne veulent pas ou qui ne peuvent pas se marier; elles y vivent dans la retraite, mais reçoivent cependant des visites. Madame Zamoyska avait acheté le *Marie-Ville* dans la rue des Sénateurs pour y établir la communauté des chanoinesses. Elles n'y sont qu'au nombre de douze de la plus haute noblesse, mais on y admet aussi huit demoiselles appartenant à la petite noblesse; tout jusqu'au bedeau doit être d'origine noble dans cette communauté d'élite. Nous touchons enfin aux derniers jours du carnaval.

16 février, mercredi des Cendres.

On se lasse des plaisirs, on sent le besoin de repos après tant d'émotions vives et étourdissantes. Je suis presque heureuse que le carnaval soit fini. Pendant trois semaines j'ai vécu en dehors de moi; la parure, les bals, les visites m'absorbaient. Il faut avoir connu ce genre de vie pour savoir tout ce qu'il renferme d'accablement et de tristesse. On a envié mes succès, *mon bonheur*, et moi j'aspirais à la solitude, je désirais jouir de mes pensées et de mes réflexions. Barbe semble avoir deviné ce que je souffre, je la vois souvent et les paroles qui lui échappent m'expliquent ses craintes; elle prévoit pour moi une destinée qui n'est point en harmonie avec mes besoins, mes goûts, mes facultés; elle me voudrait un avenir comme celui que son cœur et sa raison lui ont fait; elle comprend la vie, elle me fait entrevoir un autre bonheur... Je commence à réfléchir sérieusement. Que l'écuyère tranchante Potocka était belle à ce bal costumé d'hier! Ses habits de sultane lui allaient à ravir, sa beauté éclipsait celle de toutes les femmes; chacun l'admirait, c'était à qui danserait avec elle; moi je n'ai pu danser qu'une seule polonaise, mon mal aux pieds s'est réveillé et ne m'a pas permis de quitter ma place; j'ai dû refuser les invitations du prince royal et de plusieurs seigneurs. Grâce au ciel, le carnaval est fini.

19 février, samedi.

Je vais partir pour Sulgostow au moment où j'y pensais le moins, mais avant je tracerai quelques lignes à la hâte. Barbe et M. le staroste sont venus hier pour nous faire leurs adieux. Ce matin le prince palatin est entré dans la chambre et m'a dit que mon beau-frère et ma sœur me demandaient avec instance de les accompagner. « Il est probable, a-t-il ajouté, que votre père et votre mère vous rejoindront bientôt. » Je m'abandonne toujours avec confiance à la volonté et aux conseils du palatin, je n'ai donc pas résisté dans cette circonstance; je vais partir. La princesse approuve fort ma résolution. Je pars puisqu'on le veut et le prince royal ne le sait pas, et je ne puis même recommander à personne de lui annoncer mon départ; il l'apprendra comme une de ces mille nouvelles du monde. Si je l'osais, je chargerais la princesse de lui faire mes adieux; mais jamais je n'aurai le courage de me confier à elle, et d'ailleurs le prince s'affligera-t-il de mon absence? me donnera-t-il seulement une pensée, un souvenir? Il y a tant de belles femmes à Varsovie! Madame Potocka ne part pas... Mais on m'appelle, il faut que je hâte mes préparatifs.

15 mars, dimanche.

Depuis deux jours je suis de retour à Varsovie; je ne sais comment j'y avais oublié mon journal, et je n'ai pas eu la consolation de pouvoir me rendre compte de mes pensées durant mon absence. Je suis restée trois semaines à Sulgostow, ce temps, je le dis à ma honte, m'a duré comme un supplice; il est vrai que je n'ai pas vu mon père et ma mère, ils n'arriveront chez ma sœur que dans quatre jours, et le prince palatin, qui est venu me chercher, a désiré que je retournasse de suite à Varsovie. Nous avons franchi la distance en douze heures; les chevaux nous attendaient à chaque relais, nous n'avons pas perdu une seule minute. Le lendemain de mon arrivée, le prince royal est venu nous faire visite; il m'a paru changé, triste et souffrant; il m'a laissé comprendre que mon départ l'avait beaucoup affecté; il m'a dit avec une sorte d'amertume qu'on devait quelques égards à un ami... un *ami* ce mot du cœur lui est échappé. Oh! combien j'ai de remords de ce voyage! et pourtant j'y ai été contrainte. Le prince palatin soutient que tout s'est passé pour le mieux. J'avoue que je ne comprends pas la nécessité de me faire souffrir et d'affliger le prince royal; mais j'ai résolu d'obéir aveuglément au palatin; je le crois destiné à jouer un grand rôle dans tous les événements de ma vie. La princesse m'a reçue avec bonté. J'ai brodé pendant mon absence un coussin avec le nom de Jésus-Christ pour l'église cathédrale; j'ai trouvé chez Barbe tout ce qui était nécessaire à mon travail, et je l'ai fait avec tant de zèle, que j'ai pu l'achever avant mon départ. Je travaillais avec ferveur pour accomplir un vœu secret. Dieu seul connaît ce vœu, Dieu seul pourra l'exaucer. On a célébré en grande pompe à Sulgostow l'anniversaire du mariage de Barbe. Quel changement s'est opéré dans mon cœur depuis un an! Avant le mariage de Barbe, j'étais toujours gaie, toujours heureuse, c'est-à-dire toujours calme; je jouissais de mon insouciante liberté; ma vie était un ciel sans nuages; je n'avais pas de ces moments de bonheur qui sont une souffrance, et de ces peines qui sont pleines de charme.

19 mars, jeudi.

Hier le prince royal a été aussi aimable, aussi empressé que dans les premiers jours où il m'a connue. Il était venu le matin passer une heure avec nous; il ne pouvait rester davantage, devant accompagner le roi à une chasse dans la forêt de Kapinos; mais le soir il est revenu au moment où nous l'attendions le moins; il est revenu sans bruit, sans escorte, avec une sorte de mystère et un oubli de l'étiquette qui ont encore ajouté au charme de sa présence. La chasse a été heureuse; il s'y est passé un assez singulier événement. La forêt de Kapinos touche aux forêts de Zoborow; le propriétaire de Zoborow est un gentilhomme d'ancienne maison qui recevait splendidement le roi toutes les fois qu'il passait sur ses terres; pour reconnaître l'empressement du gentilhomme, le roi lui avait promis une starostie, en y mettant toutefois pour condition qu'il aurait auparavant tué un ours sur ses terres. Plusieurs ours furent tués, et la starostie ne venait pas; le pauvre gentilhomme, toujours espérant et toujours désespéré, décida à la dernière chasse d'assommer un ours, puis le traînant aux pieds du roi, il lui dit : « Sire, *ursus est, privilegium non est.* » Le roi rit beaucoup de cette saillie, et lui promit solennellement une starostie. Le prince royal est resté deux heures avec nous; maintenant qu'il est plus libre de son temps, il peut quitter quelquefois le roi parce que ses deux frères Albert et Clément sont à Varsovie. Le prince royal Clément est, dit-on, très-bon et plein de piété; il a une vocation prononcée pour l'état ecclésiastique, et on pense qu'il entrera dans les ordres. C'est de la part du roi une preuve de grande sagesse que de vouloir consacrer à Dieu un de ses fils; mais heureusement son choix n'est point tombé sur le prince Charles.

24 mars, mardi.

En dépit du carême, mes jours se passent gaiement; le prince royal nous fait souvent visite, il me répète sans cesse que l'étiquette de la cour lui pèse, il s'y dérobe avec joie; demain je ne le verrai pas. La princesse palatine est dans l'usage de se retirer dans un couvent huit jours avant Pâques pour se préparer à la confession; toutes les dames princesses en font autant, il est donc de mon devoir de suivre la princesse au couvent du Saint-Sacrement. Pendant ces huit jours nous ne verrons que des prêtres, nous ne lirons que des livres de prières, nous ne travaillerons que pour l'église ou pour les pauvres.

2 avril, jeudi saint.

Je me suis confessée, me voilà préparée à recevoir les sacrements. Je ne me rappelle pas d'avoir été jamais si calme et d'avoir eu l'âme aussi en paix. C'est un bonheur ineffable que d'être réconciliée avec Dieu et avec soi-même. Qu'elles sont graves et douces les cérémonies de notre religion sainte! Quel bonheur que d'être élevée dans ses mystères! J'ai un très-vénérable confesseur qui se nomme l'abbé Baudoin ; il est fort à la mode parmi les femmes de la cour parce qu'il est Français; mais la mode à part, il serait encore le confesseur de mon choix. C'est un saint et digne homme ; il pratique toutes les vertus enseignées par le Christ ; on suit ses conseils avec respect, sa religion console, elle vous élève au ciel sans trop vous séparer de la terre. J'ai passé plusieurs heures avec lui ; tout en combattant mes passions il a su prendre le chemin de mon cœur ; il m'a fait sentir l'humiliation de mes fautes sans me flétrir et me désespérer ; il m'a montré la fragilité des choses humaines, la douleur et le vide des plaisirs de la vanité et que le monde nous offre. En vérité j'ai eu un moment la pensée de me consacrer à Dieu, de me faire sœur grise dans le couvent dirigé par l'abbé Baudoin. Je mesurais en pensée l'étendue de la cellule où je voulais m'ensevelir, je croyais déjà à la force de ma résolution, lorsque ma femme de chambre entra et vint me redire un mot que lui avait dit le chasseur du prince royal... La chaîne de mes saintes pensées fut aussitôt rompue, je cherchai vainement à m'y rattacher ; je me souvins que d'une chose, c'est que l'abbé Baudoin m'avait dit qu'on pouvait faire son salut en vivant dans le grand monde et qu'on était aussi agréable à Dieu en sortant victorieusement d'une lutte difficile qu'en vivant dans la vertu sans avoir combattu. Pourquoi me serais-je jetée dans un monde de sacrifices inconnus et peut-être au-dessus de mon courage ! Je suivrai ma destinée en gardant la pureté de ma conscience. Oui, je le jure, je ne commettrai jamais aucune action indigne du nom de Krasinski. J'ai péché, c'est, hélas ! par trop d'orgueil. Mes vœux montent bien haut ; l'abbé Baudoin ne me condamne point : il dit que l'ambition n'est coupable que lorsqu'elle éloigne de la vertu ; ce que Dieu exige, c'est un cœur disposé à tous les sacrifices ; c'est la volonté de nous immoler à lui, je me sens dans cette disposition ; j'éprouve une quiétude ineffable, un bien-être dans toute mon âme ; j'ai cru goûter dans cette semaine un avant-goût du ciel ; je ne voyais personne de mon confesseur, le seul confident de mes pensées et de mes sentiments, pourtant le temps s'est écoulé sans lenteur et sans tristesse. Je vais aujourd'hui me retrouver au milieu du monde, j'assisterai à la cérémonie du jeudi saint au palais. Je suis très-curieuse de voir cette solennité religieuse.

10 avril, vendredi.

La semaine de Pâques est passée, je la regrette. Il y avait du bonheur dans cette paix sereine ; déjà le trouble et les inquiétudes sont rentrés dans mon cœur et dans mon esprit. Que de péchés j'ai commis ! Faible humanité ! pauvre et débile nature ! Malgré mes promesses, malgré mes résolutions que je croyais si fortes, j'ai succombé à la première occasion. Combien c'est humiliant ! le jeudi saint, le lendemain même de ma confession et de ma communion, j'ai péché et péché par orgueil. J'aurais dû m'habiller en noir pour assister à la cérémonie de la cour, et je n'ai pu résister à la tentation de faire une brillante toilette. La princesse palatine est entrée dans ma chambre au moment où j'allais m'habiller : elle était suivie de ses demoiselles, qui m'apportaient une charmante robe de velours blanc à longue queue garnie de roses blanches, et pour coiffure une couronne de roses pareilles et un voile de blonde blanche. On ne saurait s'imaginer la fraîcheur et le bon goût de cette parure. Comment résister au bonheur de la mettre, à l'espoir de paraître plus jolie ? J'ai demandé à la princesse pourquoi elle exigeait que je fusse à l'église dans ce brillant costume. Elle m'a répondu que le jeudi saint il était d'usage, après la cérémonie, de se rendre dans la grande salle du palais, et que le roi lavait les pieds à douze vieillards et les servait à table en commémoration de l'humilité du Sauveur. Durant cette pieuse et touchante cérémonie, une jeune fille appartenant à une des plus grandes familles fait la quête pour les pauvres : c'est le roi lui-même qui désigne la quêteuse ; il a bien voulu cette année me faire cet honneur, et il a destiné d'avance le produit de ma quête à l'hospice des pauvres dirigé par l'abbé Baudoin. Ce que me disait la princesse me rendait bien heureuse ; mais, dois-je l'avouer ? je n'étais pas seulement heureuse en pensant à la bonne action que j'allais faire, je l'étais surtout en pensant à moi, à ma beauté, à cette charmante parure, au brillant effet que je produirais au milieu de toutes ces femmes vêtues de noir, et l'idée que je serais la plus remarquée m'enivrait. Quelle vanité coupable ! un jeudi saint encore ! mais au moins j'avoue ma faiblesse et je m'humilie. Le produit de ma quête a surpassé mes espérances. J'ai fait près de quatre mille ducats (quarante-huit mille francs). Le prince Charles Radziwill, en portant la main à sa bourse, a dit : « Mon cher (c'est sa locution favorite), il faut bien donner quelque chose à une aussi belle dame, » et il a jeté cinq cents pièces d'or sur mon plateau, qui serait tombé de mes mains si on ne m'eût aidée à le soutenir. En commençant ma quête j'étais extrêmement troublée, je tremblais, je rougissais chaque fois que je recevais une nouvelle offrande, mais insensiblement j'ai eu plus de hardiesse ; j'ai fait usage des leçons de mon maître de danse. Le grand maréchal de la couronne me donnait la main, il me nommait chaque seigneur et répétait la formule obligée en présentant le plateau. Pour moi il m'aurait été impossible de proférer une parole, c'était bien assez de faire à chacun une révérence digne et gracieuse. Quand le plateau devenait trop lourd, le maréchal le vidait dans un grand sac qu'on portait derrière lui. J'ai entendu un concert de louanges, j'ai été regardée, admirée plus que je ne l'ai été de ma vie. Le prince royal m'a dit : « Si vous aviez demandé à chaque assistant de vous donner son cœur, pas un seul ne vous eût résisté. » Je lui répondis : « L'affection ne se demande pas, elle s'inspire ; un cœur mendié n'a pas de valeur. » Ma franchise a semblé lui plaire. En effet je ne comprends pas ces femmes qui provoquent l'amour par leurs paroles, qui disent : Aimez-moi, admirez-moi... Même pour un roi je ne saurais m'abaisser ainsi. La tendresse est involontaire ; on peut chercher à la mériter, on l'accepte avec joie si on vous l'accorde, mais la solliciter est encore plus ridicule que coupable. Le lavement des pieds est une des plus touchantes, une des plus belles cérémonies de notre religion. Un roi d'abord devant ces douze vieillards, puis se tenant debout derrière eux pendant qu'ils sont à table, quel sublime spectacle ! quel divin enseignement de charité ! Cette cérémonie ne s'effacera jamais de ma mémoire. Auguste III, quoiqu'il ne soit plus jeune, est encore beau ; ses gestes sont empreints de noblesse et de dignité. Le prince royal lui ressemble beaucoup. Le vendredi saint nous avons visité le tombeau du Christ ; les dames de la cour étaient toutes habillées de noir ; nous sommes allées faire nos stations dans sept églises, et dans chacune nous avons récité cinq prières. Je suis restée à genoux une heure entière dans l'église cathédrale. Le samedi saint la cérémonie de la résurrection a été splendide ; les orgues ont fait entendre une musique qui transportait l'âme au ciel. Le *béni* (déjeuner de Pâques) de la princesse palatine a été d'une grande magnificence ; jusques à hier les tables n'ont pas cessé d'être couvertes de viandes et de gâteaux. Il y a un an jour pour jour que j'assistai au *béni* très-modeste de madame Strumle ; j'étais alors une humble pensionnaire. Qui m'aurait dit que le lundi de Pâques de l'année suivante je serais chez la princesse palatine assistant au *béni* avec le prince royal et mangeant avec lui dans la même assiette (usage polonais).

Après un carême rigoureusement observé, on goûte à la viande avec un certain plaisir : ici tout comme à Maleszow on est très-sévère pour les règles de l'abstinence ; pendant la semaine sainte tous les apprêts sont faits à l'huile, le vendredi saint on jeûne et on prend juste assez d'aliments pour ne pas mourir de faim. Le prince royal a tellement jeûné qu'il en est maigri. J'ai fait hier cette remarque, et mes yeux se sont fixés sur lui avec attendrissement : il causait en ce moment avec le prince palatin, et je crus qu'il ne remarquait pas mes regards ; mais les pensées du cœur ne lui échappent pas, à lui si bon et si pénétrant. Plus tard il m'a remerciée de mes regards inquiets ; j'ai alors rougi beaucoup, en me promettant bien de surveiller à l'avenir l'expression de mes yeux. Le rôle des femmes et surtout celui des jeunes filles est bien difficile ; non-seulement elles doivent mesurer leurs paroles, mais il faut encore qu'elles soient maîtresses de leur physionomie. Je le demande, à quoi doivent servir les leçons des gouvernantes en pareilles circonstances ? La princesse palatine a bien raison de dire que dix gouvernantes, fussent-elles des plus sévères, ne sauraient diriger une jeune fille qui ne sait pas se conduire elle-même.

15 avril, mercredi.

Nous quittons demain Varsovie, je suis le prince et la princesse dans leur terre d'Opolé. Mon père a écrit à la princesse qu'il consentait que je demeurasse près d'elle tant que ma présence lui serait agréable. J'espère que je ne la mécontenterai jamais ; je m'applique à lui plaire par tous les moyens que je puis imaginer. La princesse m'inspire une crainte et un respect infinis, elle me domine, et je suis toujours prête à me sacrifier à sa moindre volonté. Quand elle me sourit, quand elle me regarde avec bonté, je crois voir le ciel s'entr'ouvrir. Si j'arrive jamais à un âge avancé, je voudrais inspirer le sentiment que j'éprouve pour elle.

Le prince royal lui-même craint la princesse. Puis-je avouer que je suis heureuse de ne pas retourner à Maleszow? Le calme de ce séjour m'effraye, il me semble que je le profanerais par les inquiétudes de mon cœur. Dois-je regretter le passé? Une vie de tourments doit-elle payer un éclair de bonheur qui m'a fait entrevoir la plus haute félicité? Si le vœu que je n'ose exprimer s'accomplit, je saurai être au niveau de ma position, mais je saurai aussi supporter en chrétienne la perte de mes plus chères espérances... Mon Dieu! comment ai-je pu tracer ces lignes! comment puis-je confier au papier ce que je crains de m'avouer à moi-même! Quand je pense à lui, je tremble qu'on ne devine ma pensée, et j'écris... Si mon journal allait tomber dans des mains étrangères! on me croirait folle. Présomptueuse! je vais le renfermer sous un triple cadenas.

Au château d'Opolé, ce 24 avril, vendredi.

Voilà près de huit jours que nous sommes ici : la position du château est assez agréable, mais je suis triste et rien ne me plaît. Les arbres devraient commencer à verdir et restent noirs ; il devrait faire chaud et l'air me glace. J'ai voulu broder, mais la soie qui m'est indispensable me manque ; j'ai voulu jouer du piano, il n'est pas d'accord. On enverra chercher un organiste à Lublin. Il y a au château une bibliothèque considérable, mais la princesse en a la clef et je n'ose la lui demander. Le prince a plusieurs ouvrages nouveaux : il a payé devant moi six ducats d'or dix petits volumes des œuvres de M. de Voltaire. Voltaire est aujourd'hui le plus célèbre auteur de la France. La princesse me défend de lire ses ouvrages, je m'y résigne. Mais ce qui est pour moi une bien vive privation, c'est qu'on me défend aussi la lecture d'un roman qui vient de Paris et qui fait fureur ici : ce roman a pour titre la *Nouvelle Héloïse*. L'auteur est un certain Rousseau. Je m'étais emparée d'un volume, j'avais lu les premières pages de la préface... Mais qu'ai-je vu? Rousseau dit lui-même : « La mère en défendra la lecture à sa fille. » La princesse avait donc bien raison. J'ai laissé le livre avec un battement de cœur qui dure encore. Les médecins de Varsovie ont ordonné à la princesse de monter à cheval pendant son séjour à la campagne : ils assurent que cet exercice est excellent pour la santé. La princesse a ri de l'ordonnance et se promettait bien de ne pas la suivre, mais le prince palatin n'entend pas raillerie quand il s'agit des médecins. Il a acheté pour sa femme une jolie jument fort douce, très-bien dressée et portant une selle commode, et pourtant la princesse s'est refusée à la monter. On l'a décidée à grand'peine à monter sur un âne ; elle a fait ainsi le tour du jardin. Elle doit recommencer tous les jours cette promenade. Moi je ne crains pas les chevaux, et j'avais une envie démesurée d'essayer du jument de la princesse ; j'en ai parlé hier soir, mais elle m'a fort grondée et m'a dit d'un air sévère que c'était la chose la plus inconvenante pour une jeune fille. Il faut donc renoncer à mon projet, mais c'est avec regret ; je me voyais déjà courant dans les bois, allant à la chasse, gravissant avec lui les chemins escarpés, admirant sa force et son adresse.

Le château s'anime ; un grand nombre de personnes viennent de la ville et des environs pour présenter leurs hommages au palatin. Cela devrait m'amuser et cela ne me distrait pas. J'ai revu Michel Chronowsky, l'ancien chambreur de mon père; combien je l'ai trouvé changé, le pauvre garçon! Le prince palatin, à cause de la recommandation de mon père, l'avait envoyé au barreau de Lublin. On dit qu'il y fait bien ses affaires ; mais il est maigre, courbé et vieux avant l'âge. Il n'a pas dansé une seule fois depuis les noces de Barbe. Le temps des mazurka et des cracoviennes est passé pour lui ; il ne s'occupe plus que de procès, de plaidoiries, de chicane, et son langage est tellement pédantesque que l'on n'y comprend rien. Comme compensation, nous avons ici un visiteur très-aimable, c'est le prince Martin Lubomirski, cousin germain du prince palatin ; il est beaucoup plus jeune que lui ; je l'avais déjà vu dans le monde à Varsovie. La princesse, qui est difficile et qui critique les plus petits défauts, ne l'épargne pas, moi je lui trouve des manières fort agréables. Sa propriété, le comté de Janowièc, est dans le voisinage, il nous presse vivement d'aller visiter son château; nous irons peut-être ; j'en serais charmée, car il n'y a pas de plus aimable causeur que le prince Martin Lubomirski, il est gai, il entend à merveille la plaisanterie, puis c'est un des meilleurs amis du prince royal, il en parle souvent, il en parle bien et dignement ; il l'apprécie et sait le louer comme il convient ; le cœur s'épanouit de plaisir en l'entendant.

Au château de Janowièc, ce 1er mai 1760, vendredi.

Nous sommes ici depuis deux jours, et le prince Martin nous dit qu'il saura bien nous y retenir longtemps. Tout est bien plus beau à Janowièc qu'à Opolé ; on ne saurait être plus généreux, plus hospitalier et plus aimable que le prince Martin. Il sème l'or et l'argent, dit la princesse, comme s'il espérait que la terre en produirait un jour. Il fait en ce moment abattre une immense allée qui traverse sa forêt et qui est voisine du château. Des fenêtres de mon appartement je vois les arbres de haute futaie tomber sous la hache de centaines d'ouvriers ; à l'extrémité de cette allée, on construit un pavillon, on y travaille avec tant de zèle qu'il s'élève à vue d'œil. Le prince a fait venir des ouvriers de Varsovie et des autres villes voisines ; il leur paye leur journée double, et il a parié avec le prince palatin que le pavillon serait achevé avant quatre semaines ; il est sûr qu'il gagnera sa gageure. La forêt sera transformée en un parc clos. Cette contrée abonde en bêtes fauves, mais le prince avait fait chercher des élans et des ours pour peupler davantage son parc merveilleux. Tous ces préparatifs cachent sans doute un mystère! Je le pressens plutôt que je ne le devine. Je préfère le séjour du château de Janowièc à tout autre, le site est charmant ; le château, d'une grande magnificence, s'élève sur une montagne qui domine la Vistule ; son architecture est fort ancienne, elle date de Fierley. On découvre du château toute la ville, les greniers de Casimir et Pulawy, qui appartient au prince Czartoriski. L'intérieur est très-vaste, les appartements sont resplendissants de richesses et fort nombreux ; mon cabinet de travail me semble la pièce la plus charmante et la mieux située du château ; elle est construite au haut d'une tour, et je me crois depuis que je l'habite une héroïne de roman. Ce cabinet a trois fenêtres, ayant chacune un point de vue différent et enchanteur. Je m'assieds de préférence près de la fenêtre qui donne sur la nouvelle allée conduisant à ce pavillon qui s'élève comme par la main des fées. Les lambris de mon cabinet sont ornés de peintures qui représentent l'Olympe ! « Il n'y manquait que Vénus, m'a dit le prince en souriant gracieusement, vous êtes arrivée et l'y voilà. » Je jouis ici d'un bonheur indéfinissable, je suis bercée par de bons et doux pressentiments, il me semble que je suis à la veille d'un événement heureux.

Ce 3 mai, dimanche.

Je ne crois pas dans toute ma vie m'être jamais levée d'aussi bonne heure qu'aujourd'hui ; trois heures viennent de sonner à l'horloge du château et je suis déjà à écrire. J'ai fait avant le jour une promenade dans les longs corridors du château, on m'aurait prise pour une ombre qui venait visiter le domaine de ses successeurs. Le prince Martin, se conformant au glorieux et instructif exemple de ses ancêtres, possède une galerie où sont tous les portraits des personnages de sa famille qui se sont distingués par de belles actions ; tous les souvenirs qui appartiennent aux Lubomirski se trouvent réunis dans cette galerie. Le prince a fait venir un peintre d'Italie pour faire ces portraits, et il s'est fait aider dans ses recherches historiques par un savant qui connaît à fond l'histoire de la famille Lubomirski et celle de la Pologne. Après bien des conseils et de longues dissertations, ce projet fut exécuté en 1756 : comme l'atteste l'inscription principale. Il est à regretter, dit la princesse palatine, que ces peintures soient à fresque, et non pas à l'huile, ce qui les eût rendues plus faciles à transporter.

Qu'il en soit ce qu'il pourra dans l'avenir, mais pour le présent, c'est une magnifique chose que cette galerie. Hier le prince Martin, aidé du prince et de la princesse palatine, m'ont fait les explications historiques de tous les tableaux. J'ai résolu de les consigner dans mon journal ; c'est à ce dessein que je me suis levée le jour et que pendant que tout le monde dormait encore, je me suis glissée dans la galerie. Je vais écrire tout ce qu'on m'a dit et tout ce que j'ai remarqué moi-même. Aux quatre coins de la salle sont gravées les armes de la famille Lubomirski ; ces armes datent d'une bataille qu'un des ancêtres du prince Martin gagna sur les bords de la Srzéniawa, non loin de Cracovie, et elles portent le nom *Srzéniawa*. Le premier tableau représente un partage de biens entre trois frères Lubomirski, partage qui fut fait juridiquement sous le règne de W. Ladislas 1er, et qui fut signé le 1er février 1088. Presque tous les autres tableaux sont des portraits de famille ; il y a plusieurs femmes qui se sont illustrées par de belles actions, des hommes qui se sont rendus célèbres dans la politique, la guerre ou la religion, particulièrement sous le règne de Sigismond III, de Jean Kasimir et de Jean III Sobieski. Il y a dans cette galerie plusieurs copies du portrait de *Barbe-Tarlo*, qui apporta en dot le château de Janowièc à un Lubomirski. La série se termine par un tableau qui est tout un poème : un ciel d'hiver s'étend sur une forêt dépouillée au milieu de laquelle un ours furieux cherche à terrasser un grand et robuste heïduque; une jeune femme, portant un costume de chasse, arrive derrière l'ours et lui tire de chaque main un coup de pistolet dans les oreilles. On aperçoit au loin un cheval qui a le mors aux dents et entraîne après lui un traîneau renversé. Voici l'explication de ce tableau : Une princesse Lubomirski aimait beaucoup la chasse. Elle partit un jour d'hiver pour chasser les ours; elle en revenait dans un petit traîneau attelé d'un cheval et conduit par un seul heïduque ; tout à coup un ours furieux, poursuivi par d'autres chasseurs, allait se jeter sur la princesse, le cheval effrayé renverse le traîneau, la princesse et l'heïduque vont périr infailliblement, mais le courageux serviteur veut mourir pour sauver sa maîtresse, il s'élance au-devant de l'ours en prononçant ces mots : « Princesse, prenez soin de ma femme et de mes enfants. » Bonne jusqu'à l'héroïsme, la princesse ne pense qu'au danger de celui qui se sacrifie pour elle, elle tire deux petits pistolets de ses poches, pose les canons dans l'oreille de l'ours et le tue sur place. J'ai envié cette belle et généreuse action; il est inutile de dire que l'heiduque, sa femme et ses enfants devinrent à jamais les protégés de la princesse.

Mais j'entends depuis quelques instants du mouvement dans le château, je me hâte de rentrer chez moi. La voix du prince Martin retentit dans les longs corridors. Il appelle ses chiens, qu'il aime tant; il a la plus belle meute de chiens lévriers de la contrée. Il est désolé quand la saison de la chasse est finie. Dans ce moment, les plus intrépides chasseurs doivent renoncer à ce plaisir. Je cesse d'écrire, il est cinq heures, on pourrait traverser la galerie.

Ce 14 mai, jeudi.

Nous sommes allés passer quelques jours à Opolé, mais le prince Martin nous avait fait promettre de revenir bien vite, et nous voilà de nouveau installés chez lui. Il voulait que le pavillon fût entièrement terminé à notre retour. Tout le dehors est fini, il ne manque

La promenade en traîneau.

plus que quelques ornements extérieurs. Le prince Martin a donc gagné son pari; il me parle toujours par énigmes à ce sujet, c'est à en perdre la tête. Ce matin, par exemple, il me disait : « On prétend que je fais des dépenses trop considérables pour mon parc et mon pavillon; mais j'aurai une récompense, je vous la devrai, et elle payera au delà tout ce que je puis faire. » En vérité, je m'y perds ou je suis folle, ou ceux qui m'entourent ont perdu la raison.

16 mai, samedi.

Pouvais-je espérer un tel bonheur! le prince royal est arrivé, il est ici près de moi! Ce pavillon, ce parc étaient préparés pour lui ou plutôt pour moi; car on sait qu'il m'aime, le prince Martin et le palatin ont trouvé ce prétexte pour l'attirer à Janowiec. Grand Dieu! quelle sera ma destinée! J'ai béni le hasard qui a fait arriver le prince royal à la nuit, en plein jour on n'aurait pas manqué de voir ma rougeur, mon trouble, l'émotion profonde qui m'ôtait la parole, et lui aurait compris toute ma joie. Jamais je ne l'avais vu aussi tendre, mais quel sera l'avenir? Jusqu'à ce jour j'avais feint de ne pas comprendre ses paroles et je m'efforçais de lui cacher ce que j'éprouvais; mais serai-je toujours maîtresse de moi, quand à chaque instant je vais le voir? O que cette dissimulation est triste! Comprimer les meilleurs sentiments de mon âme, quel supplice! Refuser l'expression à ma pensée quand ma pensée n'a plus que lui pour objet! Malgré moi mon âme serait dans mes yeux, dans ma voix, dans une parole froide en apparence. Que Dieu me protége, j'ignore encore ce que sera ma vie; sur quoi m'est-il permis de compter? Quelquefois le sort m'apparaît brillant, j'entrevois un bonheur surhumain, d'autrefois mon destin me semble menaçant et me fait frissonner d'épouvante. Je ne sais quelle détermination prendre avec moi-même; dois-je m'abandonner à mon cœur ou à ma raison? Hélas! quand la raison l'emporte, ce ne sont plus que craintes et éclairs douloureux, je reviens à la vérité désenchantée après m'être bercée des plus douces illusions. Si je pouvais ouvrir mon âme à quelqu'un, si j'avais rencontré dans la princesse un guide et une amie?... Mais mon affection pour elle est trop respectueuse pour être tendre et confiante, puis elle dit, peut-être au hasard, des paroles qui refoulent mon expansion; elle critique le caractère du prince, plaint la femme qui s'attachera à lui. Le prince ne vient pas à mon aide, il pense sans doute que j'aurai assez de force d'âme pour me passer de conseils et d'appui. J'accepterai le bonheur que le ciel m'envoie, je le garderai secrètement comme un trésor, je ne commettrai aucune imprudence, aucune action indigne de mon nom. Dieu sera mon refuge, il daignera m'éclairer; j'ai passé toute cette nuit en prière. Combien je regrette que l'abbé Baudoin ne soit pas près de moi! Chaque jour sera une nouvelle épreuve; le prince restera au château pendant longtemps; ses frères doivent venir l'y rejoindre; on fait de grands préparatifs de chasse.

Ce 18 mai, le soir.

Le ciel est pour moi, ma destinée est la plus belle entre toutes! Moi, Françoise Krasinska, moi qui ne suis pas du sang des rois, je vais être la femme du prince royal, la duchesse de Courlande, et peut-être un jour le porterai la couronne de Pologne! Il m'aime plus que tout au monde, il me sacrifie le mécontentement de son père, il franchit l'inégalité de nos conditions, il oublie tout : il m'aime! Il me semble que je suis le jouet d'un rêve! Est-il bien vrai qu'aujourd'hui je me suis promenée seule avec lui dans le parc? Un accident arrivé à la princesse m'a procuré ce bonheur. En montant les marches du pavillon elle avait fait un faux pas, ce qui l'a obligée à rester au salon avec une demoiselle de compagnie. D'ordinaire elle ne nous quitte pas un seul instant; mais comme son pied la faisait souffrir, nous avons été lui et moi faire sans elle notre promenade avec les princes. Le prince Martin s'est arrêté en chemin pour montrer au prince palatin les préparatifs de la chasse. Le prince royal leur a dit qu'il préférait marcher, et il a passé mon bras sous le sien. Pendant longtemps il a gardé le silence; j'en étais surprise, car il est toujours d'une grande vivacité d'esprit en conversation. Enfin, il me demanda si je persistais à ne pas deviner le motif de son arrivée à Janowiec. Je lui répondis que le plaisir de la chasse l'avait sans doute déterminé à accepter l'invitation du prince Martin. « Non, m'a-t-il répondu, c'est pour vous, c'est pour moi, c'est pour assurer le bonheur de ma vie entière que je suis venu ici. — Cela est-il possible? m'écriai-je; prince, vous oubliez votre rang, le trône qui vous attend dans l'avenir! Le prince royal ne peut s'allier qu'à une fille de roi! — Françoise, répliqua-t-il, vous m'êtes plus chère qu'une reine. Votre beauté d'abord charmé mes yeux; plus tard votre vertu, votre candeur ont touché mon âme. Avant de vous connaître, je n'avais connu que des femmes qui cherchaient à me plaire; à peine les avais-je remarquées qu'elles redoublaient de coquetteries. Vous, qui m'avez peut-être mieux aimé qu'elles, vous m'avez dérobé votre cœur, vous m'avez fui, et j'ai dû deviner vos pensées secrètes pour conserver l'espoir en vous adorant; vous mériteriez le premier trône de l'univers, et j'ai pour ambition d'être roi de Pologne, pour déposer la couronne sur votre front si beau. » Ma surprise, mon bonheur m'empêchaient de répondre; les princes nous avaient rejoints : « Je vous prends à témoin de mon serment, leur dit le prince royal, je n'aurai jamais d'autre femme que Françoise Krasinska; les circonstances exigent le secret jusqu'à un certain temps, vous seuls saurez mon amour et mon bonheur, et celui de vous qui me trahirait deviendrait mon ennemi. » Les princes firent d'humbles salutations, et se tinrent très-honorés de la confiance du prince royal; ils lui ont assuré qu'ils garderaient religieusement son secret; puis, en passant près de moi, ils m'ont dit à l'oreille : « Vous êtes digne du bonheur qui vous arrive. » Et ils se sont éloignés. Je suis restée immobile et sans voix; mais le prince s'est montré si tendre, sa parole était si persuasive, si entraînante, que j'ai fini par lui avouer que je l'aimais depuis longtemps. Je crois que j'ai pu, sans me rendre coupable, faire cet aveu à l'homme qui sera mon mari. Minuit sonne à l'horloge du château : c'est l'heure des esprits et des fantômes; après minuit leur puissance disparaît... Si tout mon bonheur n'avait été qu'une fantasmagorie!... Mais non, tout est vrai, ma félicité est réelle, ma grandeur n'est point un songe! L'anneau que j'ai au doigt me l'atteste. Barbe m'avait donné une bague en forme de serpent, c'est le symbole de l'éternité. Le prince royal regardait souvent cette bague; il en a fait faire une toute semblable avec cette inscription : A jamais, et nous avons fait l'échange des deux anneaux. Ces premières et saintes fiançailles n'ont eu pour témoins que les rossignols et les arbres de la forêt. Je ne confierai à personne cette circonstance, pas même à la princesse. Hélas! Barbe et mes parents n'ont point béni ces anneaux; ce n'est pas mon père qui m'a promise à mon fiancé, et je n'ai pas reçu la bénédiction de ma mère. Un sentiment douloureux m'oppresse, mes pleurs couvrent mon visage. Oui, tout est vrai, c'est bien là la vie, puisque je commence à souffrir.

Ce 20 mai, jeudi.

J'ai écrit, et il me semble que je n'ai rien dit de ce que je voulais dire; j'ai interrompu mon journal depuis huit jours, parce que je ne trouvais pas d'expressions pour rendre mes pensées. Je suis heureuse, et la langue humaine, si féconde pour exprimer la douleur, est stérile pour rendre la joie et le bonheur. La semaine dernière j'avais pris la plume, mais j'ai renoncé à écrire, mes sentiments se renouvelaient et se répétaient avec trop de rapidité, et tandis que ma pauvre tête s'efforçait d'aligner des mots, mon cœur se fondait en désirs et en espérances. Aujourd'hui je puis écrire; la crainte d'une funeste catastrophe a frappé mon esprit; s'il allait ne plus m'aimer! Les princes royaux Clément et Albert sont arrivés ici jeudi dernier; on a fait de grandes chasses sans discontinuer. Le prince Martin avait fait venir des bêtes sauvages, on les a lancées dans le parc, et les princes ont eu fort à faire. Les princes Clément et Albert nous quittent ce matin, à ce que vient de m'apprendre ma femme de chambre; ma première pensée a été que *lui* aussi partirait peut-être. Je goûte depuis huit jours un bonheur complet qu'aucune prévision

J'ai un très-vénérable confesseur, qui se nomme l'abbé Baudoin.

douloureuse n'était venue troubler, mes soins de maîtresse de maison (car depuis l'accident de la princesse, c'est moi qui la remplace) ne me laissaient pas un moment d'oisiveté, et me voilà bouleversée par cette parole de ma femme de chambre. O mon Dieu! s'il allait partir! pour qui me réveillerai-je le matin, pour qui m'habillerai-je avec soin, pour qui chercherai-je à être plus jolie? Oh! sans lui et après lui je ne vois que mort et néant dans la vie! Je me sens défaillir, j'entr'ouvre ma fenêtre, je respire un peu d'air, je me sens mieux. Il n'est que six heures, et déjà j'aperçois à la fenêtre de *son* pavillon un mouchoir blanc qui s'agite dans l'air : c'est le signal de tous les matins pour *son* bonjour. Je n'oserai jamais lui avouer que chaque jour mon réveil a précédé le sien. Mais quel est cet homme qui court vers le château? Je le connais, c'est son chasseur favori; il m'apporte un bouquet de fleurs d'oranger, je sais qu'il l'a envoyé chercher à quatre lieues du château. Que j'étais injuste et insensée de me tourmenter! Il est encore ici, personne ne m'a annoncé son départ, il restera sans doute longtemps; oui, il me sera encore accordé des jours de bonheur, peut-être des semaines!

Ce 27 mai, mercredi.

J'avais trop espéré : il va partir! Le souvenir du passé rendra bien tristes les jours qui vont s'écouler pour moi. Oh! oui, le lundi est un jour de malheur. Depuis que ma femme de chambre m'a causé tant de trouble en m'annonçant le départ des princes, je n'ai plus eu que des chagrins. Le chasseur qui m'apportait le bouquet m'a dit de sa part qu'il était forcé de s'éloigner; ce n'est qu'à grand'peine et en inventant mille prétextes qu'il a pu rester trois jours de plus près ses frères. Ces trois jours n'expiraient que demain, et pourtant il me quitte aujourd'hui, on le veut, on l'y contraint. Le roi lui a envoyé une estafette avec l'ordre de revenir de suite. Dans une demi-heure il partira, et je ne sais même pas quand nous nous reverrons. Ah! que le bonheur fuit rapidement!

Ce 7 juin 1760, dimanche.

Le prince royal m'a quittée depuis quinze jours; il a envoyé deux exprès au prince palatin, et a glissé sous enveloppe deux billets pour moi. Mais qu'est-ce qu'une lettre? Une pensée incomplète; pour un moment le cœur se ranime, mais il ne se calme pas. Une lettre ne saurait remplacer quelques minutes d'entretien. Il m'a laissé son portrait; tout le monde le trouve ressemblant. Pour moi, ce n'est qu'une toile inanimée : ce sont ses traits, mais ce n'est pas lui, ce n'est pas son regard; je le vois bien mieux dans mon souvenir. Toute consolation m'est refusée, je ne puis pas même répondre à ses lettres, je me suis imposé cette dure contrainte; il me semble que ma main se changerait en marbre si, à l'insu de ma tante, de ma sœur aînée, de mon père et de ma mère, j'osais écrire à l'homme que j'aime! Je l'ai dit au prince royal : il n'aura de mes lettres que quand je serai sa femme; c'est un sacrifice bien douloureux, mais j'ai promis à Dieu de l'accomplir. Le temps se prolonge comme une torture depuis son départ. Dans les premiers jours, je marchais au hasard de tous côtés comme un être privé de raison; toute occupation m'était devenue insupportable. La maladie de la princesse vient de rendre quelque énergie à mon âme. Son mal au pied, qu'elle avait négligé, s'est aggravé; pendant trois jours elle a eu une fièvre ardente qui a mis sa vie en danger. Je ne saurais dire mes angoisses, je n'aurais pas éprouvé plus d'inquiétudes pour mon père, ma mère ou ma sœur; durant ces trois jours j'ai à peine pensé au prince royal, et ce qu'on ne pourra pas s'imaginer, c'est que je ne regrettais plus son absence. S'il eût été ici, je n'aurais pas pu donner tout mon temps à la princesse. L'idée de la voir mourir me désespérait; car, malgré les raisonnements du prince royal, du palatin et du prince Martin, je sens que je suis coupable de lui avoir refusé ma confiance. Si elle soupçonne la vérité, elle doit m'accuser de fausseté. Il n'y a dans ce monde qu'une peine sans consolation : c'est le tourment de la conscience,

Il n'y manquait que Vénus, vous êtes arrivée et l'y voilà.

c'est le remords. J'espérais réparer un jour mes torts envers la princesse, me jeter à ses pieds, lui avouer mon secret; mais quand je l'ai vue en danger, il m'a semblé que l'enfer me menaçait et que j'allais rester sous le poids d'un repentir éternel. Une autre pensée m'a émue jusqu'au fond de l'âme : mon père et ma mère sont d'un âge avancé, si je les perdais avant de leur avoir confié le secret de ma vie! Il est dans ma destinée de connaître toutes les douleurs. Le ciel a voulu m'éprouver cruellement; mais enfin la princesse va mieux, et j'ai reçu de bonnes nouvelles de Maleszow. J'éprouve quelque allégement à mes peines. Le roi daignerait accorder son consentement à notre mariage, que je n'éprouverais plus de joie que je n'en ai ressenti en apprenant de la bouche du médecin que la princesse était hors de danger. Je pourrai donc lui ouvrir mon cœur! O mon Dieu! si cette pénible dissimulation me pèse à ce point, quelle doit être la situation du prince royal vis-à-vis de son père, de son roi, qu'il offense en m'aimant! Pourquoi ces réflexions ne me sont-elles pas venues plus tôt? Pourquoi n'ai-je pas montré au prince l'abîme où nous nous précipitions? L'ivresse du bonheur m'a aveuglée, et aujourd'hui il n'est pas de condition que je ne préférasse à la mienne. L'instabilité humaine m'humilie. N'ai-je pas appelé de tous mes vœux et de tous mes désirs cet amour si cher et si funeste à mon repos? L'orgueil m'a perdue; cet orgueil est un ennemi implacable que je n'ai plus la puissance de combattre. Combien j'en veux au petit Mathias de m'avoir suggéré des rêves ambitieux! Heureuse Barbe! pourquoi n'ai-je pas aimé comme elle un homme d'une condition égale à la mienne? Mais non; en parlant ainsi, je feins avec moi-même; le rang du prince royal m'a séduite. Ah! que Dieu est indulgent et bon en couvrant nos pensées d'un voile impénétrable! Hélas! il pardonne mieux que ne le feraient les hommes à notre imparfaite nature! J'ai quitté la princesse depuis une demi-heure; je vais la rejoindre; elle aime à me voir auprès d'elle; personne ne la sert avec plus d'empressement que moi. Je me sens heureuse au chevet de son lit; je reprends courage en sentant que je lui suis utile, et je retrouve la paix de l'âme à la pensée que je ne suis pas tout entière à un sentiment exclusif.

Au château d'Opole, ce 18 juin, jeudi.

Nous sommes depuis trois jours à Opole, la princesse est entièrement rétablie. J'ai quitté Janowiec avec douleur; là, tout ce qui m'entourait s'animait de son souvenir. Il m'annonce une bien triste nouvelle dans sa dernière lettre; il est forcé d'aller passer deux mois dans son duché de Courlande. Il cherche un moyen de me voir avant son départ. Y réussira-t-il? Deux mois, c'est un siècle quand on attend! Quelques visiteurs nous sont arrivés de Varsovie, entre autres l'évêque de Kamieniec, Adam Krasinski, si respectable et si respecté. Tout le monde nous dit que le prince royal est bien changé, il est pâle et triste, et il fuit le monde. Le roi lui-même s'inquiète de l'état de son fils, et c'est moi qui suis la cause de cet mal! L'amour est donc une source infinie de chagrin? C'est pour moi qu'il souffre; sa douleur est mon plus cruel tourment. On trouve aussi que je suis changée, on me croit souffrante; la bonne princesse attribue ma pâleur aux nuits que j'ai passées près d'elle; la bonté, l'intérêt qu'elle me témoigne me torturent. Quand serai-je en paix avec moi-même?

Ce 11 juillet, samedi.

Un rayon de bonheur m'a lui et a disparu comme un éclair. Il est venu ici! mais pour deux heures seulement! Il avait quitté Varsovie mercredi dernier, feignant de partir pour la Courlande, et, après avoir envoyé ses équipages en avant sur la route du nord, prenant lui-même celle du midi, il a accouru à Opole.

Sa suite l'attendait à Bialystok, et il a dû voyager nuit et jour pour ne donner aucun soupçon. Je l'ai vu, si peu, que cet instant de bonheur me paraît un rêve; il avait revêtu l'habit de son chasseur pour s'introduire dans le château. Personne ne l'a reconnu sous ce déguisement, et, sauf le prince palatin, tout le monde ici ignore notre entrevue. Il m'a parlé de son amour, il m'a répété ses serments, il m'a suppliée de lui écrire et m'a rendu toutes mes chères espérances. Sans cette entrevue je n'aurais pu vivre durant ces trois mois d'absence. Trois mois! c'est le moins qu'il puisse rester à Mittau. Que de jours que d'heures, que de minutes dans ces trois mois! je me résignerais si je souffrais seule; mais lui aussi est malheureux de notre séparation.

Ce 3 septembre, jeudi.

Depuis près de deux mois je ne m'occupe plus de mon journal; le bonheur, le malheur, tout passe dans ce monde. Mes jours ont été bien tristes et bien monotones, mais ils se sont écoulés, et le temps de ma félicité approche. Le prince royal me répète dans toutes ses lettres qu'il sera de retour le mois d'octobre. Aujourd'hui j'éprouvais une indicible joie en voyant les arbres se dépouiller de leurs feuilles; les approches de l'automne m'enchantent. Dans peu de jours nous partirons pour Varsovie. Une circonstance a bien troubler ma destinée : un très-brillant parti s'est présenté pour moi, et la princesse, qui me témoigne une bien tendre affection depuis que je l'ai soignée dans sa maladie, s'était concertée avec ma famille et l'évêque de Kamieniec, dans l'espérance de me faire consentir à ce mariage. Il m'a fallu supporter son mécontentement, ses vives représentations, et ce qui m'affligeait surtout, des allusions pleines de fiel contre le prince royal. Pour calmer mon père et ma mère, j'ai dû m'humilier, leur écrire une lettre d'excuses; ma mère a daigné me répondre avec douleur, mais sans colère. Elle me dit en finissant sa lettre : « Les parents qui éloignent d'eux leurs enfants doivent s'attendre à les voir résister à leurs volontés. » Pauvre mère! elle me donne encore sa douce bénédiction et m'assure que mon père me pardonne! Oh! j'achète bien cher le bonheur et la grandeur qui m'attendent!

Varsovie, ce 22 septembre, mardi.

Nous sommes à Varsovie depuis quelques jours; avec quelle joie j'y suis revenue! que cette ville est belle! Je verrai souvent le prince royal, il m'assure dans sa dernière lettre qu'il arrivera le 1er octobre; je n'ai donc plus que huit jours d'attente; sans cet espoir, je ne sais comment je vivrais, plus rien ne m'agrée; la toilette, qui me charmait autrefois, m'ennuie et me déplaît; les visites et les réunions me fatiguent; chaque personne que je vois me semble un juge inquisiteur; je m'imagine qu'on me prend en pitié ou qu'on me blâme. Les femmes surtout me font peur. Les femmes sont rarement bienveillantes parce qu'elles ne sont pas désintéressées dans leurs jugements; elles n'aiment pas plus le bonheur d'une autre femme qu'elles n'aiment sa beauté et ses agréments. Hier, avec quelle cruauté madame... (je tairai son nom, je voudrais même l'effacer de ma mémoire) ne m'a-t-elle pas questionnée! comme elle jouissait de mon trouble! J'étais près de pleurer, elle était radieuse. Elle cherchait à se venger devant cinquante personnes de ce qu'on appelle mon triomphe et de ce que, moi, j'appelle le plus saint des bonheurs. Quel mal elle m'a fait! je la hais presque. Il ne me manquait plus que ce sentiment violent pour torturer mon âme. Le prince palatin a eu compassion de moi, il m'est venu en aide; que Dieu l'en récompense! Son active et bonne amitié ne me manque jamais dans toutes les crises difficiles. Il serait parfait s'il pouvait mieux me comprendre; mais quand je pleure, quand je suis affligée, il m'appelle enfant, et il rit; je ne puis pas tout lui dire.

Ce 1er octobre, jeudi.

Il est arrivé, je l'ai vu, il est en bonne santé, et pourtant je ne me suis pas sentie tout à fait heureuse. Je n'ai pu le voir qu'entouré d'importuns. Tandis que j'aurais voulu courir au-devant de lui jusque dans la cour de l'hôtel, j'ai dû rester auprès de ma table de travail et l'attendre dans le salon, où d'abord il a salué la princesse, puis n'a pu m'adresser qu'une révérence cérémonieuse. Enfin, il est arrivé, tout ira bien, j'espère.

Ce 20 octobre, mardi.

O mon Dieu, qu'elles sont douces les paroles que je viens de prononcer! heureuse, oui, bien heureuse la femme qui donne pour la vie son cœur et sa main à celui qu'elle aime! Le 4 novembre est le jour de la fête du prince royal. Il veut, il exige que ce soit le jour de notre sainte union. Il m'a fait jurer sur Dieu et sur ma famille que je ne résisterais plus à ses vœux; il m'a dit qu'il douterait de mon amour si j'hésitais encore. Ses pleurs et ses prières m'ont fléchie; décidée par le palatin, j'ai promis tout ce qu'a voulu le prince, mais déjà je me repens de mes promesses. Pourtant il était si heureux en me quittant! Il désirait d'abord que notre mariage fût un secret pour ma famille comme il doit l'être pendant quelque temps pour tout le monde, il voulait que le palatin et le prince Martin fussent nos seuls témoins et nos seuls confidents; mais j'ai refusé courageusement, j'ai dit que je me ferais plutôt religieuse que d'être coupable à ce point envers mon père et ma mère. Le prince a cédé; il est si bon pour moi! Il a été convenu que j'écrirais à ma famille et qu'il ajouterait quelques lignes à ma lettre. D'abord je lui ai su gré de sa soumission, mais en réfléchissant je me suis sentie offensée. N'est-ce pas à lui à écrire à mon père et à ma mère, si le fiancé n'agit-il pas toujours ainsi en pareille circonstance? Hélas! c'est vrai! mais c'est quand on épouse son égal! Ici c'est un prince, un prince du sang qui daigne s'unir à moi! Il me fait un grand honneur en m'épousant. Cette pensée m'a paru tellement amère que j'ai été sur le point de tout rompre; mais il n'est plus temps, j'ai donné ma parole. Je vais écrire à mon père et à ma mère, je vais enfin leur avouer cet amour dont je leur ai fait si longtemps un mystère. Combien je leur paraîtrai coupable. J'ai manqué de confiance envers la plus tendre des mères. Mon Dieu, inspirez-moi, prêtez-moi votre appui! Le coupable que l'on traîne devant ses juges n'est pas plus tremblant que moi.

Ce 22 octobre, jeudi.

Le chambreur de confiance du prince palatin est déjà parti pour Maleszow. Je suis assez satisfaite de ma lettre; mais le prince royal l'a blâmée : il l'a trouvée tout à fait trop humble; à mon tour, moi j'ai trouvé que son post-scriptum était trop royal. J'étais tentée de le lui dire, mais le prince palatin m'en a empêchée. Quelle sera la réponse de mon père et de ma mère? Peut-être ne voudront-ils pas consentir à cette union! Chose étrange, depuis quelques jours ma dignité l'emporte sur mon orgueil et ma vanité; cet événement me semble ordinaire : il est prince royal, duc de Courlande! mais s'il n'obtient pas le consentement de mon père, c'est lui qui n'est pas mon égal. Si rien ne s'oppose à mon mariage, je souhaite ardemment que la bénédiction nuptiale nous soit donnée par le curé de Maleszow; le prince palatin me promet de faire son possible pour me satisfaire; ce bon prêtre sera le représentant de ma famille; il répandra une sorte de convenance sur cette union. Le souvenir du mariage de Barbe me revient toujours à la pensée; quand elle me disait : Je souhaite que tu sois aussi heureuse que moi! son souhait ne flattait pas mon imagination; aujourd'hui mon bonheur me paraît immense quand je le compare...

Ce 28 octobre, mercredi.

La réponse de mon père et de ma mère est arrivée; ils me donnent ainsi qu'au prince royal leur bénédiction; ils font des vœux pour moi; mais la tendresse qu'ils me témoignent ne ressemble pas à celle que Barbe avait obtenue et méritée. C'est juste, je souffre sans avoir le droit de me plaindre. Le prince royal pensait recevoir une réponse particulière, mais mon père ne lui a pas écrit. Le prince en est blessé, il s'est entretenu longtemps avec le palatin de l'orgueil de certains seigneurs polonais. Je me sens plus calme depuis que mon père et ma mère savent mon secret. Mon cœur est délivré d'horribles tortures. Mes parents s'engagent à ne déclarer notre mariage qu'avec le consentement du prince royal, leur lettre exprime la joie et la surprise, mais dans ce que me dit ma mère il y a un sentiment de douleur qui m'a profondément touchée : « Si tu es malheureuse, me dit-elle, je n'aurai pas à me le reprocher; mes souhaits (et je le demande à chaque instant à Dieu dans mes prières) je m'en réjouirai en éprouvant le regret de n'avoir pas contribué à ton bonheur. » Ces paroles sont à peine lisibles, je les ai effacées sous mes pleurs. Le curé de Maleszow arrivera dans huit jours, nous serons aussitôt mariés. Le prince palatin fait préparer les actes indispensables, et jusqu'à présent on n'a aucun soupçon. Il me semble impossible que le jour de mon mariage soit si prochain. Je ne fais aucuns préparatifs, tout doit se passer dans le plus grand mystère. Quand Barbe s'est mariée, elle ne se cachait point. Tout Maleszow était en mouvement pour la fêter! Si au moins je n'étais pas privée de voir le prince royal, je serais consolée, mais souvent deux jours se passent sans que j'aie ce bonheur, il craint d'éveiller les soupçons du roi, il redoute surtout le ministre Brühl; il m'évite dans les réunions publiques, et vient plus rarement chez le palatin; je dois me soumettre à cette cruelle nécessité de ma position. Hier le hasard m'a fait entendre à la soirée de madame Moszynska des paroles qui m'ont vivement affectée; un monsieur que je ne connaissais pas disait à son voisin ; « La fille du staroste Krasinski est bien changée ! — Ce n'est pas étonnant, a répondu l'autre, tout le monde dit que cette pauvre jeune fille est folle du prince royal ; mais lui, vous savez combien il est volage, sitôt qu'il voit une belle femme il l'aime ; en ce moment c'est le tour de l'écuyère tranchante Potocka, il n'a des yeux que pour elle. » J'ai la conviction que le prince royal affecte de s'occuper d'autres femmes pour cacher ses sentiments pour moi; cependant en entendant cette conversation tout mon corps trémissait, n'est-il pas horrible d'être l'objet de plaisanteries si blessantes! Si du moins je pouvais me confier à une amie et lui demander conseil! Quoique ma femme de chambre soit tout à fait bornée et ne se doute de rien, le prince palatin la renvoie au fond de la Lithuanie. Dans quelques jours elle sera remplacée par une personne mariée d'une très-bonne naissance et d'un certain âge. Je n'ai pas encore vu cette femme, et ne sais à qui demander conseil pour ma toilette de noces. Faute de mieux je me suis adressée au palatin, qui m'a répondu : « Habillez-vous comme à l'ordinaire. » Quelle étrange destinée ! je fais le plus brillant mariage de toute la Lithuanie et de toute la république, et la fille de mon cordonnier aura un trousseau de noces digne de me faire envie.

Ce 4 novembre 1760, mercredi.

Ma destinée est accomplie, je suis la femme du prince royal. Nous nous sommes fait devant Dieu le serment d'une fidélité éternelle; il est à moi et je suis à lui pour la vie ! Combien cet instant est doux et pénible ; il a fallu précipiter la cérémonie, nous tremblions d'être découverts. Durant les huit jours qui ont précédé mon mariage, j'ai été privée de voir le prince royal, il a feint d'être malade et n'a pas quitté ses appartements ; aujourd'hui il a refusé les dîners du prince primat du royaume et de l'ambassadeur d'Espagne, ainsi que le bal donné par le grand général de la couronne; sa maladie était un prétexte pour se soustraire à ces obligations. Mon ancienne femme de chambre a été renvoyée il y a deux jours, et hier on a fait jurer à l'autre sur le crucifix qu'elle garderait le secret sur tout ce qu'elle verrait et entendrait. Ce matin, à cinq heures, le prince palatin est venu frapper à ma porte ; j'étais prête depuis deux heures ; nous sommes partis sans bruit ; le prince Lubomirski nous attendait à la porte de l'hôtel. Le jour n'était pas encore levé, nous marchions dans les ténèbres, le vent soufflait, il faisait un froid pénétrant. Nous nous rendîmes à pied dans l'église des Carmes, qui est dans le voisinage ; le bon curé était déjà au pied de l'autel. Si le prince ne m'eût soutenue, je serais tombée plusieurs fois avant d'arriver. Quelle tristesse dans l'église ! partout le silence et la nuit des tombeaux. De chaque côté de l'autel deux cierges jetaient une clarté pâle et vacillante ; le bruit de nos pas retentissait seul sous les sombres voûtes de la basilique. La cérémonie n'a pas duré dix minutes ; le curé s'est hâté, et nous avons lui et l'église comme si nous venions de commettre un crime. Le prince royal nous a ramenés à l'hôtel du palatin. Le prince Martin lui conseillait de se rendre directement au palais, mais il ne pouvait me quitter ; c'est à grand'peine qu'on l'a séparé de moi. Ma toilette était celle de tous les jours ; je n'avais pas même une robe blanche, je n'avais osé mettre qu'une branche de romarin dans mes cheveux. En m'habillant je me suis rappelé la noce de Barbe, et j'ai pleuré! Ce n'est pas ma mère qui avait préparé le ducat, le pain et le sel que la fiancée doit porter sur elle le jour de ses noces. Aussi au moment de partir ai-je oublié ces symboles. A présent me voilà seule dans ma chambre ; pas un regard ami ne vient me dire : Sois heureuse. Mon père et ma mère ne m'ont pas bénie ; un profond silence règne autour de moi, tout le monde dort encore, et cette lumière brûle comme auprès d'un mort. Oh! mon Dieu! quelle fête lugubre! Sans l'ardente agitation que j'éprouve, sans cet anneau nuptial qu'il faudra ôter bientôt et cacher à tous les yeux, je croirais que ces événements sont un rêve ; mais je suis à lui ! Dieu a reçu nos serments.

A Sulgostow, ce 24 décembre, lundi.

J'avais pensé que je cesserais mon journal en me mariant; je me disais qu'un ami, un autre moi-même serait le dépositaire de mes pensées. Je me demandais quel besoin j'aurais d'écrire puisque je dirais tout au prince royal (je m'aperçois que je l'appellerai ainsi toute ma vie). Puisqu'il ne sait pas assez lire le polonais pour lire mon journal, mon journal deviendra inutile. Mais, hélas! tout me sépare de mon mari bien-aimé, je continuerai à écrire pour parler de lui, pour recueillir les souvenirs qu'il m'a laissés. Un sort rigoureux me poursuit; quel désespoir je me sens au cœur! quand le reverrai-je? Les derniers jours qui viennent de s'écouler ont été horribles. Je remercie le ciel de n'être pas devenue folle de douleur. La princesse palatine m'a chassée de sa maison, elle m'a repoussée comme indigne; je me suis réfugiée à Sulgostow, chez ma sœur. En arrivant j'ai fait appeler Barbe et son mari, je leur ai dit Pitié! pitié pour moi ! je ne suis pas coupable, je suis la femme du prince royal ! Ma bonne sœur, pour qui mon mariage était un mystère, pensa que je perdais la raison, elle appelait ses femmes pour me secourir; j'ai calmé ses craintes, et aujourd'hui je lui ai confié mes douleurs ainsi qu'à son mari. Je vais tâcher de mettre en ordre le récit des événements qui me sont arrivés. Si Dieu m'accorde d'être un jour heureuse et tranquille, je relirai ces pages et je sentirai mieux mon bonheur. Six semaines s'étaient écoulées depuis mon mariage, personne n'avait le moindre soupçon ; le roi, la cour, cette société qui m'entoure et qui m'épie n'avaient pas pénétrer notre secret. On m'appelait toujours la starostine Krasinska. Le prince royal, sous prétexte de sa santé, ne se montrait nulle part, et le palatin ménageait nos entrevues. Mais, il y a aujourd'hui huit jours, le prince royal commença à sortir, il vint rendre visite à la princesse palatine ; j'étais au salon quand on l'annonça ; c'était la première fois depuis notre mariage que je le voyais en présence d'un tiers, je ne pus dissimuler mon trouble, il m'était impossible de voir, de l'entendre, de le regarder sans lui dire avec mes yeux : Je t'aime. La princesse m'observait. Quand il fut sorti, elle me gronda et me reprocha ce qu'elle appelait ma coquetterie et mon inconséquence. Je ne pus supporter la vivacité de ses observations, je lui répondis imprudemment que je ne reconnaissais à personne le droit de me blâmer quand ma conscience était en paix. Le lendemain, le prince royal revint, la princesse semblait préoccupée en le recevant, ses manières trahissaient son mécontentement. Tout occupé de moi, le prince royal ne s'apercevait point de l'orage qui me menaçait, ne pouvant me parler sans témoin le jour-là, il m'avait écrit, et tout en jouant avec mon panier à ouvrage, il y glissa sa lettre. La princesse s'en aperçut. A peine fut-il parti, qu'elle s'empara du panier et prit le fatal billet, il avait pour suscription : A ma bien-aimée.

Jamais je ne pourrai peindre ma colère, je ne sais comment j'ai survécu à cette horrible scène ! « Vos intrigues, m'a-t-elle dit, ne sauraient réussir ici; vous êtes l'horreur, la honte, l'ignominie de votre famille, mais vous ne déshonorerez pas ma maison, j'ai déjà pris mes mesures pour mettre un terme à ces infamies : voici la copie de la lettre que j'ai écrite ce matin au ministre Brühl, je lui dis que l'honneur m'est plus cher et plus sacré que tous les liens de la famille, qu'un espoir ambitieux ne me fera pas manquer à mon devoir, et que mon devoir en ce moment m'impose de le prévenir que le prince royal aime Françoise Krasinska. J'ai conjuré le ministre de faire tout ce qu'il croira convenable pour finir cette intrigue avant qu'il soit trop tard. J'ai voulu prouver que je n'étais pour rien dans cette indignité et que je n'ai eu d'autre tort que d'avoir trop de confiance dans la vertu de ma nièce. Oui, le roi lui-même doit savoir à présent ta honte et ton orgueil insensé. — Le roi ! m'écriai-je avec égarement. Ah ! grand Dieu, qu'on ne lui dise pas que je suis la femme du prince royal, qu'on ne le lui dise pas, et je meurs à vos pieds ! » Éperdue, entrevoyant devant moi un affreux abîme, j'avouais alors ce secret qu'elle n'avait pu m'arracher en m'injuriant et en me menaçant seule. — Quoi ! reprit-elle, vous la femme du prince royal ! vous, sa femme ! Ce mot me rappela à moi, je compris l'énormité de ma faute, je tremblai en songeant à la colère du prince et je crus qu'il ne me restait plus qu'une chance de salut, c'était de tout avouer à la princesse. Restant toujours à ses pieds, je la suppliai de me pardonner le passé et de ne point trahir le secret qui venait de m'échapper. Mais, soit qu'elle m'en voulût de mes tardifs aveux, ou qu'elle pensât avoir été trop loin pour se rétracter, elle resta impassible et m'ordonna avec une froideur digne et blessante de me lever. « Une dame telle que vous, me dit-elle, ne doit se mettre aux pieds de personne, je vous fais d'humbles excuses de ce qui vient de se passer. » Je voulus baiser sa main, elle la retira et finit par me dire que sa maison n'était pas digne d'une femme de mon rang, d'une princesse royale, d'une duchesse indépendante, d'une future reine de Pologne! après quoi elle ordonna les apprêts de mon voyage. J'ai su rester maîtresse de moi-même, j'en remercie Dieu; un élan de colère ne m'a pas fait oublier les preuves de bonté et d'attachement que j'ai reçues de la princesse; et lui obéissant comme une fille de seize ans, je me suis mise en devoir de partir. J'ignorais entièrement où j'irais, qui me donnerait asile et me protégerait. Je crois que le mot de *Sulgostow* a été prononcé par moi ou par la princesse. Le valet de chambre est venu prendre les ordres de la princesse, et comme il avait entendu la fin de notre conversation, il a répété dans tout l'hôtel que je partais pour Sulgostow et que j'y passerais les fêtes de Noël. Le hasard, comme on le voit, a décidé de mon sort; j'étais incapable de prendre une résolution, et je m'abandonnai à la direction d'autrui. Avant de quitter Varsovie, j'écrivis au prince royal une longue lettre que je confiai à la princesse. Je ne mis pas deux heures à faire tous mes préparatifs de voyage, j'allais, je venais, je m'occupais sans penser; on me plaça dans une voiture avec ma femme de compagnie, puis les chevaux partirent ventre à terre. Lorsque je découvris les murs de Sulgostow, je réfléchis sur la manière dont j'allais apprendre à ma sœur ces incroyables événements; mais je fus à peine en sa présence que mon trouble devint tel que je ne pus plus contenir mes paroles, c'est alors qu'elle me crut folle. Aujourd'hui que tout est expliqué, nous rions ensemble de cette bizarre méprise; mais ces instants de gaieté ne sont qu'un oubli passager de ma situation, une courte trêve à ma douleur. Les deux premiers jours que j'ai passés ici ont été cruels; je ne reçois aucunes nouvelles du prince royal; je ne saurais peindre ma douleur et mes inquiétudes; il faut que ma santé soit bien forte pour résister à de tels tourments. Mon Dieu! mes espérances se réaliseront-elles un jour?

Ce 30 décembre, dimanche.

Je suis décidée à partir pour Maleszow, j'y serai peut-être moins triste qu'ici. Barbe aurait voulu m'accompagner, mais sa grossesse avancée l'en empêche. Son mari craindrait que ce ne fût une imprudence. Enfin j'ai reçu une lettre du prince royal, il est désespéré de mon absence et fort irrité contre la princesse; il craint que le ministre Brühl ne dise tout au roi. Je ne saurais rester ici plus longtemps, la vue du bonheur qui m'entoure est une torture pour moi. Cette douce et paisible félicité de deux époux qui s'aiment me fait mal et me déchire le cœur. Cette maison si bien dirigée, cet intérieur touchant de famille, les soins délicats du staroste Swidzinski, qui adore ma sœur, ce bonheur que j'envie, et dont pourtant je ne suis pas jalouse, augmente l'amertume de ma situation. Ma sœur est prédestinée; sa fille est la plus délicieuse enfant qu'on puisse imaginer, son père la caresse et la soigne. Mes parents ne cessent d'écrire à ma sœur, ils sont pleins de sollicitude pour elle et pour son enfant. Heureuse Barbe! sa vie n'est qu'une longue fête. Que Dieu veille sur son bonheur! que la pensée qu'elle est heureuse me console de mes peines. Peut-être recouvrerai-je la paix quand j'aurai revu mon père et ma mère, leur pardon sera comme une absolution chrétienne. J'aurai la force de vivre et d'espérer quand leur tendresse me protégera. Je vais commencer la nouvelle année avec eux, peut-être amènera-t-elle pour moi le bonheur! J'ai été si heureuse autrefois à Maleszow!

Au château de Maleszow, le 5 janvier 1761.

Je suis ici depuis quelques jours, mais je repartirai probablement bientôt pour Sulgostow. Je souffre partout, il me semble que je serai mieux là où je ne suis pas. Mon sort est brillant en imagination, mais bien misérable en réalité. Pourtant j'ai été bien reçue par mon père et ma mère, ils m'ont traitée avec bonté; mais une chose qui paraîtra peut-être très-peu importante est le motif du malaise que j'éprouve ici, je suis sans argent. Je n'ai pu faire le plus petit cadeau à mes sœurs, je n'ai rien pu donner aux gens du château. Lorsque j'étais chez la princesse palatine l'argent m'était inutile, elle pourvoyait à toutes mes dépenses. Aujourd'hui je me trouve dans le plus grand dénûment, j'aimerais mourir que de demander de l'argent à mon mari ou à mes parents. Mon père et ma mère pensent sans doute que je suis abondamment pourvue. Lorsque Barbe revint de la pension du Saint-Sacrement, elle devait avoir moins d'argent que je n'en ai reçu pendant mon séjour à Varsovie, et pourtant elle fit un petit cadeau à chacun. Elle n'était pas, comme moi, accablée sous le poids de pensées désolantes, son esprit était libre, son cœur était gai. Elle avait pu s'occuper des autres, et elle offrit le travail de ses mains à défaut de plus riches présents. Mais moi, inquiète, agitée, passant tour à tour d'une douleur positive à des craintes plus terribles encore, saurais-je m'occuper de quoi que ce soit? Autrefois, lorsque j'étais radieuse d'espérance, lorsque la vie m'apparaissait avec les plus brillantes illusions, je me disais que lorsque je reviendrais à Maleszow après mon mariage, ce serait avec un train de reine, je n'oublierais personne dans mes rêves, ni les domestiques, ni les paysans; tous auraient leurs parts de mes royales faveurs. Ah! quel affreux contraste entre mes rêves et la réalité! Depuis mon arrivée à Maleszow je n'ai pas passé un jour sans verser des larmes. Quand j'ai revu mon père et ma mère j'ai voulu me jeter à leurs pieds; mon père m'a retenue, et, me traitant comme une étrangère, il m'a fait un salut respectueux. Chaque fois que j'entre au salon il se lève, et jamais il ne vient s'asseoir près de moi. Les hommages qu'il croit devoir rendre à ma dignité de princesse royale enchaînent son affection paternelle. Cette froide étiquette me cause une affreuse douleur. Ah! si les honneurs de mon rang doivent se payer aussi cher, j'aimerais mille fois être restée la simple fille d'un staroste. Le premier dîner que j'ai fait en famille a été glacial et cérémonieux. Ma mère s'inquiétait de tout pour moi et était toujours prête à me faire des excuses, parce qu'elle me donnait l'ordinaire du château; mon père me dit tout bas : « J'aurais pu faire tirer une bouteille de vin du tonneau de mademoiselle Françoise, il m'eût été très-agréable de le goûter au *premier dîner;* mais l'usage exige qu'après que le père a bu le premier verre le marié boive le second; manquer à cette formalité serait d'un mauvais augure; le jour viendra-t-il jamais où nous pourrons l'accomplir? ajouta-t-il en soupirant » Je n'ai pu retenir mes larmes, j'ai cessé de parler et de manger, ma mère me regardait avec la plus tendre compassion; tout me devenait ici une source de nouveaux chagrins; les bons mots du petit Mathias n'ont plus même le pouvoir de me distraire. Souvent mon père lui fait signe des yeux d'imaginer quelque chose de piquant, mais il ne peut rien sur ma tristesse. La musique pour un être souffrant et fatigué devient un bruit déplaisant, et de même les saillies de l'esprit sont importunes pour un cœur désespéré. Pourtant ce petit Mathias est d'une finesse inimaginable, il pénètre tout; il a deviné ma position, j'en suis certaine. Hier, profitant d'un moment où j'étais seule, il est venu dans ma chambre, d'un air moitié triste et moitié bouffon, il s'est mis à genoux devant moi, puis il a tiré de sa poche un petit bouquet de fleurs sèches, nouées avec un ruban blanc, fixé par une épingle d'or; je ne savais d'abord ce que cela voulait dire. Tout à coup je me suis rappelé le bouquet que je lui avais donné le jour des noces de Barbe. « *Je suis quelquefois prophète,* » m'a-t-il dit en me remettant le bouquet, et toujours à genoux il a regagné la porte; j'ai couru après lui; la mémoire m'était revenue, et avec elle une impression douce et cruelle. J'ai détaché de ma robe une belle épingle en diamants, présent du prince royal, et je l'ai posée à la boutonnière de Mathias; ni lui ni moi nous n'avons proféré une parole; sans doute il pensait comme moi, que s'il était étonnant que la prophétie se fût accomplie, il l'était plus encore qu'elle n'eût réalisé aucune de nos espérances.

Comme j'écrivais ces lignes précédentes, ma mère est entrée dans ma chambre. Sa bonté est incomparable; elle m'apportait elle-même une telle quantité d'étoffes, de bijoux et de dentelles, que ses bras ployaient sous le fardeau, elle m'a dit en les déposant sur mon lit : « Voici, ma fille, une partie du trousseau qui t'est destiné; j'aurais voulu y ajouter bien des choses, mais j'ai craint que ce ne fût pas assez beau pour toi, j'ai fait un choix de tout ce que j'avais de mieux. J'ai parlé à mon mari, et je l'ai décidé à vendre deux villages pour te faire un trousseau digne de l'union que tu as contractée; il n'exécutera ce projet quand le secret de ton mariage sera dévoilé. » Tout attendrie, j'ai voulu me jeter à ses pieds; elle s'y est opposée, et m'a demandé de nouveau pardon du peu de valeur de ses présents. Oui, je partirai d'ici avant deux jours, j'y souffre trop. Mes jeunes sœurs, *Madame*, les courtisans, et jusqu'aux vieux serviteurs, s'aperçoivent et s'étonnent du changement qui s'est opéré en moi. On se demande pourquoi je ne suis pas encore mariée, et pourquoi ma famille ne pense pas à mon mariage. Les trois filles que je devais prendre à mon service sont venues me voir comme pour me rappeler ma promesse. Le vieux Hyacinte m'a amené lui-même sa fille. Chaque personne que je vois m'embarrasse ou m'importune. Ô combien on serait étonné si l'on savait mon mariage! Toutes ces bonnes gens comptaient sur ma protection, et je ne puis les prendre à mon service, parce que j'ai épousé un prince, le fils du roi!

A Sulgostow, ce 9 janvier, mercredi.

Me voilà de nouveau auprès de ma sœur. Je n'ai point trouvé ici de lettres du prince royal. Peut-être est-il malade? Peut-être le roi a-t-il découvert notre mariage et le fait-il surveiller? Si le prince palatin était à Varsovie, il n'aurait pas manqué de m'écrire, je sais que l'on peut compter sur son dévouement; quant au prince Martin, je me félicite de son étourderie, et je suis charmée qu'il m'oublie. En me disant adieu, mon père et ma mère se sont montrés plus affectueux qu'ils ne l'avaient été lors de mon arrivée, j'ai retrouvé un moment leur tendresse d'autrefois. Avant de partir, j'ai voulu aller à Litzow faire visite au curé. Je l'ai surpris qui plantait des mélèzes dans son jardin, je lui ai demandé de m'en planter un à mon intention dans le cimetière. Je laisserai après moi ce triste souvenir. Le curé m'a adressé de douces et consolantes paroles, j'étais plus calme et plus résignée.

Ce 15 janvier, mercredi.

Je viens d'avoir à lutter contre de nouvelles persécutions. Il y a trois jours, comme nous allions nous mettre à table, le son de la trompette nous a avertis qu'un étranger arrivait au château; quelques instants après, la porte de la salle à manger s'est ouverte à deux battants et on nous a annoncé M. Borch ministre du roi. J'ai deviné aussitôt le motif de sa visite et les battements de mon cœur brisaient presque ma poitrine. M. Borch, en vrai diplomate, a caché ce qui l'amenait sous l'apparence d'une simple politesse. Se souvenant du gracieux accueil qu'on lui avait fait aux noces de Barbe, il venait, disait-il, offrir ses hommages à madame la starostine Swidzinska et renouveler connaissance avec le staroste. Pendant le dîner on a échangé des compliments, mais lorsqu'après le dessert toute la suite a été sortie, il m'a engagé à passer avec lui dans le cabinet de M. le staroste, il m'a dit alors : « Brühl et moi, nous savons votre secret, madame, et je vous assure que nous l'avons appris très-gaiement, car nous ne regardons ce mariage que comme une plaisanterie, un vrai jeu d'enfant; la bénédiction qui vous a été donnée par un prêtre étranger à la paroisse et à l'insu de vos parents et de ceux du prince

M. Borch, ministre du roi, était un vrai diplomate.

royal, ne saurait être valable. Ce mariage ne tardera pas à être cassé et très-facilement, j'en suis certain. » Ces paroles m'ont frappée comme la foudre; sans un courage plus qu'humain, sans une inspiration du ciel, je serais restée atterrée sous ce coup imprévu, mais je compris que de ce moment dépendait le sort de toute ma vie. Le caractère de Borch m'était connu, je savais qu'il avait autant de bassesse que de lâcheté, je savais que le courage triomphe devant ces hommes qui ne sont forts qu'avec les faibles. « Monsieur, lui dis-je, votre ruse manque d'adresse, votre diplomatie et celle du ministre Brühl échoueront devant le bon sens d'une femme; ce monde qui me juge me fait pitié lorsqu'il s'imagine que je suis sans courage et sans raison; je lutterai contre vous et contre Brühl. Mon mariage est valable; le consentement de mon père et de ma mère l'a béni; mon droit a été sanctionné par Dieu et je saurai bien le défendre; l'évêque a eu connaissance de ce mariage, sur lequel vous osez jeter l'anathème de votre ironie; le curé de ma paroisse nous a donné sa bénédiction et deux témoins étaient présents à cette pieuse cérémonie. Je sais que le divorce est possible, mais il ne l'est que d'un commun consentement; et jamais, le prince royal, mon époux, ni moi, nous n'y consentirons. »

On peut se figurer l'étonnement de Borch; moi-même je ne me serais pas crue capable d'une telle énergie. Borch avait pensé trouver en moi un enfant qu'il éblouirait par quelques vaines promesses; il croyait me déterminer ainsi à une renonciation, il s'imaginait que je consentirais à signer ma honte et mon malheur : il m'a trouvée inébranlable. Durant les deux jours qu'il est resté ici, il a encore renouvelé ses tentatives : puis voyant que je persistais dans mon refus, il est parti; mais avant il m'a demandé si je consentirais au divorce, si le prince royal venait lui-même le juger nécessaire. « Oui, lui dis-je, mais ce ne serait que si vous me montriez un écrit signé de la main du prince. »

J'ai craint que ce triste incident ne fût la cause d'un nouveau malheur. L'état de Barbe demande beaucoup de ménagement et elle a été si vivement émue de ma douleur, que j'ai redouté un moment qu'elle n'en tombât malade; grâce à Dieu, elle va bien. Cette chère sœur est une autre moi-même, en m'aimant elle accepte une part de mes peines. Le staroste était inquiet de l'état de sa femme; ils s'aiment tant! ils sont si tendrement unis! et moi, quelle sombre destinée! je n'ai obtenu ni le repos, ni le bonheur, ni ces jouissances de l'ambition que je voulais devoir à l'amour.

Le journal de Françoise Krasinska se termine ici; le courage lui manqua pour le continuer; elle perdit une à une toutes ses illusions; elle fut forte contre les événements extérieurs, mais elle ne put supporter l'indifférence de son mari. Après le départ de Borch elle resta encore longtemps à Sulgostow. Sa sœur Barbe, déjà mère d'une fille, eut un fils et une seconde fille à laquelle on donna le nom de Françoise. Notre héroïne trouvait quelques douceurs au sein de la jeune famille, mais rien ne pouvait la consoler de l'abandon du prince royal. Parfois elle quittait Sulgostow pour aller s'enfermer dans le couvent du Saint-Sacrement à Varsovie. La solitude et la prière ne lui rendaient pas le calme. Une grande douleur vint augmenter la tristesse de sa vie : elle perdit son père et sa mère avant qu'ils eussent pu donner le nom de fils à son mari; c'est alors qu'elle se retira au couvent des Franciscaines à Cracovie, où Barbe lui envoya sa fille Angélique afin d'essayer de la rattacher à ce monde par cette jeune affection. Elle habita aussi tour à tour Czenstochowa et Opolé, mais partout elle reçut l'ordre de cacher son mariage. A de grands intervalles, le prince royal se rendait auprès d'elle comme pour accomplir un devoir de conscience. La couronne ducale et le

Ma sœur et le staroste ont la douce et paisible félicité de deux époux qui s'aiment.

trône de Pologne échappèrent à ce prince, Biren fut nommé duc de Courlande et Stanislas-Auguste Poniatowski succéda à Auguste III. Du vivant de ce roi, le prince royal disait à Françoise qu'il n'osait pas avouer son mariage dans la crainte d'affliger son père; mais après la mort du roi, plusieurs années s'écoulèrent encore sans que ce mariage fût déclaré. Le prince vivait à Dresde avec sa famille et sa femme cachait son nom. Les Lubomirski s'efforçèrent de faire valoir les droits de Françoise, ils en appelèrent à l'impératrice Marie-Thérèse. Enfin le prince se laissa fléchir, il écrivit à sa femme une lettre affectueuse où il l'engageait à se rendre auprès de lui à Dresde. Françoise était à Opolé lorsqu'elle reçut cette lettre; les Lubomirski l'engagèrent à attendre un second appel. Françoise suivit leur conseil, et le prince Charles, comme tous les hommes qui sont passionnés par la tête et non par le cœur, s'irrita de la résistance de Françoise; il lui écrivit une seconde lettre plus pressante et plus tendre; elle ne résista plus, mais elle trouva auprès du prince ni le bonheur ni la position brillante qu'elle était en droit d'espérer. Privée du revenu qui convenait à son rang, elle vivait de privations et de la manière la plus humble. L'impératrice Marie-Thérèse, touchée du sort de la jeune femme, lui donna le comté de Lanckorona, près de Cracovie; mais ces biens qui lui venaient d'une main étrangère ne devaient satisfaire ni son ambition ni son cœur. Elle entretint toujours une correspondance active avec sa sœur et les personnes de sa famille qu'elle avait laissées en Pologne. Voici la lettre qu'elle adressa à Barbe au moment de son départ pour Dresde, les phrases soulignées sont en français dans l'original : « Je ne te reverrai pas, je ne puis différer mon départ, mon mari m'a fixé lui-même le jour où je dois arriver à Dresde; dans sa seconde lettre il me prie instamment de ne pas manquer d'être auprès de lui le 5 janvier. Je te dis adieu et je te rends de toute mon âme l'affection que tu m'as témoignée; sois assurée qu'en tous lieux et pour toujours *tu me seras la plus chère et les marques de ton souvenir les plus satisfaisantes*. Écris-moi souvent, je t'en supplie, je te répondrai avec exactitude. Je me rends où je crois trouver un peu de repos; hélas! je n'ai plus la prétention d'être heureuse; l'électeur ne veut pas m'accorder le titre de princesse royale ni me reconnaître pour la femme du prince. Il désire, c'est-à-dire il ordonne que je garde toute ma vie *l'incognito dans ses États*. Le prince royal en éprouve un véritable chagrin et ma douleur s'augmente de la sienne; sa santé s'altère sensiblement. Je t'écrirai fidèlement tout ce qui m'arrivera ; je te dirai comment j'ai été reçue et ce que je dois espérer ou craindre pour l'avenir. Dans le cas où on voudrait nous accorder une augmentation de pension, je supplierai mon mari de me laisser quitter Dresde pour un pays étranger, mais toujours voisin de la Saxe, afin que je puisse communiquer facilement avec lui. Ne parle à personne de mon projet, s'il était connu en Saxe toute mon entreprise serait gâtée. *Adieu, tendrement aimée sœur*, ne m'oublie pas. Adieu, une foule d'occupations ne me permettent pas de t'écrire plus longuement. *A propos, je te conjure d'aller voir la princesse palatine, tu la trouveras en compagnie de l'évêque Kamieniec et de Kulagowski, elle sera sensible à cette attention de ta part; elle ne pourra en effet que lui être agréable. Tu jetteras un peu de gaieté au milieu de leur triste trio. Adieu, je vous embrasse de tout mon cœur et suis à jamais, ma chère sœur, votre plus affectionnée et attachée sœur*, FRANÇOISE. »

P. S. « *Mille tendres amitiés à ton mari; je te conjure de me conserver toujours une part dans son souvenir.* »

La diète de Pologne accorda en 1776 des pensions considérables aux héritiers d'Auguste III. La moitié de la pension du prince Charles était réversible sur la tête de sa femme. Pendant son séjour à Dresde, Françoise Krasinska mit au monde une fille qu'on nomma la princesse Marie. Elle fut élevée avec le plus grand soin par sa mère, qui ne put pourtant achever son éducation. Depuis longtemps les chagrins avaient altéré la santé de Françoise, et un mal affreux (un cancer) avait fini par se déclarer. Après d'horribles souffrances, elle mourut le 30 avril 1796 à l'âge de cinquante-trois ans. Madame Moszynska, qui avait toujours été son amie, habitait alors Dresde et ressentit une grande douleur de sa mort; elle écrivit sur ses derniers moments une lettre, que nous allons transcrire, à madame Angélique Szymanowska, née Swidzinska, fille de Barbe, la même que Françoise avait tenue sur les fonts baptismaux avec le prince royal, dans l'église cathédrale de Varsovie, en 1760.

« Dresde, ce 8 juin 1796. — Je me rends à vos prières, madame, mais c'est avec une douleur extrême; la perte que vous faites en est une bien cruelle pour moi, c'est le coup le plus terrible qui m'ait jamais frappée. La maladie de la princesse royale date de plus de deux ans; lorsqu'elle commença à souffrir au sein, quelques médecins disaient que son mal était un cancer, mais d'autres assuraient que c'était seulement une glande. A cette époque, on lui fit une incision et elle fut soulagée pendant quelque temps. Hélas! la maladie ne tarda pas à faire des progrès effrayants. L'enflure devint extérieure; et elle éprouva des douleurs aiguës dans le sein et dans le bras, elle supportait avec patience les plus horribles souffrances. Elle essaya de tous les traitements, suivit tous les succès et consentit à subir une nouvelle opération. Pendant douze semaines elle n'a vu personne excepté les gens de sa maison et les médecins, qui tantôt la trouvaient mieux et tantôt perdaient tout espoir. Enfin, la fièvre ne l'a pas quittée, et des symptômes de consomption se sont déclarés. Connaissant son état, elle s'est préparée à la mort avec piété et résignation; elle a expiré dans la nuit du 30 avril, son sein s'était ouvert depuis plusieurs semaines. On a fait l'autopsie de son corps et on a trouvé une foule de causes qui devaient amener la mort; mais je ne puis m'appesantir sur ces détails. Selon moi, qui ai suivi les progrès de sa maladie, je pense qu'outre son cancer, elle avait aussi la poitrine gravement affectée. Nous avons fait une perte irréparable, je vis à peine depuis ce malheur, et je ne pourrai jamais penser à la princesse royale sans éprouver des regrets déchirants. Je n'ai pas encore vu son mari; on dit qu'il est malade, on craint même qu'il ne survive pas longtemps à sa femme; d'autres personnes me disent qu'il va bien; je ne sais que croire. Je vois leur fille, la princesse Marie, je l'aime de tout mon cœur et j'ai le regret de ne pouvoir lui faire visite qu'une fois par semaine. Elle est charmante; elle annonce aussi un grand caractère. La princesse royale l'a confiée en mourant à la protection d'Élisabeth, sœur du prince royal, Élisabeth s'intéresse beaucoup à la jeune princesse, et elle est sincèrement attachée à son frère; c'est une personne d'un haut mérite. Je vous prie, madame, de me conserver vos bontés et d'agréer l'expression de ma parfaite estime.

» N. MOSZYNSKA. »

Le prince Charles ne survécut que quelques mois à sa femme, et leur fille resta sous la tutelle de la princesse Élisabeth. Lorsqu'elle fut en âge d'être mariée, elle épousa le prince Carignan de Savoie. C'est ainsi que les descendants de Françoise Krasinska règnent aujourd'hui sur la Sardaigne.

LA PROVINCIALE A PARIS.

Attaquer la province! tourner en ridicule les provinciaux! que Dieu nous garde à jamais de cette absurde idée! D'où viennent nos premiers orateurs? nos écrivains les plus célèbres? nos poètes les mieux inspirés? nos femmes les plus belles et les plus spirituelles? De la province. Paris est une grande scène dont la province fournit les grands acteurs; mais auprès des personnages sublimes, sont les personnages comiques, les caricatures, les bouffons : pourquoi ne pas les peindre aussi, pourquoi se refuser au sourire de l'épigramme, à la gaieté d'une innocente satire? Après ce préambule, nous commencerons sans crainte notre récit. Nous nous adressons aux provinciaux qui ont de l'esprit : ceux qui ressemblent à nos héros ne nous liront pas.

Il y a environ deux mois, comme j'étais à écrire dans mon cabinet de travail, j'entendis sonner bruyamment à ma porte, on ouvrit, et le colloque suivant s'établit entre ma servante et la personne qui venait d'entrer :

— Le nom de madame?
— Mon nom ? eh! qu'est-il besoin de te dire mon nom? Va! ta maîtresse me connaît bien, je suis une de ses meilleures amies d'enfance; ouvre-moi la porte et tu verras comme elle va me sauter au cou!

Ne reconnaissant pas la voix de celle qui parlait ainsi, je ne me hâtais pas d'aller la recevoir, et ma servante paraissait hésiter à l'introduire.

— Mais si madame voulait me dire son nom? reprit-elle.
— Ah! tu y tiens donc bien! Allons, dis-lui que c'est madame Bonneau, autrefois Lise de Garidel.

Le premier nom m'était tout à fait inconnu, le second me rappela une famille de Provence dont je ne me souvenais qu'imparfaitement. Mais la nouvelle arrivée ne me laissa pas le temps de chercher dans ma mémoire; à peine la porte de mon cabinet fut-elle ouverte qu'elle s'y précipita, me sauta au cou et me força à l'embrasser sur ses deux grosses joues. C'était une jeune femme, grande et forte, constituée pour vivre cent ans. Larges mains, larges pieds, bras rouges et rebondis dont on apercevait un fragment entre son gant déboutonné et le poignet d'une manche trop courte.

Elle avait un cou gras et blanc qui continuait un embonpoint très-apparent; sa figure ronde était d'un rose très-vif, sa bouche fort grande et riant toujours laissait voir de belles dents; son nez était épaté, ses yeux ronds, petits, d'un bleu lapis extrêmement doux et limpide; quant aux sourcils, ils étaient très-peu marqués; mais en revanche une chevelure d'un blond clair fort abondante inondait ce frais visage : nous n'avons rien dit du front; il semblait avoir été supprimé, tant il y avait peu de distance entre l'arc des yeux et la racine des cheveux.

C'était en somme une avenante créature à l'air franc et ouvert, et qui aurait fait une joyeuse et pimpante laitière; mais, sous le costume qu'elle portait, elle était vraiment grotesque. Quoique ce jour-là fût un de ces jours parisiens sales et crottés, qu'Alfieri a maudits si énergiquement dans ses mémoires, la provinciale avait des bas blancs à jour et des souliers verts, une robe en stoff bleu de ciel, à corsage collant à la Marie Stuart, qui dessinait toutes ses formes prédominantes : la jupe, fort courte, était garnie d'un triple rang de volants, qui montaient jusqu'au-dessus du genou; à son cou, un petit fichu de cachemire aurore, de la même nuance que ses gants, se nouait sur un large col de mousseline chargé de dentelles et de broderies, et fixé à la robe par une épingle à plaque carrée en imitation de mosaïque fond noir, où s'étalait un chat endormi rond et gras au poil roux et touffu. Un burnous très-ample en étoffe de laine grise, moucheté de rouge, liséré de rouge et orné d'énormes glands de la même couleur, augmentait encore la rotondité de sa taille. Enfin un petit chapeau d'un satin rose très-vif, orné au-dessus et au-dessous de la passe d'immenses hortensias, complétait cette éclatante parure. Nous omettions de dire qu'elle tenait à la main un porte-billet en laque noir tout chamarré de tulipes et de pivoines, et un mouchoir de batiste où toute la ménagerie de Carter était brodée en rouge. Nous retînmes un éclat de rire en examinant cette toilette; celle qui la portait paraissait si satisfaite d'elle-même, que c'eût été pitié de la désillusionner.

— Chère amie, me disait-elle avec une effusion à la fois ridicule et touchante, ne te souvient-il pas de *Lise de Garidel*? Nous avons été ensemble à l'école chez mademoiselle Arsène; aux classes, et durant les récréations, nous étions toujours à côté l'une de l'autre. Ne me reconnais-tu pas, voyons?

— Ah! oui, je me souviens, lui dis-je en faisant un effort sur moi-même (car réellement je ne me souvenais de rien); mais je suis restée si peu chez mademoiselle Arsène, et j'étais si enfant...

— C'est qu'il y a bien longtemps de cela; nous ne nous étions pas vues depuis l'âge de dix ans. Mais, pour moi, je ne t'ai jamais oubliée; et lorsqu'en me mariant M. Bonneau me promit de m'emmener à à Paris, je me réjouis en pensant que je t'y retrouverais.

— Vous êtes mariée depuis peu de temps? lui dis-je.

— Oh! si tu me dis *vous*, tu me fâches! s'écria-t-elle. Ne suis-je donc plus pour toi Lise de Garidel?

Et, bon gré, mal gré, elle me força à la tutoyer, moi qui me souvenais à peine de l'avoir vue enfant.

— Eh bien! repris-je, te voilà mariée?

— Oui, ma chère amie, depuis deux mois; il fallait bien faire une fin. Malgré mon beau nom de Garidel, mes parents ne se pressaient pas, j'étais arrivée à vingt-quatre ans, et les partis ne se pressaient pas. Enfin M. Bonneau s'est présenté : il est aimable, il est *beau*, assez riche, et malgré les criailleries de la noblesse provençale, qui pensait que je me mésalliais, je l'ai épousé et je suis heureuse.

— Il ne t'a point accompagnée chez moi? lui dis-je.

— Il va venir, reprit-elle; il n'a pas osé se présenter avec des gants qui se sont brodés dans la voiture, et il s'est arrêté chez une mercière pour en acheter d'autres.

J'étais fort embarrassée pour soutenir la conversation avec cette excellente femme que je ne connaissais point et qui me traitait comme sa meilleure amie.

J'allais me rabattre sur les souvenirs du pays lorsqu'un second coup de sonnette fort bruyant m'indiqua l'arrivée de M. Bonneau. Comme sa femme, il ne souffrit pas qu'on l'annonçât.

— Je suis le mari de la dame qui vient d'entrer, dit-il à la servante.

Et ouvrant lui-même la porte, il se présenta.

C'était un homme d'environ six pieds, aussi fortement constitué que sa chère moitié, et je compris de suite qu'elle le trouvât *beau*, comme il devait la trouver belle. Il avait un air de béatitude et de satisfaction de lui-même qui annonçait à la fois le calme d'une bonne conscience et la quiétude d'une excellente constitution; son grand corps était surmonté d'une petite tête qui ne paraissait pas surchargée de cervelle, mais en revanche une abondante chevelure brune, venant se confondre avec de gros favoris, en augmentait la circonférence au sommet, et la faisait ressembler assez à une poire renversée; il avait le teint brun fort coloré, la physionomie riante, l'œil ouvert et bienveillant, il paraissait être un fort honnête homme; sa toilette était aussi naïve que celle de sa femme. Son habit bleu barbeau était beaucoup trop étroit et trop court des basques et des manches. Son pantalon péchait aussi par l'ampleur et la longueur, et laissait à découvert un pied *éléphantique* chaussé de blanc et d'un mince soulier noir à petite boucle d'or, le *neo plus ultra* de l'élégance provinciale. Il portait un gilet blanc à boutons dorés, une cravate de mousseline blanche aux coins brodés et fixés à la chemise, correctement plissée, par une grosse épingle en brillants. Malgré son bon vouloir d'arriver chez moi bien ganté, les gants couleur paille que M. Bonneau venait d'acheter, avaient éclaté sur ses grosses mains qui débordaient à travers; mais ce petit accident ne le déconcerta point : il avait, comme tous les Méridionaux, beaucoup d'aplomb et la parole facile :

— Ah! voilà les deux bonnes amies heureuses d'être ensemble, dit-il avec un gros sourire et après m'avoir saluée. Si vous saviez, ma belle dame, combien cette chère Lise vous aime! De tous les plaisirs que je lui ai promis à Paris, celui de vous voir est le seul qui l'a touchée, elle ne m'a parlé que de vous pendant toute la route.

J'étais fort embarrassée de tant d'affection, et je me mis à leur parler de ce qui pouvait les intéresser à Paris.

— Nous sommes arrivés seulement d'hier, nous n'avons encore rien vu, nous errons comme des enfants perdus dans *votre capitale*,

et, à vous dire vrai, nous avons compté un peu sur vous pour être notre *cicerone*, dit le mari qui comprenait à demi ce mot pour l'avoir entendu prononcer en Italie, où il était allé comme commis voyageur.

La perspective d'une pareille corvée me désespérait tout bas, mais la politesse m'obligea à répondre :

— Et que désirez-vous voir?

— D'abord les théâtres, s'écria madame Bonneau, et les célébrités; oh! surtout les célébrités! tu dois les connaître toutes; nous les rencontrerons chez toi, n'est-ce pas, ma chère? et tu leur demanderas des vers et des dessins pour mon album.

— Mais...

— Oh! tu le feras, j'en suis sûre, dit-elle vivement et prévenant toutes mes objections.

Quelle plaie! pensai-je; la manie des albums a gagné les provinces, et même cette bonne femme en est atteinte!

— J'ai acheté un album superbe à ma femme, reprit le mari; je l'avais fait venir de la capitale dans sa corbeille de mariage, elle l'avait exigé, car elle se souvenait que vous en aviez un autrefois.

— Autrefois, c'est possible, je l'ai tout à fait oublié. D'ailleurs ce n'est plus la mode aujourd'hui, ajoutai-je pensant m'être tirée d'un argument irrésistible en leur répétant cette phrase qui fait loi en province : *C'est la mode ou Ce n'est plus la mode*.

— Ici peut-être, dit madame Bonneau résistant, mais en province sais-tu que toutes les femmes crèveront de jalousie quand je leur montrerai mon album des dessins de nos grands peintres ou de l'écriture de nos auteurs fameux, et d'abord, pour qu'ils ne puissent me refuser, tu commenceras par mettre en tête quelques vers sur notre amitié.

— Nous en recauserons, lui dis-je ne sachant plus comment combattre cet effrayant désir.

— Mais avez-vous quelque projet de plaisir pour ce soir?

— Sans doute, dit hardiment M. Bonneau, si vous voulez bien nous y aider.

— Nous voudrions, ajouta sa femme, voir notre grande tragédienne, et nous avons pensé que tu avais souvent des loges.

— Presque jamais, lui dis-je, c'est fort difficile.

— Mais en ce cas, ma Lise, dit M. Bonneau d'un air de parti pris, comme je veux tout ce qui t'amuse, nous irons au théâtre avec notre argent, et madame veut bien nous favoriser de sa compagnie, je serai heureux de déposer une place à ses pieds.

— Merci, je ne puis, il m'est impossible de sortir ce soir.

— Que dis-tu là! s'écria la fougueuse Lise, ne pas passer la soirée avec nous? Eh bien! oui, tu la passeras bon gré, mal gré. D'abord nous nous invitons à dîner chez toi aujourd'hui, et j'étais bien tentée de consigner à ma porte cet heureux couple, qui après tout m'était fort étranger. Un sentiment me retint : il y avait tant de franchise honnête et de bonté réelle sous ces dehors ridicules, que j'aurais craint de blesser leur cœur en ne ménageant pas leur amour-propre. Il est triste de paraître méchant, même aux imbéciles; mieux vaut encore paraître bête aux gens d'esprit.

À cinq heures mes provinciaux revinrent; je ne les attendais qu'à six, et ils envahirent une heure de solitude sur laquelle je comptais.

— Nous arrivons de bonne heure, dit madame Bonneau toujours rayonnante, nous avons voulu nous trouver ici des premiers pour faire connaissance avec les convives.

— Mes convives! lui dis-je, mais je n'en ai pas; vous dînerez tristement seuls avec moi.

— Mais c'est charmant, ma belle dame, reprit galamment M. Bonneau, c'est tout à fait amical.

— J'avais supposé, ajouta madame Bonneau, que tu réunissais chaque jour à ta table quelques-unes de *nos célébrités*.

— Je travaille beaucoup, lui dis-je, et j'ai peu de temps pour aller dans le monde et pour recevoir.

— C'est fâcheux, reprit-elle; mais tu es si bonne que, j'en suis sûre, tu iras dans le monde pour nous présenter : car enfin, tu comprends bien que nous ne pouvons plus quitter Paris sans avoir été dans quelques brillants salons.

— C'est bon, c'est bon, ma *Lise*, dit M. Bonneau d'un air de discrétion ; mais peut-être sommes-nous arrivés trop tôt et gênons-nous madame pour faire sa toilette.

— Je n'ai aucune toilette à faire, répondis-je.

— Quoi ! tu vas au spectacle, aux Français, dans ce négligé, s'écria madame Bonneau avec surprise et en jetant un regard mécontent sur ma simple redingote de taffetas noir.

— Oui, presque toujours, excepté pour les premières représentations, quand j'ai quelque loge.

— Mais alors, reprit madame Bonneau en se regardant avec complaisance, tu dois me trouver beaucoup trop belle.
— Mais je te trouve charmante, lui dis-je; d'ailleurs, il convient à une nouvelle mariée d'être toujours sous les armes.
— Sans doute, dit Bonneau en souriant triomphalement, ma belle dame, cette robe est de mon choix, elle était dans la corbeille de mariage; n'est-ce pas qu'elle est de bon goût?
— D'un goût parfait, lui dis-je avec un demi-sourire.

La robe éblouissante de madame Bonneau était d'une étoffe de soie à fond violet avec de grands ramages couleur orange et vert; elle portait au cou une grosse chaîne d'or où pendait une croix en brillants, et des pendants d'oreilles, également en brillants, scintillaient à travers les barbes d'un bonnet de tulle noir ceint d'une énorme auréole de roses mousseuses. Madame Bonneau avait quitté ses gants en entrant pour me donner plusieurs poignées de main, et je m'aperçus qu'elle avait à chaque doigt des bagues plus ou moins splendides. L'heureuse femme se considérait complaisamment et paraissait ravie d'elle-même.

Nous nous mîmes à table; mon modeste dîner ne satisfit qu'à demi le robuste appétit de M. Bonneau. Les provinciaux oisifs prennent très-longuement et très-copieusement leurs repas. Quant à madame Bonneau, elle était tellement serrée dans son corsage collant qu'elle ne pouvait manger, à peine pouvait-elle respirer et rester assise; elle se levait à chaque instant pour regarder la pendule.
— Nous manquerons l'heure, disait-elle impatiente, tout le plaisir du spectacle est perdu pour moi si je ne vois pas lever la toile. Allons, Nini, tu n'en finis pas, ajoutait-elle en poussant son mari qui dévorait avec un redoublement de mastication un formidable morceau de plum-pudding.

Quand M. Bonneau se fut repu, j'envoyai chercher une voiture, et nous partîmes. Regardant cette soirée de spectacle comme une corvée et non comme une partie de plaisir, je ne m'étais pas informée des places que le provincial avait choisies; ce ne fut qu'en entrant que M. Bonneau nous dit :
— Allons, mesdames, allez à vos places dans une belle et bonne loge dont voici le billet; pour moi, je vais modestement au parterre, d'où je vous admirerai.
— Quoi! vous ne nous accompagnerez pas? lui dis-je; mais cela n'est point convenable.
— Allons, allons, répondit M. Bonneau d'un air qui avait la prétention d'être malin, vous avez trop d'esprit pour vous soumettre à de pareils préjugés, et quant à ma Lise, je la mets sous votre protection, sous votre égide.

J'avais fait quelques pas pour me retirer, madame Bonneau comprit mon intention, et se penchant à mon oreille, elle me dit avec instance :
— Oh! je t'en prie, ne me prive pas d'un plaisir; M. Bonneau est un peu avare, il a fait cette maladresse par économie, une autre fois je le dirigerai mieux.

Je cédai à cette confidence naïve, et, décidée à n'accepter de cette soirée que le côté ridicule et plaisant, je pris plus gaiement mon parti, et, donnant le bras à madame Bonneau, dont j'étais devenue le cavalier, nous gravîmes jusqu'à nos places de troisièmes loges. Grâce à l'impatience de ma provinciale, nous arrivâmes des premiers et nous pûmes nous placer sur la banquette de devant; alors, sous prétexte que le lustre me fatiguait les yeux, je baissai à demi mon voile, et je pus voir se remplir la salle sans être vue. J'aperçus d'abord au milieu du parterre M. Bonneau qui braquait son binocle sur nous, et nous saluait du geste et de la tête; je détournai les yeux; heureusement madame Bonneau m'imita; elle boudait légèrement son mari, et elle voulut le lui faire sentir en le regardant point. En revanche, elle était tout yeux pour le reste de la salle et m'obsédait de questions sur les personnes qu'elle remarquait.
— Quel est donc ce monsieur décoré, à moustaches blondes, portant une canne à pomme d'or?
— Je ne le connais pas.
— Et ces deux jeunes dames dans une loge d'avant-scène?
— Deux femmes à la mode, lui dis-je.
— Mais leur nom?
— La baronne M... et la comtesse de V...

Aussitôt madame Bonneau ouvrit son porte-billet et y traça le nom de ces dames au crayon.
— Mais quelle idée! lui dis-je.
— Ah! c'est que, vois-tu, cela fera très-bien quand je pourrai dire en retournant à Aix : J'ai vu la baronne M... et la comtesse de V..., les deux femmes les plus élégantes de Paris. Mais continue à me mettre au courant, ajouta-t-elle : quels sont ces messieurs qui entrent bruyamment et causent en gesticulant?
— Je ne les connais point.
— Et cet autre groupe là-bas?
— Je ne sais.

Durant quelques instants je répondis ainsi à ses questions réitérées, espérant y mettre un terme; mais elle ne se découragea pas, et ne comprit point mon ennui.
— En vérité, tu me désespères, s'écria-t-elle, j'avais compté sur toi pour me faire connaître la société parisienne. Voyons, fais un effort, regarde rang par rang à toutes ces galeries et tâche d'y découvrir quelque auteur, quelque député, quelque ministre, la moindre célébrité?

Je ne pus m'empêcher de rire de cette supplication bizarre; et j'étais tentée pour la satisfaire de lui inventer un grand homme, lorsque le hasard vint à mon aide :
— Veux-tu voir, lui dis-je, un de nos romanciers les plus célèbres?
— Oh! qui donc? reprit-elle empressée, est-ce l'auteur de l'Ane mort ou d'Atargull?
— Cherche encore.
— Serait-ce l'auteur d'Indiana?
— Non, l'auteur d'Indiana est une femme, et je te parle d'un homme.
— Mais es-tu bien sûre, reprit-elle, que l'auteur d'Indiana soit une femme? On m'a juré qu'il ou qu'elle avait une barbe et des moustaches?
— Je t'assure qu'elle n'a que de très-beaux cheveux noirs.
— Voyons, ne devines-tu pas quel est ce romancier?
— Je cherche dans mon souvenir les romans que j'ai lus, mais les titres m'échappent. Aide ma mémoire, ou, ce qui vaut mieux, dis-moi vite le nom du romancier?
— C'est l'auteur de la Peau de chagrin?
— L'auteur de la Peau de chagrin? reprit madame Bonneau avec un éclat de voix qui fit retentir la salle; oh! je connais bien ce livre, je l'ai lu en cachette peu de temps avant mon mariage : c'est de M. de Balzac; je vais donc voir M. de Balzac!

Et elle parlait si haut, que de tous côtés les regards se tournèrent vers nous; M. de Balzac lui-même, qui était dans une loge au-dessous de la nôtre, et que je venais de désigner imprudemment à madame Bonneau par un faible geste, M. de Balzac leva la tête, et regarda de son air fin et railleur la charmante provinciale, qui se penchait à mi-corps hors de la galerie.
— Oh! je le vois parfaitement, répétait-elle; il se tourne vers nous, il nous lorgne. Tiens, c'est donc là M. de Balzac?

Ces exclamations que je ne pouvais modérer m'embarrassaient beaucoup, car elles nous rendirent durant un instant le point de mire de toute la salle. Je me fis un rempart de mon châle et de mon voile, et je me cachai de mon mieux derrière madame Bonneau pour éviter d'être vue. Enfin la toile se leva, et cette scène ridicule céda l'attention générale à l'exposition d'Andromaque. Quand Hermione parut si noble, si fière, et, si poétiquement inspirée dans sa douloureuse colère, j'espérais que le silence religieux qui régnait autour de nous enchaînerait la loquacité de madame Bonneau. Il n'en fut pas ainsi, l'habitude est plus forte que l'exemple.
— Quoi! c'est là ce qu'on appelle notre grande tragédienne, dit-elle à haute voix et au beau milieu d'une tirade; mais je ne la trouve pas bien du tout : elle est maigre, elle est noire; elle a l'air méchant, la voix criarde. Oh! ce n'est pas une merveille!
— Mais taisez-vous donc, lui dis-je tout bas et à moitié en colère; si vous ne sentez pas le beau, laissez-nous en jouir. Quoi! vous n'admirez pas cette sublime fille à la taille si svelte, à l'air noble, à la voix pénétrante, qui remue tout ce que nous avons dans l'âme? Je vous plains, madame!
— Allons, ne vas-tu pas te fâcher? répliqua madame Bonneau d'un air de bonhomie niaise. Les goûts sont libres, ma chère : pour moi, j'aime mieux Andromaque avec son air de bonne humeur, si fraîche, si gracieuse, que ton Hermione toujours irritée.
— Je comprends, lui dis-je tout bas; mais maintenant, de grâce, taisons-nous, je désire écouter.

Madame Bonneau prit un air à demi boudeur et se résigna au silence.

Quand le spectacle fut terminé, nous nous trouvâmes perdues au milieu de la foule. M. Bonneau, qui avait voulu être témoin de l'ovation qu'on fit à la grande actrice, n'abandonna sa place qu'après la seconde chute du rideau; il s'égara lui-même dans les couloirs, il s'efforçait de nous découvrir d'un côté tandis que nous le cherchions de l'autre. Tout à coup ayant reconnu madame Bonneau à l'auréole de roses qui surmontait son bonnet, il l'appela par son nom, fendit la foule, écarta les plus obstinés de ses bras athlétiques et parvint jusqu'à nous, le teint écarlate, le front ruisselant de sueur, comme un athlète qui vient de lutter. J'avais hâte de me livrer du couple provincial. Aussi à peine fûmes-nous dehors que je me précipitai dans une voiture.
— Adieu! leur dis-je, je ne puis vous reconduire, la migraine m'oblige à rentrer au plus vite chez moi pour me mettre au lit.
— A demain donc, s'écria la tenace madame Bonneau, j'irai te chercher de bonne heure pour faire des emplettes.
— Demain, c'est impossible, je dois sortir de tout le jour pour affaires.
— Je pourrai t'accompagner dans tes courses, reprit-elle, et voir ainsi Paris sans te déranger.
— C'est impossible, répétai-je un peu sèchement; adieu! je meurs de fatigue.

Et pour mettre fin à ce colloque, je fis signe au cocher de partir.

Le lendemain madame Bonneau ne parut pas; mais le surlendemain, à huit heures du matin, j'entendis sonner et je reconnus bientôt sa voix.

— Madame est au lit, lui dit-on.
— Qu'importe, elle me recevra dans sa chambre.
— Mais je crois qu'elle dort, répliqua ma servante.
— J'entre toujours. Cela lui fait mal d'être aussi paresseuse, c'est ce qui la pâlit.

Et ouvrant bruyamment ma porte, elle m'apparut entre les rideaux de mon lit :

— Pour aujourd'hui, tu ne m'échapperas pas, dit-elle, tu vas me conduire dans les plus beaux magasins de nouveautés, rue Vivienne, rue Richelieu, rue de la Paix, passage des Panoramas, enfin dans tous ces brillants quartiers dont vos journaux parlent tant, et que nous connaissons tous par leur nom en Provence.

— Vous avez donc beaucoup d'emplettes à faire? lui dis-je.
— Oui; M. Bonneau m'a donné cent francs ce matin, et je veux les dépenser jusqu'au dernier sou.
— Ce sera facile, il suffira de l'emplette de la plus simple robe, ou du plus petit bijou, ou d'une porcelaine chez Susse.
— On peut tout voir, marchander beaucoup d'objets et en acheter très-peu, dit-elle en riant.
— Sans doute; mais pour cela vous n'avez pas besoin de moi, prenez une voiture, faites-vous conduire rue de la Paix, et donnez-vous ce plaisir.
— Oh! tu me fâches si tu m'abandonnes ainsi, reprit madame Bonneau. Non, non, je compte sur toi encore aujourd'hui ; le temps est superbe : allons, lève-toi, déjeunons et partons!

Et par son obstination elle me força à céder. Vers onze heures nous commençâmes nos excursions; elle ne me fit pas grâce d'un magasin de la rue de la Paix, de la rue Richelieu, de la rue Vivienne, du passage des Panoramas et des boulevards qui joignent ces divers quartiers; elle entrait partout, marchandant et touchant tout avec un aplomb imperturbable. Il me fallut supporter durant quatre ou cinq heures ses maladresses, ses éclats de voix, les mille tyrannies qu'elle exerçait involontairement, et par-dessus tout, les questions saugrenues qu'elle adressait aux marchands, et auxquels ils répondaient par des quolibets bouffons ou des paroles railleuses. Enfin, harassée de fatigue, accablée d'ennui, je la quittai brusquement vers quatre heures, prétextant une toilette à faire, un dîner en ville, une soirée, tout ce qui put me débarrasser d'elle, et en rentrant chez moi je donnai des ordres sévères pour que ma porte fût désormais fermée au ménage Bonneau.

Pendant une semaine ils me laissèrent en repos, ou plutôt, grâce à ma consigne, j'esquivai leur visite de chaque jour. Mais la semaine d'après je ne pus me dérober à leurs rencontres : chaque fois que je sortais, je traversais en tremblant le boulevard et les quartiers un peu fréquentés; car j'étais sûr de voir accourir à moi le couple toujours errant. Le provincial ne peut pas rester en repos, même cinq minutes, dans l'hôtel où il est campé : la fièvre de voir et de connaître le presse sans relâche, il faut qu'il aille comme le Juif errant. Hier il a vu les Invalides, demain il veut voir le Diorama, le jour suivant la Morgue, puis ce sera la Salpêtrière, puis Notre-Dame, puis Versailles, Saint-Germain, par le chemin de fer ; les bibliothèques, les musées, la Bourse, l'Observatoire, le cimetière du Père-Lachaise, la tour Saint-Jacques, que sais-je? Voilà pour l'emploi de ses journées. Quant à ses soirées, même envahissement des lieux publics; on rencontre le provincial depuis l'Opéra jusqu'au concert Musard, depuis le Théâtre-Français jusqu'au théâtre de la Porte Saint-Antoine; il veut tout connaître, tout juger; il préfère le mélodrame à la tragédie de Racine ou de Corneille, jouée par mademoiselle Rachel; pour lui le Vaudeville vaut mieux que l'Opéra; il dévore le temps, se tue de fatigue et ne comprend rien. Il va et voit trop vite.

Ainsi vécut madame Bonneau pendant un mois qu'elle passa à Paris.

Il y avait environ quinze jours que je ne l'avais aperçu l'heureux couple, qui m'accablait toujours de cartes de visite et de billets pleins de tendres reproches, auxquels je répondais fort peu, lorsqu'un soir je le vis tomber inopinément dans mon salon comme une avalanche.

Je réunissais une fois par semaine quelques amis, un petit nombre de littérateurs et d'artistes; on causait sans façon, on dessinait, on faisait de la musique : j'avais eu grand soin de dérober à l'avidité du ménage Bonneau la connaissance de ce jour réservé.

Une maladresse de mon portier les en instruisit.

— On ne trouve donc jamais madame chez elle? avait dit M. Bonneau après plusieurs tentatives de visite.

— Mais si, monsieur, madame est toujours chez elle le jeudi soir, répondit le portier, qui n'avait pas reconnu la voix du provincial.

Et le jour suivant, M. et madame Bonneau arrivèrent.

M. et madame Bonneau.

Leur apparition m'anéantit. Je les saluai à peine; la femme m'embrassa, le mari me pressa la main, et tout le monde me demandait du regard quels étaient ces gens-là!

Revenue de ma surprise, je compris qu'il fallait prendre gaiement mon parti; je contai à voix basse l'histoire de mes provinciaux à plusieurs personnes, d'autres étaient déjà initiés; enfin, bientôt tous ceux qui étaient là en furent instruits; les dames s'emparèrent du mari, les messieurs de la femme, et ce fut à qui les ferait causer.

— Oh! tu es une traîtresse, me disait de sa voix robuste madame Bonneau, tu ne nous a pas prévenus que tu réunissais le soir toutes nos célébrités. Voilà monsieur qui est peintre, monsieur qui est musicien; enfin, je les ai vus, je leur ai parlé, ils ont été fort aimables pour moi, et j'espère bien que nous ferons ample connaissance.

Puis appelant son mari, elle lui dit à voix basse quelques mots que je n'entendis pas. M. Bonneau sortit; un quart d'heure après il revint d'un air vainqueur, tenant en main l'album de sa femme recouvert en veau rouge estampé d'or.

— Voici, ma bonne amie! lui dit-il en le lui présentant.
— Oh! c'est bien, c'est très-bien, mon mimi.

Et maintenant, ma chère, dit-elle en se tournant vers moi, il n'y a plus à reculer, il faut que tu demandes à ces messieurs, peintres, musiciens et poëtes, de mettre tous quelque chose dans mon album; je vais les prier aussi, ils ne résisteront pas.

Et, me forçant à me lever, elle me prit sous le bras et me fit faire le tour du salon, m'obligeant à appuyer la requête qu'elle présentait à chacun. J'étais au supplice. Un vieux peintre de mes amis vint à moi :

— Patience, me dit-il, nous nous déferons d'eux.
— Quoi ! vous pensez que ce sera possible sans en venir aux voies de fait?
— Je vais me dévouer, reprit-il, pour vous délivrer, mais il faut me seconder.
— Qu'ai-je à faire, lui dis-je.
— Tandis que je dessinerai dans l'album, répliqua-t-il, et que j'occuperai le mari et la femme, passez dans votre cabinet, toute la compagnie que vous aurez prévenue vous y suivra peu à peu, alors vous

feindrez de prendre congé d'elle, on ouvrira, on fermera les portes, puis tout deviendra silencieux, et vous rentrerez seule dans le salon, tandis que tout le monde demeurera sans bruit dans votre cabinet.

— J'ai compris, lui dis-je, et maintenant exécutons votre plan.
— Je vais entrer en scène, reprit-il.

Il s'approcha de madame Bonneau.

— Madame, lui dit-il, j'ose briguer l'honneur de tracer le premier une esquisse dans votre album, et comme je ne pourrais rien imaginer de plus gracieux que vos traits, je vous demande la permission de les reproduire sur la première page.

— Quoi! mon portrait, monsieur, vous voulez faire mon portrait? dit l'heureuse madame Bonneau ne se tenant pas d'aise.

— Oui, je vous demande de m'accorder cette faveur, reprit le peintre, quelques minutes me suffiront si vous daignez vous asseoir près de cette table vis-à-vis de moi.

Madame Bonneau se plaça, minauda un instant : puis, comme étant sûre de sa pose et de son effet, elle demeura immobile; alors son mari vint se pencher sur l'épaule du peintre et le regarda dessiner.

Tandis qu'ils étaient ainsi absorbés quelques dames me saluèrent, je me levai comme pour les reconduire, quelques hommes suivirent, et peu à peu le salon resta vide avant que les époux Bonneau s'en fussent aperçus.

Quand la femme regarda autour d'elle :

— Est-ce qu'on se retire déjà? demanda-t-elle au peintre.
— Je ne pense pas, répondit-il, on doit être dans le cabinet à regarder quelques tableaux.

Je revins seule.

— Où est donc tout votre monde? s'écria vivement madame Bonneau.
— Parti!
— Parti! mais ce n'est pas possible.
— Oui, parti, malgré mes instances, tous ces messieurs ont à travailler demain et se couchent de fort bonne heure.
— Oh! c'est un indigne tour, reprit-elle, et mon album qui va rester vide!
— Ne te désole pas, ma Lise, ce sera pour jeudi prochain, nous viendrons de meilleure heure, dit M. Bonneau.

Je tressaillis à cette menace.

— D'ailleurs, voici un beau commencement; regarde, monsieur t'a réussie à merveille.

Et il lui présenta l'album où le peintre venait d'esquisser le visage de madame Bonneau, qui était d'une ressemblance tout à fait comique.

— Oh! monsieur est mille fois bon, dit-elle, sans lui je m'en allais désespérée.
— Permettez-moi de vous reconduire jusqu'à votre voiture, reprit le peintre; puis se tournant vers moi : Nous vous quittons à regret; mais vous êtes souffrante, vous avez besoin de repos.

Et prenant madame Bonneau sous son bras, ils sortirent suivis du mari.

A peine la porte fut-elle fermée sur eux, que tout le monde s'échappa comme un essaim de mon cabinet et revint dans le salon en poussant un fou rire; quelques instants après, le vieux peintre rentra et fut salué par toute la compagnie comme un libérateur. On tint conseil sur ce que j'avais à faire afin d'éviter que le couple provincial fondît sur moi les jeudis suivants. Chacun fut d'avis que mon portier devait dire que j'étais à la campagne pour un mois.

Mais un matin, tandis que j'étais dans la fausse quiétude d'une sécurité si difficilement achetée, on me remit une lettre de M. Bonneau, il me suppliait de le recevoir un instant dans la journée.

« Nous quittons Paris dans deux jours, ajoutait-il, il le faut; Lise me donne beaucoup de soucis; elle est trop belle, trop attrayante, pour que je puisse vivre en repos dans votre Babylone. »

Je répondis qu'il pouvait venir de suite.

L'espérance qu'ils allaient enfin s'éloigner de Paris me fit lever ma consigne, puis, je l'avoue, j'étais fort curieuse de connaître quel danger la *beauté* de Lise lui avait fait courir.

Quand M. Bonneau arriva, je lui demandai la cause de son prompt départ.

— O madame, le croiriez-vous, dit-il en soupirant, voilà à peine trois semaines que Lise est à Paris, et déjà elle a tourné la tête d'un jeune blanc-bec, d'un fashionable, comme on dit ici, d'un clerc de notaire, qui habite le même hôtel que nous; il a fait des vers pour elle, des vers charmants, je ne puis le nier.

— En vérité? lui dis-je.
— Rien de plus vrai! Tenez, les voici, je les ai heureusement confisqués. Croiriez-vous que ce petit roué avait eu la ruse de les introduire dans les souliers de ma femme?
— Mais comment? m'écriai-je.
— Rien de plus facile; le garçon de mon hôtel met, chaque matin, devant notre porte mes bottes et les souliers de Lise, quand il les a cirés, et mon clerc de notaire n'a rien trouvé de mieux que de glisser sa déclaration dans le soulier de ma femme.
— L'idée est plaisante!
— Dites infernale, s'écria M. Bonneau sévèrement.
— Mais voyons ces vers.

Il me remit une feuille de papier rose entourée d'une guirlande de pensées, où je lus le sixain suivant :

> Petit soulier, charmant réduit
> Qu'habite le pied de ma belle,
> Sers-moi de messager fidèle,
> Sois discret et dis-lui sans bruit
> Que le jour ainsi que la nuit
> Mon tendre cœur brûle pour elle.

— N'est-ce pas qu'ils sont très-bons, répétait M. Bonneau tandis que je lisais; j'en suis jaloux, je voudrais les avoir fait pour ma Lise.

— Le premier surtout est plein de délicatesse! lui dis-je.

Le *petit soulier*, le *charmant réduit*, me paraissaient, quand je songeais au vaste pied de madame Bonneau, du plus haut genre d'hyperbolique.

— Et ce sont ces vers qui vous décident à quitter Paris!
— Sans doute. Je voulais d'abord me battre en duel avec ce lovelace; Lise tout éplorée m'a dit : Partons! J'ai trouvé son avis plus sage, et nos places sont arrêtées pour après-demain aux grandes messageries.
— C'est très-prudemment agir, monsieur Bonneau, lui dis-je, ce maudit clerc de notaire aurait fini par troubler votre bonheur conjugal; en Provence, vous ne trouverez pas de pareilles scélératesses.
— Oh! jamais, madame, vous le savez, nous sommes tous francs, tous loyaux, et maintenant adieu, ma belle dame. J'étais venu vous prier de faire demain une petite visite à Lise, elle ne veut plus sortir dans la crainte de rencontrer la figure de ce monstre qui voulait troubler notre ménage; mais elle serait désespérée de quitter Paris sans vous embrasser.

Le lendemain, je fus faire mes adieux à Lise.

— Quelle aventure! répétait-elle; mon mari voulait se battre, j'ai préféré partir ; voilà comment nous nous immolons toujours au devoir! ajouta-t-elle majestueusement.

Elle me fit jurer de lui écrire et de lui apprendre si son départ n'avait pas causé quelque catastrophe, si le cœur du clerc de notaire ne s'était pas brisé de douleur. Je promis tout ce qu'elle voulut; mais, je l'avoue à ma honte, depuis qu'elle est partie, je ne me suis souvenue d'elle que pour faire cet article.

L'INSTITUTRICE,

COMÉDIE EN TROIS ACTES.

PERSONNAGES.

PAUL DE LAURIS, père de Cécile.
JULIEN DE MONTCAL, jeune dandy, cousin de Cécile, neveu de Lauris.
MATHIEU DEVIL, frère de Léonie.
LÉONIE DEVIL.

MADAME DE LAURIS, mère de Paul et aïeule de Cécile.
CÉCILE DE LAURIS (15 ans).
JUSTINE, servante de Léonie.
UN GARÇON DU CAFÉ DE PARIS.
DOMESTIQUES, personnages muets.

La scène se passe à Paris, puis au château de Lauris.

ACTE PREMIER.

Le théâtre représente un élégant petit salon.

SCÈNE I.

JUSTINE seule, frottant et époussetant.

Voilà bien une heure qu'elle se parfume et se pomponne! m'éreinter à frotter pour cette pincée qui me parle à peine et qui me payera mes gages Dieu sait quand!... c'est trop de bonté, en voilà plus qu'elle ne mérite! *(Elle dépose son balai et son plumeau, et rajuste son bonnet devant la glace.)* Si ce n'était pas son frère, qui me fait prendre patience avec ses drôleries, je l'aurais déjà plantée là. Elle a mis des fleurs partout ce matin, ça vous a toujours de l'argent pour les apparences et pas un sou pour le solide; nous dînons presque tous les jours avec des légumes, ma foi, je me lasse de ces farineux! Aujourd'hui nous changeons de régime; pour me donner des airs de femme de chambre *(elle se regarde)*, ma foi, je peux bien passer pour ça! elle a commandé le déjeuner au restaurant : quelque côtelette de veau, quelque filet aux champignons... On sonne! c'est ce bon M. Mathieu ou le restaurateur. *(Elle ouvre.)*

SCÈNE II.

JUSTINE, LE GARÇON.

(Le garçon sur le seuil de la porte avec son panier recouvert d'une serviette sur la tête.)

JUSTINE. — Ah! bien, vous apportez cela de chez le marchand de vin du coin?
LE GARÇON. — Du Café de Paris, mademoiselle!
JUSTINE. — Du Café de Paris!
LE GARÇON. — Voilà la note; c'est bien pour ici, je crois?
JUSTINE *prenant la note.* — Mademoiselle Devil, oui! Comment! cinquante francs? On ne vous payera jamais ça comptant.
LE GARÇON. — J'ai ordre de toucher!
JUSTINE. — Mon cher, je le désire.
LE GARÇON *s'approchant, toujours son panier sur la tête.* — Petits bourgeois?
JUSTINE. — Pire, petits artistes.
LE GARÇON. — Et vous restez chez cela?
JUSTINE. — Il y a des jours d'agrément, le frère me donne des billets de spectacle; puis il me fait des yeux...
LE GARÇON. — C'est-à-dire que... *(Il lui parle bas à l'oreille.)*
JUSTINE. — Peut-on bien penser de ces choses-là!
LE GARÇON. — Ma foi! à sa place, je n'y manquerais pas.
JUSTINE *parcourant la note.* — Peste! quel déjeuner! Poulet truffé, foie gras, mayonnaise, crème à la Chantilly, vin de Bordeaux, vaisselle, total cinquante francs. Je gage qu'on va vous dire qu'on passera chez vous.
LE GARÇON. — Alors je m'en retourne chargé.
JUSTINE. — Ma foi, vous ferez bien; criez un peu pour qu'on vous entende.
LE GARÇON *élevant la voix.* — Mademoiselle, voulez-vous me faire solder ma facture, je suis pressé?

SCÈNE III.

JUSTINE, LE GARÇON, LÉONIE *dans une élégante toilette du matin une bourse à la main.*

JUSTINE *tendant d'un air goguenard la facture à Léonie.* — Monsieur veut recevoir.
LÉONIE *au garçon.* — Voilà cinquante francs et deux francs pour vous. *(Le garçon s'incline.)*
JUSTINE *bas au garçon.* — Ça n'est pas naturel, elle attend quelque prince à qui elle apprendra à chanter.

LE GARÇON *à Justine.* — Comment! elle fait du chantage?
JUSTINE *haut au garçon.* — Je vous le disais bien, qu'il n'y avait rien à perdre.
LE GARÇON *bas à Justine.* — Tartufe, va!
LÉONIE. — Que veut-il?
JUSTINE. — Il parle des truffes qui sont dans le poulet.
LÉONIE. — Conduisez ce garçon à la cuisine et maintenez le déjeuner chaud.
JUSTINE *au garçon.* — La cuisine! Est-ce qu'on a une cuisine ici!... Entrez dans ce vitrage à côté, c'est toute ma cuisine.

SCÈNE IV.

LÉONIE seule.

Bien! ce salon a bon air, le déjeuner sera confortable, ma toilette est fraîche, le petit baron ne se doutera pas de la gêne cachée ou plutôt de la misère à laquelle nous touchons. *(Elle se regarde, lisse ses cheveux, prend de l'essence dans un flacon, en frotte ses mains, s'assied dans un fauteuil les pieds sur les chenets.)* Dieu! que cette vie difficile me lasse! Sans ce bon fou de frère, qui me soutient par sa gaieté, je n'aurais pu supporter ma destinée manquée. O qu'elle diffère de celle qui me fut promise! Ce souvenir me mord là, au cœur! Et pourtant, si l'on survit à la douleur, il faut rejeter son deuil, paraître heureuse! Heureuse! quelques-unes le sont, — c'est le hasard! A quinze ans que ne me promettait pas la vie! J'ai trente ans, que m'a-t-elle donné? Des mécomptes... Trente ans! terme extrême pour patienter! — Ma foi! si le petit baron veut se jeter dans les aventures, je l'y pousse. Il est juste à l'âge où un homme fait encore des coups de tête, avant deux ans son étourderie se sera changée en calcul. Flattons-le, exaltons sa vanité, il est à moi!... Un rôle, toujours un rôle à jouer, même dans le sentiment. *(Tristement.)* Mon pauvre cœur, fermé depuis quinze ans, ne se dilatera donc jamais... Oh! — on sonne. *(Elle se lève.)* Suis-je folle de m'assombrir! c'est bien le moment, *(Elle chante.)*

Il est donc sorti de mon âme,
Ce secret qu'ont trahi mes yeux!

Quel effet j'ai produit hier au soir dans cet air!

SCÈNE V.

LÉONIE, MATHIEU.

MATHIEU. — Bonjour, ma petite sœur, comme te voilà belle et gaie!
LÉONIE. — Ah! tu crois à ma gaieté, toi.
MATHIEU. — Et pourquoi ne serais-tu pas gaie? n'y a-t-il pas de bons jours dans notre chère vie de bohèmes?
LÉONIE. — Les mauvais jours l'emportent.
MATHIEU. — Bah! on ne meurt jamais de faim.
LÉONIE. — On languit de médiocrité. Nos meubles s'usent, mes robes se fanent.
MATHIEU. — Mais tu as une toilette charmante!
LÉONIE. — Oui, j'ai passé la nuit à la rafraîchir.
MATHIEU. — N'allons-nous pas offrir au petit baron un excellent déjeuner?
LÉONIE. — Il y a huit jours nous n'avions pas un écu à donner à notre servante, qui l'a compris et a redoublé d'insolence.
MATHIEU. — Il y a trois jours n'avons-nous pas retrouvé mon jeune élève le baron Julien de Montcal chez cette providentielle marquise de Charleval, qui t'a donné cent francs pour chanter chez elle! ce qui nous est arrivé comme l'eau au désert altéré.
LÉONIE. — Oui, mais ce qui m'a blessée comme un fer aigu! car aux regards doucereux, aux gestes protecteurs de la marquise et assistants devinantes, j'en suis sûre, que je n'étais qu'une chanteuse payée.
MATHIEU. — Bah! les femmes peut-être, elles sont en quête de ces nuances-là; mais les hommes, rassure-toi, se sont aperçus seulement

que tu étais la plus belle et que tu chantais avec autant d'âme que la Malibran ! Julien en perdait la respiration, tant il tendait le cou pour te mieux voir.

LÉONIE. — C'est un enfant ! Crois-tu que je sois bien vaine de lui avoir plu ?

MATHIEU. — Eh bien ! moi, j'en suis tout réjoui et je ne m'en cache pas. Depuis qu'il sait que je suis ton frère, il m'a payé d'anciennes leçons qu'il risquait fort d'oublier sans cela. Et il m'offre un louis par cachet, à condition qu'il prendra ici ses nouvelles leçons de chant.

LÉONIE. — Et tu as souscrit à ces conditions-là ?

MATHIEU. — J'aurais dû les refuser peut-être ? Voyons, parle, je suis encore à même de dire non !

LÉONIE. — Je ne dis pas cela, mais conviens, mon bon frère, que c'est bien humiliant pour moi d'être dans la pensée du petit baron pour quelque chose dans ce marché.

MATHIEU. — Tu as l'esprit chagrin, tu ne vois que le mauvais côté des choses.

LÉONIE. — J'en vois le côté triste. Crois-tu que je sois résignée à une telle vie ? Courir le cachet, me parer le soir, chanter dans les salons, faire de l'esprit pour amuser les autres, sourire quand je suis sombre, parler de morale, d'abnégation, de bonté, avec l'envie au cœur et toutes sortes de passions étouffées ! Quelle figure bâtarde, moi et mes pareilles, nous faisons dans la société ! moitié maîtresses d'école, moitié comédiennes, pas assez de gravité pour attirer le respect, pas assez de séduction pour éblouir ; manquant de la vertu qui se résigne et de la corruption qui s'étourdit, que de déboires, que de sentiments refoulés, que de lassitudes ! Oh ! ce n'est point là, mon pauvre Mathieu, la vie que nous promettait notre jeunesse.

MATHIEU. — A quoi bon penser à ce qui fait mal ?

LÉONIE. — Tu es courageux, toi, tu as la philosophie de la nécessité.

MATHIEU. — Je la nargue.

LÉONIE. — Moi, elle me torture ; mais le souvenir du bonheur perdu a cessé de m'attendrir, il m'irrite.

MATHIEU. — Quoi ! après quinze ans ? ce souvenir devrait être à l'état de pétrification.

LÉONIE. — Les plantes sur lesquelles on marche se relèvent au soleil et fleurissent comme les autres ; il n'en est pas ainsi du cœur, il sent toujours sa meurtrissure.

MATHIEU. — Encore, encore ce vilain souvenir ! Puisqu'elle est morte, je suis pour le proverbe : « Morte la bête, mort le venin. » Je lui ai bien pardonné, moi, et pourtant elle m'a troupé tout comme toi, et c'est la seule femme que j'ai failli aimer. Oh ! depuis lors je ne me suis plus fié à aucune ; les belles me font peur, les laides me répugnent.

LÉONIE. — Et moi je me suis défiée de tout ce qui m'attirait. Avec quelle cruauté, quelle résolution froide et suivie elle s'est jouée de ma confiance !

MATHIEU. — Et de la mienne donc ! J'étais si aveugle et si confiant en ce que tu me disais que je croyais qu'elle m'aimait, malgré ma tournure déjà grotesque.

LÉONIE. — Elle aimait en toi l'espoir de la liberté. Orphelines toutes deux, nous nous liâmes dès le premier jour dans ce couvent des Anglaises où nous rêvions au monde, à la liberté ! Plus âgée que moi de quatre ans, la pension lui pesait comme un joug ; elle était romanesque, et quand je lui confiai les premiers battements de mon cœur, l'amour naissant que j'éprouvais pour le fils d'une amie de ma mère, elle m'engagea à écrire à Paul : celui que j'aimais...

MATHIEU. — Je sais tout cela.

LÉONIE. — Laisse, laisse-moi me souvenir ! Je suivis son conseil ; Paul accourut, il m'aimait ; après son aveu il vint souvent me demander au parloir avec notre vieille tante ; un jour, il me remit en secret une lettre ; il me jurait que je serais sa femme, il le jurait sur la mémoire de ma mère. Je confiai ma joie à Mathilde, et elle me répondit avec toute l'apparence de la sincérité qu'elle serait ma sœur.

MATHIEU. — C'est-à-dire ma femme, j'étais trop laid !

LÉONIE. — Tu étais jeune, bon, tu l'aimais, je crus qu'elle pourrait t'aimer ; car elle ajouta résolument : Je dirai ma volonté à mon tuteur, il faudra bien qu'il se décide ! Nous ne formerons plus qu'une famille. Je la crus, cette confiance me perdit ; je n'eus plus de secret pour elle, je lui montrais les lettres que Paul m'écrivait ; elle voulut le voir pour juger s'il m'aimait bien, disait-elle, et, tu t'en souviens, j'obtins de ma vieille tante qu'elle engagerait Mathilde à passer une journée avec nous en famille ; elle fut ce jour-là d'une beauté éblouissante, d'un esprit qui m'annulait, moi pauvre pensionnaire inexpérimentée !

MATHIEU. — Oui, cette femme avait une coquetterie qui me remuait, moi si froid ! un aplomb qui m'imposait, moi si bête !

LÉONIE. — Paul était là, il m'oublia pour s'occuper d'elle, et depuis ce jour, chaque fois que je le voyais, il m'en parlait.

MATHIEU. — Conviens qu'il était joliment enclin à l'inconstance, et que Mathilde n'eut pas tous les torts.

LÉONIE. — Elle eut celui du mensonge, de la calomnie, elle appela la douleur sur ma vie, et, je l'espère, le remords sur la sienne.

MATHIEU. — Oh ! oui, c'est un vilain tour ! s'être servie des lettres

de tendre amitié que je t'adressais pour faire croire à Paul qu'elles étaient celles d'un amoureux !

LÉONIE. — Et s'enfuir avec lui, obliger son tuteur à les marier ! l'enlever à mon espérance, à mon amour ! lui persuader que j'étais indigne de son souvenir même, l'empêcher d'éclaircir une fable grossière !

MATHIEU. — Paul ne demandait qu'à rester dans les ténèbres.

LÉONIE. — Et crois-tu que je ne l'aie pas compris ! La dot de Mathilde, sa beauté peut-être suffirent pour m'effacer de ce cœur banal et léger ; moi je n'étais qu'une pauvre fille, il m'abandonna, il m'oublia.

MATHIEU. — Il en a été puni, dit-on ; ils n'ont pas été heureux : elle est morte ; il est enfoui dans sa province, ennuyé, vieilli, sur le retour, plus dangereux du tout !... tandis que ma bonne et charmante sœur est de plus en plus belle, de plus en plus admirée, tourne les têtes, enlace les cœurs, et deviendra peut-être baronne avant un mois.

LÉONIE. — Fou !

MATHIEU. — Pas si fou ; le petit baron est ensorcelé, et à nous deux nous pouvons le pousser jusqu'au mariage.

LÉONIE. — C'est un enfant.

MATHIEU. — L'âge voulu : vingt-deux ans, maître de sa fortune, et tout prêt, par vanité, à se montrer généreux et romanesque.

LÉONIE. — Mais il faut pour cela me résoudre à l'intrigue.

MATHIEU. — Il suffit de déployer tes séductions.

LÉONIE. — J'ai assez de témérité d'esprit pour le vouloir, mais j'ai des retenues de cœur qui nuiront à la réussite ; mes premiers sentiments m'ont laissé quelque chose d'innée, de fier, d'impliable.

MATHIEU *attendri*. — Ma noble Léonie, il faut se faire couleuvre dans ce monde de serpents ; aies-en seulement la grâce, les enlacements, moi j'en aurai le venin.

LÉONIE. — Toi, tu ris toujours.

MATHIEU. — C'est-à-dire que je bafoue ceux qui te blessent ou qui veulent m'offenser.

LÉONIE. — Mais tu tes exploites.

MATHIEU. — Ce sont mes représailles.

LÉONIE. — Elles nous abaissent...

MATHIEU. — A leur niveau : est-ce que ces riches, est-ce que ces puissants, est-ce que ces femmes du monde n'arrivent pas à la fortune, au pouvoir, à l'amour, au plaisir que leur donne l'emploie ? est-ce qu'ils n'exploitent et ne flattent pas tous quelqu'un ?... Si les hommes avouaient par combien de turpitudes ils obtiennent leurs places, conservent leurs fortunes, nouent leurs sentiments, cela se ferait pitié ! Les spéculateurs exploitent le public, les politiques flattent et trompent le prince, les femmes galantes cajolent et trompent leurs amants, l'agent de change trompe à la Bourse, le commerçant falsifie les vins, les huiles et les farines, et nous, ma bonne sœur, nous devons falsifier nos sentiments pour être à l'unisson de ce monde moral.

LÉONIE. — Ah ! tu as raison, la vérité est trop saine pour tous ces cœurs infirmes ou putréfiés.

MATHIEU. — Tu vois d'accord : le monde n'est qu'un échange de tromperies, d'habiletés, de tours de gobelets ! Jouons donc au plus fin ; les bêtes s'entre-dévorent dans l'état sauvage, les hommes se déchirent dans l'état social... Crois-moi, gardons pour nous ce que nous avons de bon !... mais montrer, à ceux qui n'en ont pas, du sens, du cœur, de l'esprit, de la raison, folie !

LÉONIE. — Ça humilie pourtant, de n'avoir plus ni candeur ni sincérité !

MATHIEU. — Bah ! on est dédommagé de la perte de son innocence par celle de tes préjugés !

LÉONIE. — Parfois je me sens des désirs de devenir perverse !

MATHIEU. — Moi, c'est tout fait, je suis pervers !

LÉONIE. — Tu dis cela trop gaiement, tu ferais vingt folies, pas une méchanceté !

MATHIEU *avec un sourire comique*. — Et qu'en sais-tu ?... par exemple ! Je te dis, moi, que je suis pervers, et que je veux que le petit baron t'épouse.

LÉONIE. — Tiens, mon frère, ce manège me répugne déjà.

MATHIEU. — Voyons, pas de jeu caché : tu m'as pourtant autorisé à l'engager à déjeuner...

LÉONIE. — Il est des heures de vague...

MATHIEU. — Où l'on désire un mari...

LÉONIE. — Une position... tu sais bien qu'il s'agit d'une affaire sérieuse !

MATHIEU. — Oui, cette place d'institutrice chez une parente du petit baron !

LÉONIE. — Si je me suis parée, si j'ai donné un air de fête à ce pauvre salon, c'est que je sais que les apparences de la misère choquent les heureux.

MATHIEU. — Tu veux donc que cette affaire réussisse ?

LÉONIE. — Oui.

MATHIEU. — Je croyais que ce n'était qu'un prétexte pour attirer ici le baron.

LÉONIE. — Non... cette position me tente !

MATHIEU. — Toi, ma belle Parisienne, faire ce métier de Génevoise !

LÉONIE. — Cela vaudrait mieux que notre vie incertaine.
MATHIEU. — L'idée d'aller t'éclipser dans un vieux château en compagnie d'une vieille grand'mère et d'une sotte écolière ne l'effraye donc pas ?
LÉONIE. — C'est une halte après la tourmente ; ce que nous n'avons pas trouvé dans le monde en courant le cachet de maison en maison, nous le trouverons peut-être dans une famille.
MATHIEU. — Un mari ?
LÉONIE. — Et pourquoi pas ?
MATHIEU. — Et pour moi une femme ?
LÉONIE *riant*. — Avec cette tournure ?
MATHIEU *de même en se regardant*. — Oui, avec cette tournure !...
LÉONIE. — Pour moi, pas précisément un mari, mais enfin une grande influence, je dirigerai peut-être cette maison ; et quand le père de la jeune fille, riche, veuf, et qui voyage en ce moment, sera de retour, on verra !
MATHIEU. — On verra !... ô Armide diplomate ! sans compter le petit baron, dont le château est voisin de celui de la grand'mère de ton écolière !
LÉONIE. — Cette grand'mère est la tante de ton petit baron !
MATHIEU. — Du tien !... Moi je m'installe chez lui comme son maître de musique !... Je chasse, j'ai la passion refoulée de la chasse... O quelle belle situation !... (*Il l'embrasse.*) Et tu te plaignais de la vie ?...
LÉONIE. — Pourvu que ce ne soit pas un mirage comme tant d'autres qui m'ont échappé ! Ton élève a peut-être inventé cette histoire de tante et de cousine pour s'introduire ici ?
MATHIEU. — Tu lui prêtes notre esprit d'artiste, il est trop riche pour être si inventif !
LÉONIE. — Tu penses donc que la tante et la petite cousine ne sont pas une fiction.
MATHIEU. — Je les ai vues passer aux Tuileries.
LÉONIE. — Onze heures !
MATHIEU. — J'entends le coupé du baron qui s'arrête à la porte... tu vois bien !
LÉONIE. — J'aurais l'air trop empressée s'il me trouvait ici ; je me retire dans ma chambre, ou plutôt dans l'alcôve prolétaire où est mon lit : comme le tien, mon pauvre frère, est là-bas dans cet humide cabinet noir ! C'est triste, ces misères !
MATHIEU. — Quelque chose me dit que tu seras baronne : monte-toi à la coquetterie, il n'en réchappera pas !...
LÉONIE. — Chut. (*Elle sort.*)

SCÈNE VI.
MATHIEU, JULIEN.

JULIEN. — Bonjour, cher maître.
MATHIEU *d'un ton dégagé en lui offrant une cigarette*. — Bonjour, mon cher, bonjour.
JULIEN. — Délicieux intérieur d'artiste !
MATHIEU. — Ceci est le parloir de ma sœur ; j'y ai fait servir le déjeuner, dans l'espérance qu'elle voudra bien y assister.
JULIEN. — Ah ! j'y compte.
MATHIEU. — N'y comptez pas trop, mon cher ; elle est si occupée, que je la vois à peine !
JULIEN. — Comment cela ?
MATHIEU. — Je gage qu'en ce moment elle est au salon en conférence avec des duchesses, des princesses, qui viennent lui offrir des places d'institutrice ou de demoiselle de compagnie !
JULIEN. — Ah ! je réclame la priorité ; elle m'a presque fait une promesse pour ma tante.
MATHIEU. — Si elle vous a promis, c'est possible ! Soyez aimable, entraînez-la, gagnez-la !
JULIEN. — Joignez-vous à moi.
MATHIEU. — Moi je ne puis rien... c'est une tête !...
JULIEN. — Ravissante !
MATHIEU. — Absolue...
JULIEN. — Comme la beauté !
MATHIEU. — Impérieuse...
JULIEN. — Comme l'esprit !
MATHIEU. — Pas mal, pas mal... vous avez du trait !
JULIEN. — Goguenard !
MATHIEU. — Point, je suis sincère ! Vous vous formez, mon cher... Ah ! le grand monde, la fortune, ça donne une assurance, un aplomb...
JULIEN. — Oui, c'est assez bon d'être riche, libre et jeune ! Voyons, faites prévenir votre charmante sœur.
MATHIEU *sonne, Justine entre*. — Voyez si mademoiselle est visible.
JUSTINE *à part*. — Je le crois bien, qu'elle est visible !... Depuis hier tout est en révolution pour recevoir ce petit monsieur ! (*Examinant Julien.*) Il n'est pas trop mal ! Il est venu en coupé... ça promet !
MATHIEU. — Allez donc ! (*Justine sort.*)
JULIEN. — Paris est éblouissant cet hiver... je m'y amuse à mourir.
MATHIEU. — A mourir d'ennui, mon cher, car vos journées de plaisir sont d'une monotonie si ponctuelle, qu'elles ressemblent à un régime pénitentiaire.

JULIEN. — Comment ! vous trouvez que je ne m'amuse pas ?
MATHIEU. — Je crois que vous dépensez beaucoup de temps et d'argent pour vous distraire sans y réussir.
JULIEN. — Mais je ne m'ennuie pas du tout, je vous assure.
MATHIEU. — Ah ! permettez, je vous reconnais trop d'imagination pour vous croire !... Avec de la fortune, avec de l'intelligence, ce qu'il faut dans le plaisir, mon cher, c'est la variété !
JULIEN. — Mais mes passe-temps sont très-divers.
MATHIEU. — Divers !... c'est comme si vous disiez que les chevaux de relais parcourent chaque jour un chemin différent !
JULIEN. — Vous me comparez à un cheval ?
MATHIEU. — Oui ; le dandy est un vrai cheval de poste, et, pour dandy, vous l'êtes !
JULIEN *se rengorgeant*. — On s'en flatte !
MATHIEU. — Eh bien ! voici la journée d'un dandy : A onze heures, son valet de chambre l'éveille ; il bâille, il s'étire, il en a pour jusqu'à midi à se coiffer, à essayer ses cravates et ses gilets. Pendant que son valet de chambre l'accommode, il lit ou écrit quelques billets ; puis il déjeune chez lui ou dans un café en renom : au dessert, il parcourt les journaux entre le cure-dent et la cigarette. Puis il se souvient qu'on l'attend : est-ce pour affaire ? non ; c'est donc pour un plaisir ? vous allez en juger. Il gèle, le cheval de fatigue : n'importe !... il faut qu'il se montre au Bois, où il ne regarde rien, mais où on le regarde, pense-t-il. Qui donc l'attendait ? Une femme impérieuse et sotte, la *Mode* ! Du Bois où l'entraîne-t-elle ? Au Jockey-Club, où il perd son argent. Du Jockey-Club où le conduisent ses maîtres en *dandynerie* ? Chez quelque dame aux camélias où le gruge. L'heure du dîner vient, il est affadi, dégoûté ; il dépense un louis à la Maison-d'Or et ne mange pas une aile de poulet. Le soir on le trouve invariablement aux premières représentations, aux ambassades et dans quelques salons célèbres. Il va souper chez quelque tragédienne, et il se couche enfin après avoir donné à la nation l'exemple d'une journée consciencieusement remplie.
JULIEN. — Diversement remplie, mon cher ; car, vous en conviendrez, voilà bien de la variété dans un jour.
MATHIEU. — S'il n'y avait qu'un jour dans la vie, passe !... mais, comme les jours d'un dandy se suivent et se ressemblent, j'en conclus que ça n'est pas plus gai que d'être soldat, chartreux ou prisonnier.
JULIEN. — J'en conviens, nos distractions sont un peu comme les exemplaires du même journal ; mais où trouver la variété ? elle n'est pas même dans la nature, quoi qu'en disent les naturalistes.
MATHIEU *sérieusement*. — Elle est dans les sentiments, elle est dans l'esprit, elle est dans la vie des champs, dans les voyages.
JULIEN. — Vous parlez comme un roman anglais !
MATHIEU. — Comme la vérité ! Sondez-vous bien, vous vous ennuyez ?
JULIEN. — Moi ! point ; je me promets beaucoup de plaisir aujourd'hui.
MATHIEU. — Et justement aujourd'hui ! parce que ce déjeuner c'est l'inconnu ! C'est dans l'inconnu que je veux vous lancer. Est-ce qu'un garçon d'esprit comme vous, et qui a de l'argent au service de son esprit, doit mener cette vie monotype ?
JULIEN. — C'est vrai que c'est un peu bête de faire chaque jour la même chose.
MATHIEU. — Le monde vous est ouvert ! Vivent la nouveauté, les excentricités, la vie de château, les grandes chasses, les repas homériques, pantagruéliques !
JULIEN. — La vie de campagne ! y pensez-vous ? Je suis plein de terreur à l'idée d'ensevelir un mois dans mon château voisin de celui où vont s'installer ma vieille tante et ma petite cousine.
MATHIEU. — Celle à qui vous voulez donner ma sœur pour institutrice ?
JULIEN. — Oui.
MATHIEU. — Et cette petite cousine est autre chose sans doute qu'une petite cousine ?
JULIEN. — Les vieux parents ont des idées ; mais on ne dispose pas comme ça de moi.
MATHIEU. — On vous mène pourtant à la campagne en plein hiver !
JULIEN. — Si votre sœur y vient avec nous !
MATHIEU. — En ce cas je vous suis.
JULIEN. — En ce cas c'est un fragment de Paris au milieu des champs, c'est la nouveauté, comme vous disiez, et, la nouveauté, je l'adore, je l'adopte désormais pour exergue de mon blason !
MATHIEU *à part*. — Il est facile de le faire prendre feu à une idée. (*Haut.*) Voici ma sœur.
JULIEN. — Décidez-en, et nous partons tous.
MATHIEU. — Nous ferons de grandes chasses ?
JULIEN. — Oui.
MATHIEU. — D'énormes dîners ?
JULIEN. — Oui.
MATHIEU. — Des rosières ?
JULIEN. — Oui.
MATHIEU. — Des représentants du peuple ?
JULIEN. — Non.
MATHIEU. — Tope là, je suis votre allié. (*Il l'embrasse.*)

SCÈNE VII.
MATHIEU, JULIEN, LÉONIE.

LÉONIE. — Quel pacte cimentez-vous par cette accolade?
JULIEN. — Celui de vous enlever, mademoiselle.
LÉONIE *avec roideur.* — Dans quel monde avez-vous donc pris ce ton-là?
MATHIEU. — Tu ne passes rien aux élans du cœur.
LÉONIE. — Les meilleurs sentiments sont compromis par un langage équivoque.
JULIEN. — Le mien ne le sera pas plus que la pensée qu'il traduit. Ma tante va partir pour sa terre avec sa petite-fille : si vous consentez à diriger cette enfant, je pars avec ces dames; si vous ne les suivez point, je reste!
MATHIEU. — On n'est pas meilleur!
LÉONIE. — Ceci est d'une amabilité dont je suis confuse, nous en causerons en déjeunant. *(Elle lui donne la main, ils s'asseyent à table.)* Vous excuserez ce sans-façon d'artiste.
JULIEN. — Comment! mais tout respire ici l'élégance la plus exquise, et, si j'ose le dire...
MATHIEU. — Osez, mon cher élève.
JULIEN. — Je dirai donc que votre toilette s'harmonie ce matin avec ces fleurs, ce demi-jour, tout ce charmant réduit, comme votre beauté s'harmoniait l'autre soir avec l'éclat des lumières, l'enchantement de votre voix, la foule charmée des hommes qui vous applaudissait, la foule jalouse des femmes qui se taisaient.
MATHIEU. — Ce qui signifie, ma petite sœur, que tu es charmante le matin et éblouissante le soir.
JULIEN. — Oui, mademoiselle renferme en elle seule ce que vous appeliez tantôt l'enchantement de la vie.
LÉONIE. — Et quoi donc?
JULIEN. — La variété!
LÉONIE. — Un diamant à facettes! L'expérience et la réflexion nous font ainsi.
JULIEN. — Dites que la nature vous a douée.
MATHIEU. — En vérité, elle nous fait tout d'une pièce comme moi!
LÉONIE. — C'est l'âge qui nous forme, et peut-être n'avons-nous quelques agréments que lorsque nous commençons à en perdre. Quand la voix s'affaiblit, elle a plus de méthode; quand la beauté décline, elle a plus d'art; quand le cœur est moins bon, l'esprit est plus sûr. Je vous dis là des secrets d'une femme qui vieillit!
JULIEN. — C'est que vous êtes bien sûre de plaire.
LÉONIE. — Tenez... je le souhaite ardemment.
JULIEN. — Eh quoi! puis-je espérer que vous désirez me plaire?
LÉONIE. — Non pas à vous seulement, mais à tous ceux qui me voient, à madame votre tante, à votre jeune cousine; c'est là ma coquetterie à moi, je veux qu'on m'aime.
JULIEN. — Oh! vous devez être heureuse!
LÉONIE. — Parlons de votre cousine, je gage qu'elle est jolie!
MATHIEU. — Une fiancée!
LÉONIE. — Je m'en doutais... Si j'agrée à madame votre tante, comptez que j'en ferai une femme digne de vous.
JULIEN. — Me marier, moi! mais y pensez-vous? c'est si éloigné!... que je puis dire jamais!
LÉONIE. — Les années passent et le moment décisif arrive. Quel âge a-t-elle?
JULIEN. — Quinze ans.
LÉONIE. — Quelle tournure?
JULIEN. — D'une pensionnaire.
LÉONIE. — Quelle physionomie?
JULIEN. — D'une jatte de lait.
LÉONIE. — Quels cheveux?
JULIEN. — Blond fade.
LÉONIE. — Et la voix?
JULIEN. — Elle mue.
LÉONIE. — Et l'esprit?
JULIEN. — Comme la voix.
LÉONIE. — Je suis sûre qu'elle est charmante, blanche, rose, candide et naïve, et qu'elle chante comme un rossignol.
MATHIEU. — Les hommes n'aiment pas les fruits verts.
LÉONIE. — Ils n'aiment que les fruits corrompus.
JULIEN. — Vous la verrez; moi, je ne l'ai jamais regardée.
MATHIEU. — Cher baron, vous allez trop loin pour qu'on vous croie.
JULIEN. — Est-ce qu'à mon âge je m'occupe de cette enfant?
LÉONIE. — Moi, je me sens disposée à l'aimer; mais croyez-vous, monsieur, que j'agréerai à madame votre tante?
JULIEN. — J'en suis certain. Elle vous connaît d'ailleurs par madame de Charleval.
LÉONIE. — Cette chère marquise! Elle se pare de mon chant.
JULIEN. — Elle a dit de vous tant de bien, elle qui dit du mal de toutes les femmes, que ma tante a résolu de vous voir aujourd'hui même.
LÉONIE. — Vraiment!
MATHIEU *à Julien.* — Vous allez vite en besogne.
JULIEN. — Je ne la précède que de quelques instants.
LÉONIE. — Venir ici elle-même, à son âge, infirme, monter mon quatrième étage! mais je me serais rendue chez elle.
MATHIEU. — A la bonne heure, cette dame comprend ce qu'on doit au mérite.
JULIEN. — Ma tante a des manies : elle s'imagine découvrir le caractère des gens non-seulement à leur visage, mais encore à ce qui les entoure; à leur ameublement, à leur toilette.
LÉONIE. — Elle a raison. Ici elle verra la médiocrité résignée.
JULIEN. — Elle y verra le goût et l'élégance.
MATHIEU. — C'est une fée, cette chère sœur!
LÉONIE. — Viendra-t-elle avec sa petite-fille?
JULIEN. — Sans doute; madame de Charleval devait les accompagner, mais la séance d'ouverture de la Chambre l'a tentée, elle a prié ces dames de venir sans elle : l'hôtel de ma tante est à deux pas d'ici, j'ai quitté ces dames sous prétexte de vous annoncer leur visite.
MATHIEU. — Eh! pourquoi, mon cher baron, ne pas leur dire simplement que vous me connaissiez depuis longtemps et que vous déjeuniez avec moi?
LÉONIE *fièrement.* — Oui, pourquoi? Pensez-vous déroger en fréquentant des artistes?
JULIEN. — J'ai craint les conjectures.
LÉONIE. — Lesquelles?
JULIEN. — Des vérités!... que ma tante aurait soupçonnées.
LÉONIE. — Mais quoi donc?
JULIEN. — C'est bien clair.
LÉONIE. — Ne me devinez-vous pas, mademoiselle?
LÉONIE. — Point.
JULIEN. — En vous voyant ma tante m'eût devinée, elle, et peut-être eût-elle hésité à prendre une décision que j'appelle de tous mes vœux.
LÉONIE. — Laquelle?
JULIEN. — Celle de vous voir chez elle, de la famille!
LÉONIE. — Ah! et pour cela il faut qu'elle pense que je vous suis étrangère?
MATHIEU. — Bien joué, mon cher.
LÉONIE *fièrement.* — Eh quoi! mon frère, monsieur dit vrai, il nous est étranger. *(Elle agite une sonnette, Justine paraît.)* Justine, desservez.
JULIEN. — Ai-je dit un mot qui ait pu vous déplaire?
LÉONIE *avec coquetterie.* — Du tout, vous êtes un aimable enfant.
JULIEN. — Enfant! *(A Mathieu.)* Votre sœur se moque de moi!
MATHIEU. — Elle se moque de tout le monde, de moi le premier.
LÉONIE *s'approchant de la cheminée et y prenant une allumette chinoise, qu'elle fait brûler en se jouant.* — Mais, à propos, vous ne m'avez parlé que de votre cousine, et son père?
JULIEN. — Absent.
LÉONIE. — Il reviendra?
JULIEN. — Bientôt pour notre ennui.
LÉONIE. — Qu'est-ce donc que ce père veuf?
JULIEN. — Un homme grave, qui veut me diriger.
LÉONIE. — Il fait valoir ses terres?
JULIEN. — Et me prêche l'économie.
MATHIEU. — Un défenseur de la morale, de la famille et de la religion.
JULIEN. — Cela même.
LÉONIE. — Mais au fond?
JULIEN. — Je ne m'y fierais pas.
MATHIEU. — Quarante ans?
JULIEN. — Sonnés.
MATHIEU. — La pire espèce d'hommes; dehors graves, tempérament léger!
JULIEN. — J'espère bien que nous ne nous occuperons pas de lui!
LÉONIE. — Par passe-temps.
JULIEN. — Nous en aurons d'autres : les promenades à cheval, la musique, les lectures, nous jouerons des proverbes.
LÉONIE. — Ah! oui.
JULIEN. — Nous ferons de grandes chasses!
MATHIEU. — Ah! bravo!
LÉONIE. — Mais ce sera une vie étourdissante!
MATHIEU. — Une vie d'Eldorado!
JULIEN *à Léonie.* — Ce sera le bonheur!
LÉONIE *brûlant toujours l'allumette chinoise.* — L'odeur des viandes persiste, mon frère, ouvrez la fenêtre.
JULIEN *se précipite, et il ouvre la fenêtre.* — Voilà ma tante et ma petite cousine qui arrivent.
LÉONIE. — Faisons de la musique, cela donne un maintien; une première entrevue est toujours embarrassante. Allons, mon frère, au piano. Monsieur Julien, déchiffrons ce duo. *(Elle chante.)*

Il est deux flammes,
Liens des âmes !
C'est l'art, c'est l'amour !
Flammes si belles,
Qu'on est par elles
Unis sans retour !

LÉONIE *d'un ton railleur*. — Monsieur Julien, vous chantez trop des yeux ! Mais voici ces dames !
JULIEN *à part*. — Quel ennui !

SCÈNE VIII.
MATHIEU, JULIEN, LÉONIE, Madame DE LAURIS, CÉCILE.

JULIEN *les présentant à Léonie*. — Madame la marquise de Lauris, ma tante ; mademoiselle de Lauris, ma cousine.
LÉONIE *à madame de Lauris*. — Si j'avais été prévenue de votre désir de me voir, madame la marquise, je me serais empressée d'aller chez vous. (*Elle lui approche un fauteuil.*) Daignez vous reposer.
Mme DE LAURIS. — J'ai voulu vous surprendre dans ce charmant intérieur ; tout y annonce un esprit distingué.
LÉONIE. — Mademoiselle est l'aimable jeune fille à qui j'aurai peut-être le bonheur de donner mes soins ! (*Cécile lève son voile et salue.*) Dieu ! quelle ressemblance !
CÉCILE. — Je vous rappelle un souvenir ?
LÉONIE. — Oui, très-vif, très-émouvant ! (*A Mathieu.*) Regarde, mon frère !
MATHIEU. — Ah ! j'ai vu, c'est surprenant !
Mme DE LAURIS. — Vous paraissez toute troublée ?
LÉONIE. — C'est que mademoiselle vient de ranimer pour moi l'image d'une de mes amies qui avait le même âge, les mêmes traits quand nous étions ensemble aux Anglaises !
CÉCILE. — Mais c'est dans cette pension qu'a été élevée ma mère ! (*Avec tristesse.*) Ma pauvre mère, c'est peut-être elle que vous avez connue !
LÉONIE. — Non ; vous vous nommez mademoiselle de Lauris, et le mari de l'amie dont je vous parle ne portait pas ce nom.
Mme DE LAURIS. — Le nom de Lauris est un nom de terre que mon fils n'a pris que depuis dix ans, au moment de son mariage il se nommait Forval !...
LÉONIE. — Ah ! (*A son frère.*) C'est lui !
MATHIEU *à Léonie*. — Quelle conjonction d'astres !
LÉONIE *à Cécile*. — Votre mère se nommait Mathilde de Vernon !
CÉCILE. — Oui, elle-même, je l'ai perdue ! (*Elle presse la main de Léonie.*)
LÉONIE *à part*. — Ah ! c'était elle ! et voilà sa fille. (*A Mathieu.*) Quel singulier rapprochement !
CÉCILE *à Léonie*. — Vous m'aimerez, puisque vous l'avez aimée.
LÉONIE *sombre*. — Oh ! oui, je l'ai beaucoup aimée !
Mme DE LAURIS. — Son souvenir vous attendrit, elle est morte si jeune ! morte de la poitrine voilà deux mois en Italie ; elle laissa sa fille auprès de moi et voulut partir seule avec mon fils, elle pressentait sans doute sa fin prochaine !
CÉCILE. — Je n'ai pu l'embrasser une dernière fois !
LÉONIE. — Oui, il est des destinées fatales ! et M. de Lauris, quelle doit être sa douleur... il reste là-bas ?
Mme DE LAURIS. — Non, il arrive, nous l'attendons tous les jours !... J'ai hâte, mademoiselle, de vous lier à nous, tout en vous me plait et me touche ; madame de Charleval m'a dit votre mérite, votre esprit, vos talents, voulez-vous m'aider à finir l'éducation de ma chère Cécile ?
CÉCILE. — Puisque vous avez connu ma mère, vous me serez bien chère !
LÉONIE *à Mathieu*. — Qu'en pensez-vous ?
MATHIEU *à Léonie*. — Le diable s'en mêle sous les traits de cet ange.
JULIEN. — Vous voyez bien, mademoiselle, que vous êtes de la famille.
CÉCILE. — Comment résister à de si touchantes instances ?
MATHIEU *à part*. — Pauvre enfant, elle ne sait pas !
Mme DE LAURIS. — Je voudrais fixer de suite les conditions qui vous lieront à nous.
LÉONIE. — Vos conditions seront les miennes, madame ; mais, de grâce, n'en parlons pas aujourd'hui, nous les réglerons sous votre toit.
JULIEN. — Vous consentez donc ?
CÉCILE. — Bien, mon cousin, joignez-vous à nous.
LÉONIE. — Je cède à la vertu, à la candeur.
MATHIEU *à part*. — O la diablesse !
JUSTINE *entrant*. — Un monsieur est là qui demande ces dames, peut-il entrer ?
LÉONIE. — Mais sans doute.

SCÈNE IX.
MATHIEU, JULIEN, LÉONIE, Madame DE LAURIS, CÉCILE, M. DE LAURIS.

CÉCILE *embrassant son père*. — Mon père !
Mme DE LAURIS *de même*. — Mon fils !
LÉONIE. — Lui ! lui !
MATHIEU *à part*. — Elle les mettra tous dans la nasse !

JULIEN. — Bonjour, mon oncle !
M. DE LAURIS. — J'arrive, on m'a dit à l'hôtel que vous êtes ici... j'accours. (*Se tournant vers Léonie.*) Pardon, madame ! (*Avec surprise.*) Eh quoi ! vous, vous ! Léonie !
JULIEN. — Il la connaît donc ?
LÉONIE *avec fierté*. — Oui, monsieur, moi-même, l'ancienne amie de votre femme, moi, étonnée, confuse de vous recevoir dans mon humble logis, vous, madame votre mère, mademoiselle votre fille et monsieur votre neveu.
M. DE LAURIS. — Quelle surprise ! pourquoi tous ici ? Qu'y venez-vous faire ?
LÉONIE. — Rien de plus simple, la pauvre fille que vous avez *aperçue* au couvent quand vous veniez y voir votre... (*hésitant*) votre fiancée est devenue une vieille fille...
JULIEN *à Mathieu*. — Pour ça, non !
LÉONIE *continuant*. — Elle s'est consacrée à l'enseignement, et madame la marquise de Lauris venait lui demander d'accepter chez elle l'emploi d'institutrice.
Mme DE LAURIS. — Mademoiselle a bien voulu me promettre...
CÉCILE. — Oh ! oui, vous avez promis !
LÉONIE *regardant M. de Lauris*. — Je ne sais si je puis... si je dois...
JULIEN. — Vous hésitez... tantôt vous avez consenti.
CÉCILE. — Oh ! mon cousin, vous l'avez entendu, mademoiselle nous a donné sa parole.
Mme DE LAURIS. — Oh ! vous êtes engagée.
LÉONIE. — Vous oubliez, mademoiselle, qu'il faut une sanction nouvelle à votre désir, qui me touche, qui me flatte...
CÉCILE. — Laquelle ?
LÉONIE. — Celle de monsieur votre père.
M. DE LAURIS. *à part*. — Qu'elle est digne et belle ! Elle m'éblouit !
CÉCILE. — Vous consentez, mon bon père ?
Mme DE LAURIS. — Je suis sûre que mon fils s'en fie à moi, tout le bien que nous savons de mademoiselle nous attache déjà à sa personne.
M. DE LAURIS. — Je souscris à tout ce que vous avez fait, ma mère.
LÉONIE *à M. de Lauris*. — Ainsi, monsieur, vous approuvez le choix de madame la marquise ?
M. DE LAURIS *avec chaleur*. — Si je l'approuve !...
MATHIEU *à part*. — Il est pris ! (*A Julien.*) Votre oncle est encore très-bien, très-jeune, mon cher !
CÉCILE. — Merci, mon bon père.
JULIEN *à Léonie*. — Vous voilà de la famille.
MATHIEU. Et moi aussi.
M. DE LAURIS *tendant la main à Léonie*. — Léonie !...
LÉONIE *à part*. — Quel regard ! (*Se parlant.*) Sa maîtresse ! Oh ! non, jamais ! Sa femme !... Peut-être !

ACTE DEUXIÈME.
Au château de Lauris.

(*Le théâtre représente une grande chambre à coucher : ornementations et ameublement du temps de Louis XV; çà et là quelques meubles modernes, un piano, une grande table sur laquelle sont épars des livres, des albums, des cartes de géographie, tout ce qu'il faut pour écrire et pour dessiner. Une petite table à ouvrage où sont posées deux corbeilles renfermant des broderies et de la tapisserie. Un grand fauteuil dormeuse sur lequel est étendue madame de Lauris endormie. Alcôve au fond ; porte-fenêtre latérale donnant sur une terrasse dont on aperçoit la balustrade.*)

SCÈNE I.
MADAME DE LAURIS, CÉCILE, JULIEN.

CÉCILE *agenouillée auprès de sa grand'mère endormie, elle se lève et court embrasser Julien*. — O mon ami, quel événement ! quelle douleur ! quelle angoisse depuis huit jours que vous chassez dans les montagnes avec M. Mathieu ! (*Elle le conduit près de sa grand'mère endormie ou feignant de dormir.*) Voyez, mon cousin, comme elle est changée !
JULIEN. — Grâce au ciel, elle est sauvée, elle repose !
CÉCILE. — Hélas ! elle est restée paralysée, ne parlant plus, n'entendant plus.
JULIEN. — Du moins, elle vit !
CÉCILE. — Grâce aux soins de mademoiselle Léonie, de ma bonne maîtresse ! Quel ange ! durant six nuits elle n'a pas quitté le chevet de notre chère mourante ! Quelle présence d'esprit ! quelle tête ! Oh ! c'est à elle que mon père doit d'avoir encore une mère ! Aussi comme il la bénit ! comme nous l'aimons !
JULIEN. — Oh ! oui, mon oncle doit être très-reconnaissant. (*A part.*) Je le crois bien, il est amoureux d'elle. (*Avec dédain.*) A son âge ! (*Haut.*) Où est-elle ?

CÉCILE. — Je l'ai suppliée d'aller reposer quelques heures.
JULIEN. — Vous l'aimez bien, vous aussi?
CÉCILE. — Elle est si bonne, si pénétrante, puis elle sait tant de choses!
JULIEN *absorbé et comme se parlant.* — Belle, supérieure, enlaçant et dominant... tant de grâce, de hardiesse; elle chante comme une virtuose, elle monte à cheval, à l'occasion elle fait des armes!... Ces femmes-là captivent, mais elles font peur!
CÉCILE. — Que murmurez-vous donc là, mon cousin?
JULIEN *comme se réveillant.* — Ah! pardon, ma petite Cécile. (*Il la baise au front.*) Mathieu m'attend dans la salle à manger. Nous reviendrons tantôt prendre la leçon de chant quand ma tante sera éveillée.
CÉCILE *avec gentillesse.* — Mais attendez donc ici, voilà assez longtemps que je ne vous ai vu! Est-ce pour moi ce bel oiseau que vous cachez sous votre mouchoir? (*Elle prend un geai que Julien tient par les pattes.*) Quel joli plumage! Ah! merci, si c'est pour moi.

Peste! quel déjeuner! cinquante francs! Je gage qu'on va vou- dire qu'on passera chez vous.

JULIEN. — Je l'apportais à mademoiselle Léonie pour qu'elle le plaçât dans son tableau de fleurs.
CÉCILE. — Donnez-le-lui, c'est juste, elle peint mieux que moi. (*Elle reste pensive.*)
JULIEN. — Au revoir, petite cousine. (*Il sort.*)

SCÈNE II.
MADAME DE LAURIS, CÉCILE.

(*Cécile va s'asseoir au pied du fauteuil dormeuse où est étendue sa grand'mère, qui semble dormir; elle y reste immobile, rêveuse et absorbée; insensiblement sa douleur éclate, elle pleure: sa grand'mère ouvre les yeux et la considère sans que Cécile s'en aperçoive.*)

CÉCILE. — Mon Dieu! mon Dieu! il n'est plus le même pour moi!
(*Madame de Lauris se soulève, étend le bras, et saisit sur un guéridon placé près d'elle du papier et un crayon.*)
CÉCILE *essuie ses larmes, se lève et s'approche de sa grand'mère.* — O ma bonne maman!
(*Madame de Lauris, après avoir écrit, tend le papier à Cécile et lui fait signe de lire.*)
CÉCILE *lisant.* — « Me voilà sourde et muette, ma pauvre enfant! » je ne puis t'entendre et te parler, mais j'y vois et je veille sur toi! » tu pleures, tu es bien triste! ne me cache rien! dis-moi ce qui t'af- » flige! j'éloignerai le malheur de toi! ta peine vient-elle de Julien? » (*Après avoir lu, elle embrasse sa grand'mère et écrit promptement sur le même papier, elle lit tout haut à mesure qu'elle écrit, tandis que* madame de Lauris *suit des yeux.*) « Comme à Dieu, je vous dirai la » vérité; mon chagrin vient de Julien, il n'est plus pour moi le bon » compagnon d'autrefois; il me semble qu'une autre m'a remplacée » dans son cœur. » (*Madame de Lauris écrit à son tour, et à mesure Cécile lit tout haut.*) « Je le saurai, mais je ne veux plus que tu pleures! » tu seras heureuse encore; crois-moi comme si Dieu te parlait! Mais » comme à Dieu, il faut que tu ne me dérobes rien de tes pensées. » (*Cécile écrit et lit à mesure, tandis que* madame de Lauris *lit tout bas.*) « Ma bonne maman, je vous le jure. » (*Madame de Lauris écrit, Cécile lit haut.*) « Maintenant va leur dire à tous que je suis éveillée et qu'ils peuvent venir! » (*Cécile embrasse madame de Lauris et sort.*)

SCÈNE III.
MADAME DE LAURIS seule. (*Elle se soulève et écoute.*)

Je suis seule, bien seule, je puis rompre ce mutisme apparent, renoncer à cette surdité feinte! Étrange idée! non, inspiration providentielle qui me vient de vous, ô mon Dieu! — Depuis que cette femme si charmante, mais peut-être si perverse, a été introduite par moi dans notre maison, par moi qui la première ai cédé à sa séduction, tout ici se ressent de son influence toujours croissante. Mon fils est contraint et respectueux devant elle; loin d'elle, il s'en préoccupe, il la cherche. Julien la suit d'un regard troublé, rougit en chantant avec elle, l'adule, lui offre des fleurs, et serait prêt à donner sa vie, son honneur, sa fortune pour cette enchanteresse qui lui fait oublier ma pauvre Cécile! et cette chère enfant elle-même subit le charme dans sa candeur, et veut ressembler à sa séduisante maîtresse, espérant qu'avec ses talents et ses grâces elle plairait mieux à Julien. Moi-même, intéressée par son esprit, touchée par ses soins, rajeunie par la distraction et la vie qu'elle a ramenées dans notre retraite, je me laissais aller à l'aimer! — Il y a huit jours, quand je fus frappée de cette attaque qui ressemblait à la mort, c'est elle qui me reçut

Tu as l'esprit chagrin, ma sœur; tu ne vois que le mauvais côté des choses.

dans ses bras, elle qui me porta expirante sur mon lit, elle qui ne me quitta plus ni jour ni nuit, elle qui dit à mon fils : Je vous rendrai votre mère. Mais un soir le médecin avait déclaré la veille que la paralysie m'avait enchaîné la parole et l'ouïe, mon fils et Cécile étaient allés reposer, elle veillait seule avec son frère près de mon lit; je feignais de dormir, son frère lui dit en riant : — Te voilà, sœur de charité! Elle répondit en riant aussi : — Tout va bien, la sœur de charité portera avant peu une couronne de mariée. Le frère lui remit alors une lettre en lui disant : — Julien m'a fait quitter la chasse pour te l'apporter! elle fit un mouvement d'épaules en répondant : — Il est fou! nous le mènerons où nous voudrons! Le frère sortit. Elle lut alors la lettre de Julien, qui était fort longue. Je compris que le bonheur de mon enfant était en péril; mon parti fut pris : on me croyait sourde, on me croyait muette; je résolus de l'être pour tous, et par ce moyen de découvrir tout ce qui s'agite autour de moi, d'y conjurer le malheur. Je veux m'éclairer sur cette femme; oui, je saurai tout : déjà j'ai surpris le chagrin de Cécile, j'en connais la cause. — On vient. (*Elle s'allonge sur le fauteuil.*) Je ne suis plus que la pauvre paralytique devant laquelle on peut tout dire et qui ne peut répondre à rien.

SCÈNE IV.

MADAME DE LAURIS, M. DE LAURIS, JULIEN, MATHIEU, LÉONIE, CÉCILE.

(*M. de Lauris, Cécile et Julien embrassent madame de Lauris, qui leur a fait signe d'approcher. Léonie lui baise la main, Mathieu la salue.*)

M. DE LAURIS à *Léonie*. — Oh! embrassez-la comme nous l'embrassons, n'est-ce pas? vous qui l'avez le mieux soignée! Elle vous aime comme elle nous aime; voyez ces regards, ils vous le disent.

L'oncle et le neveu.

LÉONIE. — Elle m'aime, oui, mais pas comme sa fille, comme une étrangère.

M. DE LAURIS. — C'est vouloir nous attrister que de parler ainsi, c'est nous offenser que de ne pas nous croire reconnaissants.

LÉONIE. — Je connais mes devoirs, je sais la distance... (*Regardant la pendule.*) Voilà l'heure de la leçon de musique. (*Elle s'approche du piano et y prend un cahier, qu'elle présente à Julien.*) Monsieur Julien, êtes-vous disposé à chanter ce duo avec mademoiselle Cécile?

M. DE LAURIS. — Ici, devant ma mère malade?

LÉONIE. — Ailleurs, monsieur, si vous le préférez! Mais, regardez, madame de Lauris nous sourit; et hier elle nous a dit, ou plutôt, hélas! elle nous a fait savoir, en traçant ce désir sur le papier, qu'il lui plaisait que sa chambre devint notre salon d'études.

M. DE LAURIS. — Bien, je comprends, cela la distrait. Allons, ma fille! allons, Julien!

CÉCILE. — Je ne suis pas en voix.

JULIEN. — Je me suis enroué à la chasse. (*Bas à Léonie.*) Il faut que je vous parle! Vous avez reçu ma lettre?

LÉONIE *riant*. — Vous êtes irréfléchi. (*A Cécile.*) Eh bien! alors la leçon de dessin. Nous allons peindre ce bel oiseau.

CÉCILE. — Je ne saurais jamais.

M. DE LAURIS. — Julien est fatigué, Cécile a peut-être mal dormi auprès de ma mère malade; je suis d'avis que ces chers enfants aient vacances aujourd'hui.

JULIEN *avec dépit à Mathieu*. — Les enfants!

MATHIEU *à Julien*. C'est bien d'un presque vieillard.

JULIEN. — D'un jaloux.

LÉONIE. — Comme il vous plaira. (*Elle prend un ouvrage de tapisserie et s'assied auprès de madame de Lauris, à qui elle sourit après lui avoir offert à boire.*)

Madame de Lauris la remercie d'un geste de la main, prend un journal et fait semblant de lire des yeux.)

M. DE LAURIS. — Va faire un tour dans la serre avec ces messieurs, Cécile, tu rapporteras pour ta grand'mère quelques boutons de ces cassies de Nice qu'elle aime tant.

JULIEN à *Mathieu*. — C'est bien évident, il veut rester seul avec elle.

MATHIEU. — Venez, je saurai par elle tout ce qu'il lui dira, et vous le saurez par moi.

(*Ils sortent. Madame de Lauris laisse tomber le journal et feint de s'assoupir; Léonie lui arrange ses oreillers, et va pour se rasseoir à la table de dessin.*)

SCÈNE V.

MADAME DE LAURIS endormie, M. DE LAURIS, LÉONIE.

M. DE LAURIS *de l'autre bout de la scène*. — Ne vous rasseyez pas, j'ai à vous parler, Léonie.

LÉONIE. — Monsieur! pourquoi ce nom seul? mon malheur a droit au respect.

M. DE LAURIS. — Oui, et à l'affection aussi, au dévouement, à la reconnaissance. N'avez-vous pas été un ange pour ma mère! je veux être un ami, un frère pour vous, voilà pourquoi je vous appelle Léonie.

LÉONIE *avec roideur*. — Je ne veux pas d'autre frère que le mien.

M. DE LAURIS. — Toujours irritée, froide, défiante?

LÉONIE. — Toujours à la place que vous m'avez faite, monsieur, je n'en sors pas.

M. DE LAURIS. — Et pourquoi, Léonie, pourquoi?

LÉONIE. — Vous demandez pourquoi, monsieur? Dans un cœur vide de sentiments, il devrait y avoir place pour la mémoire.

M. DE LAURIS. — Oh! je n'ai rien oublié! mais puis-je empêcher le passé? je fus trompé, vous fûtes calomniée; ma jeunesse s'est écoulée assez tristement, je vous assure.

LÉONIE *avec une joie contenue*. — Ah!

Cécile.

Mme DE LAURIS *à part*. — Il l'a aimée autrefois!

M. DE LAURIS. — Vous, vous êtes toujours jeune, belle, mais qu'est devenu notre beau rêve?

LÉONIE *amèrement*. — Oui, qu'est-il devenu? (*Elle fait quelques pas vers la table.*) Mais, monsieur, vos fermiers vous attendent peut-être, et j'ai, moi, dans le peu d'instants que me laissent l'éducation de votre fille et les soins de votre maison, quelques occupations qui me plaisent; me permettez-vous de m'y livrer? (*Elle s'assied et se met à dessiner l'oiseau offert par Julien.*)

M. DE LAURIS. — Faites, puisque ma compagnie vous est odieuse.

LÉONIE. — Vous exagérez, monsieur, seulement elle m'est pénible dans le tête-à-tête.

M. DE LAURIS. — Eh quoi! le temps ne fera-t-il rien pour moi?

LÉONIE. — Vous l'avez dit, monsieur, il n'y a rien à faire contre l'irrévocable. (*Dessinant. D'un ton dégagé.*) Savez-vous bien que votre neveu est un charmant garçon, il me gâte avec ses attentions ?

M. DE LAURIS. — C'est un enfant vain et passionné.

LÉONIE. — Ce sera un aimable mari pour votre fille.

Mme DE LAURIS *tendant l'oreille à part.* — Ah ! écoutons.

M. DE LAURIS. — Vous savez bien qu'il est plus amoureux de vous que de ma fille ?

LÉONIE *avec coquetterie.* — Ah ! bah ! vous pensez !

M. DE LAURIS. — Cela vous fait sourire ?

LÉONIE. — Je le crois bien ! à mon âge on est très-flattée de plaire.

M. DE LAURIS. — Votre âge, votre âge, vous en parlez parce que personne n'y croit ici ; excepté moi qui sais votre âge, personne ne vous donne plus de vingt ans.

LÉONIE. — En vérité, vous êtes d'une courtoisie ! Mais à quoi jugez-vous cette admiration universelle dont vous vous exceptez ?

M. DE LAURIS. — Il vous est facile de me railler. Je juge cette admiration à la tristesse de ma fille, aux regards dont vous poursuit mon neveu et à ma propre irritation.

LÉONIE. — Quoi ! cela vous irrite que l'on m'admire ?

M. DE LAURIS. — Toujours directe !

LÉONIE. — Toujours ! c'est le moyen d'avoir raison des circonlocutions. Je répète donc ma question en la resserrant : Pourquoi cela vous irrite-t-il, monsieur, que je ne déplaise pas à votre neveu ?

M. DE LAURIS. — Je serai net aussi : parce que Julien doit être le mari de ma fille ; et que si vous lui tournez la tête, c'est impossible : je ne veux pas le malheur de cette enfant.

LÉONIE *avec fierté.* — Si vous pensez, monsieur, que je sois un obstacle au bonheur de mademoiselle votre fille, je quitterai cette maison ce soir même.

Mme DE LAURIS *à part.* — Elle est loyale du moins.

M. DE LAURIS. — Je sais bien que vous ne nous aimez pas.

LÉONIE *avec émotion.* — En effet, monsieur, depuis qu'étrangère je suis entrée dans votre famille, je n'ai donné ici aucune preuve de dévouement. Ma direction, mes soins ont manqué à votre fille, ma tendresse, mon respect à votre mère ; je n'ai pas, monsieur, ainsi que vous l'avez désiré, imité, dans votre maison, surveillé vos domestiques !

M. DE LAURIS *avec vivacité.* — Il s'agit bien de cela !

LÉONIE. — Que souhaitez-vous de plus, monsieur ? parlez !... et si ce que vous exigez de moi ne blesse en rien ma dignité, je m'y soumettrai.

M. DE LAURIS. — Votre dignité n'a rien à craindre chez moi ; mais votre ressentiment secret est toujours en garde contre mes intentions, mes... désirs.

Mme DE LAURIS *à part.* — C'est évident, il est épris.

LÉONIE. — Qu'ai-je à faire ?

M. DE LAURIS *vivement.* — D'abord, c'est que vous ne songiez pas à nous quitter ; tout le monde vous aime ici.

LÉONIE. — Tout le monde, c'est trop dire.

M. DE LAURIS. — Oui, tout le monde. Ma mère, vous l'avez charmée par votre esprit, attachée par votre bonté ; ma fille, elle est émue et tremblante devant vous ; elle vous juge parfaite et ne songe qu'à vous imiter ; Julien, vous le rendez fou par vos grâces et vos coquetteries ; et moi, pourquoi le tairais-je ? en vous retrouvant belle, railleuse, adorable, toutes mes impressions de jeunesse se sont réveillées, j'ai regretté le passé, une erreur qui ne m'a pas rendu heureux, Léonie, car la mère de Cécile ne vous valait pas.

LÉONIE. — Elle était riche, brillante...

M. DE LAURIS. — Vous êtes amère.

LÉONIE. — Moins que ma dernière.

M. DE LAURIS. — Oh ! je le comprends, vous avez dû souffrir beaucoup ! Quelle vie de labeurs, d'agitations, de hasards a été la vôtre ! vous si bien faite pour la vie de famille ! mais cette vie tranquille, vous pouvez encore l'espérer ! Ici, mon amie, parmi nous, heureuse, respectée, vous n'avez plus à craindre les tourments d'une existence incertaine. Nous vous aimerons tant que nous vous composerons une famille ! Faites sentir à cœur de Julien qu'il est un enfant, que jamais vous n'avez pris garde à lui, qu'il faut à votre esprit des esprits plus sérieux que le sien, à votre cœur des cœurs plus rassis que son cœur ; bientôt sans vanité, il voyagera, il vous oubliera et reviendra un jour épouser ma fille.

Mme DE LAURIS *à part.* — Bien, mon fils, très-bien !

LÉONIE *d'un ton railleur.* — Mais s'il ne me déplaisait pas à moi, de quel droit me demanderiez-vous ce sacrifice ? Ne suis-je pas libre ! Ne puis-je pas disposer de mon sort, de ma main ?...

M. DE LAURIS. — De quel droit ?... (*Hésitant.*) Je ne m'attendais pas, je l'avoue, à ce raisonnement...

LÉONIE. — Il vous embarrasse, n'est-ce pas ? Ah ! c'est que vous n'êtes pas très-sûr de ce que vous voulez, et partant de ce que vous pouvez.

M. DE LAURIS. — Je ne puis rien sur votre cœur, je le sais bien.

LÉONIE. — Sur mon cœur peut-être on y peut encore quelque chose ; sur mon esprit, rien : il a trop plié, il ne rompt plus.

M. DE LAURIS. — Vous contrariant, oh, fi ! j'espérais vous persuader.

LÉONIE. — J'écoute votre proposition. (*À part.*) Enfin il va parler.

Mme DE LAURIS *à part.* — Il l'aime !

M. DE LAURIS. — Vous êtes ici la maîtresse de plus d'une destinée, et vous le savez bien ! Et pour ne parler que de moi ; moi, depuis que je vous ai retrouvée, je ne saurais plus vous perdre ; car vous êtes la grâce, la poésie, l'âme de ma maison ; vous me torturez, et pourtant je me sens le cœur en fête rien qu'à vous voir. Dédaignez ce jeune fou et aimez votre vieil ami, qui vous aime.

LÉONIE. — Vous m'aimez, vous, vous !...

M. DE LAURIS. — Et ne l'avez-vous pas deviné ? si je suis tourmenté pour ma fille, je le suis aussi pour moi-même ; est-ce que le passé ne remue rien en vous ?

LÉONIE. — Il m'humilie.

M. DE LAURIS. — Moi, il m'enflamme ; j'éprouve une telle douceur à vous voir, que l'idée que vous pourriez nous quitter me désespère. Partagez mes sentiments, Léonie, repoussez cet enfant, aimez-moi et restez près de nous.

LÉONIE. — À quel titre ?

M. DE LAURIS *lui prenant la main.* — Comme une amie, comme une... (*Il veut l'embrasser.*)

LÉONIE *le regarde d'un air si superbe qu'il n'achève pas, elle éclate.* — Ah ! ah ! vous voilà bien vous autres gens heureux ! vous autres gens riches ! vous avez de ces infamies naïves qui font frémir...

Mme DE LAURIS *à part.* — C'est vrai !

LÉONIE *toisant M. de Lauris.* — Voilà pourtant ce qu'on appelle un honnête homme, un homme moral, un bon père de famille, une vie sans tache ! — Cet homme dans sa jeunesse rencontre une pauvre orpheline de quinze ans, il lui parle d'amour, il exalte, il remplit son cœur, il lui jure qu'il l'épousera ; puis il l'abandonne ; il est faible à ce point qu'une calomnie le détache ; il épouse une héritière qui a trahi celle qu'il délaisse ; la triste abandonnée a vu toutes les années de sa jeunesse dans le travail, dans l'amertume ; un jour ils se retrouvent lui et elle, et lui pour réparer le mal qu'il lui a fait il lui propose... oh ! écoutez bien ceci : il lui propose d'être... sous les yeux de sa mère, sous les yeux de sa fille, il lui propose d'être sa maîtresse !... (*Elle courbe la tête comme navrée.*)

Mme DE LAURIS *à part.* — Elle m'émeut, elle m'intéresse.

M. DE LAURIS *interdit.* — Léonie, Léonie, écoutez-moi ! vous vous trompez...

LÉONIE. — Oh ! tenez, ne vous justifiez pas par le mensonge ! votre mère ne peut vous entendre, mais elle a pu vous voir et vous pénétrer.

M. DE LAURIS *à part.* — Quelle fierté ! quelle émotion ! serait-elle restée pure ?

LÉONIE *avec amertume.* — Ah ! je devine votre pensée ! une vieille fille, une institutrice, une malheureuse obligée de gagner sa vie n'est qu'une aventurière sans pudeur, à qui l'on peut tout dire, tout proposer.

Mme DE LAURIS *à part.* — Pauvre femme !

M. DE LAURIS *avec émotion tendant la main à Léonie.* — Pardonnez-moi, Léonie !

LÉONIE *froidement.* — Je n'ai pas de rancune, à quoi bon ! vous ne comprenez même pas le mal que vous faites. Traitez-moi en étrangère, c'est tout ce que j'exige, c'est tout ce que j'attends. (*Elle se remet à dessiner après s'être rapprochée de madame de Lauris, qui paraît dormir.*)

SCÈNE VI.

MADAME DE LAURIS, M. DE LAURIS, LÉONIE, MATHIEU.

M. DE LAURIS *à Mathieu* — Où avez-vous laissez ma fille et Julien ?

MATHIEU. — Ils se boudent ; l'un est dans la serre, l'autre dans la bibliothèque.

M. DE LAURIS. — Voudriez-vous bien, mademoiselle, aller chercher notre chère enfant ?

LÉONIE. — J'obéis. (*Elle se lève et sort.*)

SCÈNE VII.

MADAME DE LAURIS, M. DE LAURIS, MATHIEU.

M. DE LAURIS. — Monsieur Mathieu, emmenez Julien à la chasse encore huit jours.

MATHIEU *d'un ton très-caustique dans toute cette scène.* — Vous voulez donc que ces dames m'abhorrent ?

M. DE LAURIS. — Quelles dames ?

MATHIEU. — Mais mademoiselle votre fille et mademoiselle ma sœur. Songez donc ! quand Julien n'est pas ici leur vie est assez triste.

M. DE LAURIS. — Comment, vous pensez qu'elles s'ennuient ?

MATHIEU. — Elles sont trop bien élevées pour vous le dire, mais entre votre respectable mère et vous, monsieur, très-respectable aussi, il n'y a pas place pour le plus petit bout de roman.

M. DE LAURIS *souriant.* — Qu'en savez-vous ? Vous vieillissez trop mon cœur.

MATHIEU. — Vous ! oh ! parbleu, je vous connais bien, vous avez des passions d'agronome, de propriétaire, d'éleveur de chevaux, passions utiles, solides, nourrissantes ; mais, vous le savez, où croissent les champignons ne croissent pas les fleurs.

M. DE LAURIS. — Ce qui signifie que le sérieux exclut l'amabilité.

MATHIEU. — Vous êtes logicien, vous devez être conséquent : un garçon de vingt ans a plus d'entrain que nous à notre âge.

M. DE LAURIS *à part*. — Il se compare à moi !

MATHIEU. — La jeunesse veut la jeunesse, quand le petit baron est là on rit, on monte à cheval, on chante, on se querelle, on s'agite, la vie revient !...

M. DE LAURIS. — Pour votre sœur peut-être, mais pour ma fille ?... je ne la vois pas très-gaie devant son cousin.

MATHIEU. — Votre fille, c'est moi qui la distrais.

M. DE LAURIS. — Vous !

MATHIEU. — Je l'amuse ; et si j'emmenais Julien, je lui manquerais aussi. Tantôt, au milieu de ses larmes, je suis parvenu, je ne sais comment, à la faire rire, et elle m'a dit : — Monsieur Mathieu, vous êtes un bon cœur.

M. DE LAURIS. — Un cœur très-franc, n'est-ce pas ?

MATHIEU *le fixant*. — C'est-à-dire franc à deux de jeu ; avec les retors, impossible à saisir !

M. DE LAURIS. — Mais avec moi !

MATHIEU. — Avec vous, monsieur ?... Oh ! je suis trop poli pour supposer que vous n'êtes pas franc.

M. DE LAURIS. — Vous allez en juger à ma question. Vous êtes très-dégagé de préjugés ?

MATHIEU. — Absolument dégagé.

M. DE LAURIS. — Serait-ce à l'endroit de votre sœur ?

MATHIEU. — Serait-ce à l'endroit de ma mère !

M. DE LAURIS. — Vous me répondrez donc sans embarras ?

MATHIEU. — Je défie aucune question de m'embarrasser.

M. DE LAURIS. — C'est moi qui hésite et ne sais trop comment vous dire...

MATHIEU. — Peut-être vais-je vous deviner.

M. DE LAURIS. — Non, il faut que j'aborde hardiment mon sujet.

MATHIEU. — Allons, de l'initiative !...

M. DE LAURIS. — Eh bien ! pensez-vous que votre sœur, qui est une grande coquette...

MATHIEU. — Oh ! pour cela, oui.

M. DE LAURIS. — Soit aussi une femme galante ?

Mme DE LAURIS *à part*. — Mon pauvre fils, il est sous le charme !

MATHIEU. — En ceci, monsieur, consultez la Bruyère, il vous dira que les grandes coquettes sont rarement des femmes galantes.

M. DE LAURIS. — Mais cela peut arriver !

MATHIEU. — Tout arrive en France.

M. DE LAURIS. — C'est le mot de Talleyrand.

MATHIEU. — Un grand moraliste d'immoralité !

M. DE LAURIS. — Votre sœur aime Julien ?

MATHIEU. — Non, elle s'en laisse aimer.

M. DE LAURIS. — Par plaisanterie.

MATHIEU. — Très-sérieusement, au contraire ; et je vous avertis en secret, en ami, que si vous défiez votre neveu, vous le pousserez au mariage.

M. DE LAURIS. — Avec votre sœur ?

MATHIEU. — Mais avec qui donc ? Pensez vous que ce soit avec votre fille ?

M. DE LAURIS. — Vous savez bien que ce devait être ?

MATHIEU. — Il est possible que ce soit encore, mais en ce cas vous le devrez à la générosité de cette bonne Léonie.

M. DE LAURIS. — Croyez-vous donc Julien décidé à faire une folie ?

MATHIEU. — Adorable folie ! comme dit la romance, folie qui vous tente, monsieur le marquis, et que vous feriez vous-même si vous n'étiez pas si calculateur.

M. DE LAURIS. — Moi, calculateur !

MATHIEU. — Comme tout homme de quarante ans riche, titré, du conseil d'État. Car pour vous citer encore la Bruyère : « Rien ne coûte moins à la passion que de se mettre au-dessus de la raison, son grand effort est de l'emporter sur l'intérêt. » Convenez-en, vous ne comprenez pas qu'on se décide à épouser une femme qui n'a d'autre dot que sa beauté et son esprit.

M. DE LAURIS. — C'est qu'en effet c'est très-inusité.

MATHIEU. — Et c'est justement la rareté du fait qui entraîne un jeune homme spontané, léger comme votre neveu ; tandis que vous, homme mûr, réfléchi, solide, vous suivez les sentiers battus et ne faites que les choses que tout le monde fait.

M. DE LAURIS. — Vous me jugez donc bien dépourvu de cœur et de goût ?

MATHIEU. — Non, mais vous êtes d'une imagination tempérée, vous avez un cœur de propriétaire, et d'un cœur de propriétaire à un cœur d'artiste la température diffère comme de la zone glaciale à la zone torride.

M. DE LAURIS. — Vous croyez à Julien un cœur bien chaud ?

MATHIEU. — Un cœur facile à gonfler, facile à monter comme un ballon !

M. DE LAURIS *souriant*. — Facile à détendre. D'ailleurs votre sœur voudrait-elle de lui ?

MATHIEU. — De lui, pas précisément pour lui. (*Avec mystère*.) Mais ne comprenez-vous pas qu'il lui faut un mari, qu'elle le veut et qu'elle l'aura ?

M. DE LAURIS. — Et vous, croyez-vous que ce mari sera Julien ?

MATHIEU. — Dame ! à défaut d'autre !

M. DE LAURIS. — C'est donc un calcul ? Je croyais que les artistes ne calculaient pas ?

MATHIEU. — Ils sont bien contraints de sacrifier au dieu du jour, au lare de tous les foyers, au chiffre !... A force de voir les riches intéressés, les pauvres apprennent à le devenir.

M. DE LAURIS. — Vous me croyez un avare, aride d'esprit, sec de cœur, vous serez bien surpris peut-être.

MATHIEU. — Surpris ! moi ! oh ! par exemple, un Parisien pur sang !... surpris !

M. DE LAURIS. — Veillez un instant sur ma mère, je veux parler à votre sœur, à Julien. (*Comme se parlant*.) Je n'aime pas sa jeunesse près de moi, elle semble me narguer ; ces cheveux si noirs, cette lèvre duvetée, cela rend jaloux malgré soi. (*Se tournant vers Mathieu*.) Ah ! monsieur Mathieu, pourquoi ne pouvons-nous pas crier au temps : Tout beau, arrête-toi !

MATHIEU. — Oh ! bien, oui, le temps ! Il est incivil comme un créancier, il nous court après, il met la main sur nous, et l'on grisonne.

M. DE LAURIS *passant la main dans ses cheveux*. — Ah ! pas encore ! pas encore ! Mais je vais voir ce qu'ils font.

MATHIEU. — Allez, monsieur le marquis, allez, je suis sûr que vous les trouverez ensemble, car aussitôt que Léonie aura paru dans la serre Julien y sera retourné. O jeunesse ! ô attraction !

M. DE LAURIS *après s'être approché de sa mère, qui paraît dormir*. — Je verrai bien. (*Il sort*.)

SCÈNE VIII.

MADAME DE LAURIS, MATHIEU.

MATHIEU. — Décidément elle mène tout ici, et en faisant perdre la tête au neveu elle finira par se faire épouser par l'oncle.

Mme DE LAURIS *à part*. — Voilà son but.

MATHIEU. — Moi je penche pour Julien, il est vaniteux, bon enfant, il sème l'argent ; avec lui la bonne chère, les voyages, la vie de Paris ! avec l'oncle nous nous empâtons ici comme de lourds bourgeois : tout bien pesé, je vais dire à Léonie que j'opte pour le neveu. Je sais bien que la petite Cécile en sera chagrine : bah ! elle est enfant, elle est riche, elle trouvera d'autres maris, tandis que Léonie à son âge doit saisir l'occasion par les cheveux ! (*Il se promène sur la scène*.) Je ne serais pas fâché de donner ici une leçon à ce marquis de Lauris, qui autrefois a soufflé sur le seul rêve d'amour que j'aie eu de ma vie. (*Se tournant vers madame de Lauris toujours immobile*.) Et cette bonne vieille qui n'entend rien, qui ne comprend rien quand tant de passions s'agitent autour d'elle ! (*Madame de Lauris sourit et ouvre involontairement les yeux*.) Tiens ! tiens, on dirait qu'elle m'a entendu ! Non, elle sourit en s'éveillant comme les enfants ! (*Il s'approche d'elle, madame de Lauris le salue de la main*.)

SCÈNE IX.

MADAME DE LAURIS, MATHIEU, LÉONIE, JULIEN.

MATHIEU. — Ah ! voici nos amoureux.

LÉONIE. — Que fais-tu là et que dis-tu donc là, mon frère ?

MATHIEU. — La vérité, je crois. J'ai dit voici nos amoureux.

LÉONIE *avec enjouement*. — Le pluriel est de trop, il est interdit à une femme d'être amoureuse. (*Elle va baiser la main à madame de Lauris et arranger sa tête sur le fauteuil*.)

JULIEN. — Vous abusez de cette prétendue interdiction pour me désespérer.

LÉONIE *avec coquetterie*. — Et comment donc, ne suis-je pas très-aimable pour vous ? J'aime tout ce qui vient de vous. Voilà votre charmant oiseau dessiné.

JULIEN. — Pourquoi me fuyez vous et rentrez-vous si vite ici ? Nous étions libres, seuls dans la serre d'où ma cousine est sortie quand vous y êtes entrée, je commençais enfin à vous ouvrir librement mon cœur ; vous avez brusqué l'entretien sous prétexte que vous aviez des devoirs à remplir ! Quels devoirs ? Etes-vous faite pour porter des chaînes vulgaires ? Vous seule ici avez de la poésie et en répandez sur mes ennuyeux parents !

LÉONIE. — Et vous aussi, baron, vous avez de la poésie, de l'enthousiasme, vous comprenez le bon, le beau ; vous êtes éloquent, parlez-lui, entraînez-la.

JULIEN. — Elle m'arrête dès le premier mot.

LÉONIE *avec grâce*. — Mais à quoi bon vous écouter ? est-ce que je ne sais pas d'avance tout ce que vous allez me dire ?

JULIEN *se penchant vers elle*. — Quoi ! tout ?

MATHIEU. — Et moi aussi.

JULIEN. — Vous peut-être, mon cher, car je vous fatigue de mes sentiments quand nous sommes seuls ; mais votre sœur, elle n'a jamais voulu m'entendre.

MATHIEU. — C'est qu'elle vous a deviné.

JULIEN. — Eh bien ! alors qu'elle me dise ce que je puis espérer !

MATHIEU. — Ah! ma sœur, c'est bien le moins, dis à ce jeune homme qui se désespère ce qu'il doit espérer.

LÉONIE *regardant en face Julien.* — Voyons, quelle espérance avez-vous ou désirez-vous avoir?

JULIEN. — Mais celle de vous plaire.

LÉONIE. — En ce cas, soyez content, vous me plaisez beaucoup!

JULIEN *avec chaleur.* — Et quelles preuves m'en avez-vous données? A peine un regard, jamais un serrement de main, jamais une réponse à mes lettres, jamais la possibilité d'un moment d'entretien secret, jamais rien pour satisfaire l'amour dont vous me tourmentez!

LÉONIE. — Ecoute bien, mon frère, ce que monsieur me demande devant toi. *(Se tournant vers Julien.)* Demandez-vous de ces choses-là à votre cousine?

JULIEN. — Ma cousine est une enfant, et je ne l'aime pas.

LÉONIE. — Mais si elle n'était plus une enfant et que vous l'aimassiez?

JULIEN. — Ma foi, alors je l'épouserais.

MATHIEU. — Et voilà justement ce qu'il veut faire avec toi qu'il aime, ma sœur! et tu le repousses! et tu le méconnais! *(Se tournant vers Julien.)* Cher baron, que je vous embrasse! moi seul ai pénétré ce cœur-là.

Mme DE LAURIS *à part et levant les bras.* — Quels comédiens, quels comédiens!

JULIEN *à part.* — Elle m'entraîne plus loin que je ne voulais, je ne pensais pas qu'il fallût l'épouser pour être heureux.

LÉONIE *avec fierté.* — De quoi donc es-tu surpris, mon frère? est-ce que monsieur oserait me parler d'amour s'il n'avait pas une passion sérieuse?

JULIEN *à part.* — Quel orgueil! veut-elle me faire croire à la vertu d'une institutrice? Et pourquoi pas? après tout, c'est possible!

LÉONIE *brodant.* — Comme vous voilà pensif!

MATHIEU. — Embarrassé!

LÉONIE. — Incertain!

MATHIEU. — Gare à l'oncle, il est explicite, lui, il se prononce.

JULIEN. — Je voudrais bien voir que mon oncle eût l'audace d'aimer mademoiselle!

LÉONIE. — Il a cette audace, comme vous, monsieur. *(Avec mélancolie.)* On m'aime beaucoup ici.

Mme DE LAURIS *à part.* — Quel caméléon! la voilà triste et pudique à présent.

MATHIEU *à Julien.* — Audace, audace! mon cher, il a le droit d'être audacieux, c'est un beau parti, riche, encore plus riche que vous, une position assise.

JULIEN *avec emportement.* — Mon oncle, mon oncle fait de la rhétorique, mon oncle est amoureux par ennui, par opposition, et s'il vous épouse, parbleu! son plan est bien clair, c'est pour me désespérer et me contraindre d'épouser sa fille. Mais jamais, je le jure...

LÉONIE *à Julien.* — Pas de ces serments-là, demain peut-être vous aurez changé d'avis. Vous êtes un enfant gâté par la fortune, sans expérience de la douleur et partant très-ignorant de ce qui vous convient pour être heureux. Regardez-la bien, cette jeune cousine! elle est plus belle que moi, son cœur vaut mieux que le mien, son esprit vaudra son cœur; vous ne prenez pas garde à cette créature parfaite, et vous vous occupez de moi, produit excentrique d'une société mal faite.

Mme DE LAURIS *à part.* — Quel est son dessein?

LÉONIE. — Quand vous aurez trente ans vous le regretterez amèrement; il ne sera plus temps; car l'ange méconnu peut mourir ou se métamorphoser tellement dans la douleur que vous ne le reconnaîtriez plus; aimez-la donc, cette pure et belle Cécile, elle vous aime, et je crois que votre abandon la tuerait.

JULIEN. — Ce n'est qu'une enfant!

LÉONIE *tristement.* — Croyez-moi! je sais combien on peut souffrir à cet âge! vous ne vous doutez pas vous autres hommes, qui sortez du collège déjà gâtés, sans fraîcheur d'âme, sans aspiration d'amour, vous ne lisez jamais bien dans le cœur des femmes, et quand vous l'avez brisé, vous ne réparez rien. Légers à vingt-cinq ans, blasés à trente, matérialistes et égoïstes à quarante...

Mme DE LAURIS *à part.* — C'est vrai! mais je ne la comprends plus, que veut-elle?

LÉONIE. — J'en conclus que vous faites de tristes amants et de vilains maris. *(Elle se lève, prélude au piano et fredonne un air d'opéra.)*

MATHIEU *à part.* — Tentatrice, va! *(A Julien.)* Quel timbre de sirène!

JULIEN *s'approchant de Léonie.* — Vous avez toutes les séductions, toutes les grâces, décidez de mon sort; je ne puis vivre sans vous, dites un mot et ce soir même nous partons pour l'Italie, là vous disposez de ma destinée, de ma fortune, de...

MATHIEU. — De votre main!...

JULIEN *presse la main de Léonie avec passion.* — Oui, prononcez-vous!

LÉONIE *regardant vivement du côté de madame de Lauris, qui referme les yeux.* — Je prononce que vous êtes fou avec votre pantomime que votre tante peut voir, pas un mot de plus, surtout pas un geste, ou je n'accorde rien.

JULIEN. — Je me soumets et j'espère!

LÉONIE *avec coquetterie.* — A ce soir.

JULIEN. — Vous consentez?

LÉONIE. — A huit heures où je vous ai dit!...

JULIEN. — Dans l'orangerie, c'était donc sérieux?

LÉONIE. — Oui.

JULIEN. — Oh! merci, merci! *(Il veut lui prendre la main.)*

LÉONIE. — Encore!

SCÈNE X.

MADAME DE LAURIS, MATHIEU, LÉONIE, JULIEN, CÉCILE.

CÉCILE *sur le seuil de la porte observant Léonie et Julien sans être vue.* — De quoi la remercie-t-il?

MATHIEU *montrant Cécile à sa sœur.* — Cette jeune fille souffre, ma sœur!

LÉONIE *toujours au piano.* — Je le sais bien. *(Cécile va s'agenouiller auprès de sa grand'mère, qui entoure son cou de ses bras et la regarde avec amour.)* Et ce duo, Cécile, êtes-vous décidée? monsieur Julien, êtes-vous reposé?

CÉCILE. — Je suis toujours bien lasse.

JULIEN. — Moi, je repars! *(Entre un domestique.)*

LE DOMESTIQUE. — M. le marquis attend mademoiselle Cécile et monsieur Julien dans son cabinet. *(Le domestique se retire.)*

LÉONIE *à Cécile en souriant.* — C'est pour un duo qui n'aura pas besoin de mon accompagnement.

CÉCILE *à Léonie.* — Oh! vous pouvez nous suivre, mademoiselle!

JULIEN *à Cécile.* — Excusez-moi près de mon oncle, je suis forcé de repartir à l'instant, et je ne pourrai le voir que demain.

CÉCILE. — Vous vous excuserez bien vous-même, mon cousin. *(Saluant Léonie.)* Je me rends aux ordres de mon père. *(Elle sort.)*

LÉONIE *à Julien.* — Mais allez donc! je ne veux pas être réprimandée.

MATHIEU. — Il a raison, ma sœur, il est dans son rôle. *(A Léonie à part.)* Et toi, tu en joues auquel je ne comprends plus rien.

LÉONIE *avec coquetterie éconduisant Julien de la main.* — Bonjour, monsieur Julien; à ce soir, monsieur Julien!

JULIEN. — Vos paroles m'embrasent et vos regards me glacent, ils sont sataniques.

LÉONIE *avec ironie.* — Un gros mot de mélodrame! allez-vous recueillir, fixez-vous bien sur vos propositions et à tantôt.

JULIEN. — Un jour, une heure seul avec vous au prix de ma vie entière.

MATHIEU. — Phrase d'un poëte de la restauration; c'est perruque, la jeunesse!

JULIEN. — Dites que c'est indomptable. Ah! ce n'est pas monsieur mon oncle, ce n'est pas *(il désigne madame de Lauris)* ma respectable tante qui m'arrêteront. A ce soir!... *(Il sort.)*

SCÈNE XI.

MADAME DE LAURIS, LÉONIE, MATHIEU.

MATHIEU. — Tu abuses de la liberté, de la coquetterie, de la latitude de l'intrigue!

LÉONIE *après avoir fait boire madame de Lauris, qui referme les yeux.* — Vas-tu me faire un sermon?

MATHIEU. — Non, si tu es franche avec moi.

LÉONIE. — Avec toi toujours.

Mme DE LAURIS *à part.* — Ah! je vais savoir...

MATHIEU. — Quel est ton but dans ton double jeu avec ce jeune homme et M. de Lauris?

LÉONIE. — D'exciter le neveu jusqu'à l'enlèvement, jusqu'au mariage si l'oncle me dédaigne; car, vois-tu, il faut à mon cœur satisfaction ou vengeance!

MATHIEU. — Qu'est-ce à dire! cet ancien amour te tient au cœur, ou, pour parler plus juste, il sollicite ta vanité?

LÉONIE *avec attendrissement.* — Tu disais vrai, il me tient au cœur, mon frère! je n'ai pu le revoir impunément.

MATHIEU. — Lui! M. de Lauris?

LÉONIE. — Oui, M. de Lauris, mon premier amour, le seul pur, le seul fort dans la vie!

MATHIEU. — Quoi, tu aimes ce débris!

LÉONIE. — Ce débris porte en lui les souvenirs de ma jeunesse, de mes espérances, de mes douleurs; quand il paraît, je lui prête le visage d'autrefois!

MATHIEU. — Avant de le regarder.

LÉONIE. — Quand il parle, je crois qu'il va m'adresser des paroles qui vont à l'âme!

MATHIEU. — Avant de l'entendre.

LÉONIE *avec tristesse.* — Tu le trouves donc bien changé, toi? Mais pour moi, c'est toujours lui!... lui beau, aimé, ou plutôt lui qui plaisait, lui que j'aimais! Je le vois toujours avec mes yeux d'il y a quinze ans! Et tiens, mon frère, s'il m'aimait, s'il réparait le mal qu'il m'a fait, oh! je ne m'en cache pas, je serais bien heureuse!

Mme DE LAURIS *à part.* — Elle aime mon fils véritablement.

MATHIEU. — Ma bonne Léonie !
LÉONIE. — Depuis que je suis ici, j'oublie ma vie fiévreuse de Paris, je me plais dans la vie de famille ; cette campagne, ces arbres, ces montagnes, cela purifie le cœur comme le sang ; je voudrais être la mère de cette orpheline, la fille de cette aïeule, la femme de celui que j'ai aimé !
MATHIEU. — Allons, tu n'es pas une froide et méchante coquette ! tu es un bon cœur refoulé !
LÉONIE. — Les méchants ne le sont que parce qu'ils ont été aigris par le chagrin, on peut les désarmer par le bonheur.
MATHIEU. — Mais si ton espérance était encore déçue !
LÉONIE. — Oh ! si l'on me refuse ce bonheur qui m'est dû après tant de mécomptes, d'agitations, de labeurs, alors je marche sur le bonheur des autres, à mon tour je blesse et je torture !...
MATHIEU. — Oui, sus sur les bourgeois !
LÉONIE. — Ils nous molestent assez, nous, pauvres artistes, dont ils ne peuvent se passer pourtant !

SCÈNE XII.
Madame DE LAURIS, LÉONIE, MATHIEU, M. DE LAURIS, CÉCILE.

CÉCILE *appuyée sur le bras de son père.* — Non, mon père, je ne souffre pas.
LÉONIE *à Mathieu.* — Cours, stimule Julien.
MATHIEU *bas à Léonie.* — Je vais le lancer à toute vapeur. *(Il sort.)*
(M. de Lauris amène sa fille auprès de sa mère, dont il prend la main, qu'il pose sur l'épaule de Cécile ; madame de Lauris embrasse son fils et lui fait signe qu'elle veut reposer. Elle échange avec Cécile des caresses et des signes d'intelligence en désignant Léonie.)
M. DE LAURIS *montrant sa fille à Léonie.* — Elle est bien triste, consolez-la, aimez-la, et ne décidez rien contre moi avant que vous m'ayez entendu.
LÉONIE *froidement.* — Je vous ai entendu, monsieur, qu'auriez-vous de plus à me dire ?
M. DE LAURIS. — Vous le saurez bientôt ; à mon âge, au vôtre, oserai-je dire, on agit avec plus de réflexion qu'à vingt ans, mais on agit mieux ; permettez que nous causions encore une fois ; ici c'est impossible, mais chez vous ou chez moi ?...
LÉONIE. — Y pensez-vous ?
M. DE LAURIS. — Quoi ! vous doutez encore de moi ?
LÉONIE. — Je doute de ma destinée.
M. DE LAURIS *avec émotion et lui tendant la main.* — Confiez-vous.
LÉONIE. — Eh bien, j'accepte ! je vous entendrai non chez vous, non chez moi, mais dans un quart d'heure à l'orangerie. *(A part.)* Il y sera avant Julien.
M. DE LAURIS. — Merci. *(A Cécile.)* Notre bonne mère va mieux ; quand elle reposera, repose auprès d'elle, mon ange, et engage mademoiselle, qui a passé tant de nuits, à se retirer.
CÉCILE. — Dès à présent, mon père, je puis rester seule ici. *(M. de Lauris sort après avoir embrassé sa mère et sa fille et salué Léonie.)*

SCÈNE XIII.
Madame DE LAURIS, LÉONIE, CÉCILE.

LÉONIE *prenant la main de Cécile, qui fait un mouvement d'éloignement.* — Vous ne voulez donc plus de moi, ma chère enfant ! et vous, madame ? *(Elle sourit à madame de Lauris, qui lui fait un signe amical d'adieu.)*
CÉCILE *d'un ton contraint.* — La femme de chambre et moi suffirons ici, bonsoir, bonsoir, mademoiselle, allez reposer.
LÉONIE *avec bonté.* — Méchante, vous me chassez !
CÉCILE *glaciale.* — Peut-être êtes-vous attendue ?
LÉONIE. — Où donc ? *(A part.)* Pauvre enfant ! elle pressent, elle devine, elle aime déjà !
CÉCILE *avec aigreur.* — Est-ce que je le sais, moi ?
Mme DE LAURIS *à part.* — Son amour se trahit, la passion gronde en elle.
LÉONIE. — Tenez, Cécile, soyez franche ! depuis tantôt vous n'êtes plus la même que ce matin, qu'hier.
CÉCILE *avec irritation.* — Oh ! laissez-moi ! laissez-moi !
LÉONIE. — Vous n'avez rien à me dire, rien à me confier ?
CÉCILE. — Rien.
LÉONIE. — Rien à m'ordonner ?
CÉCILE. — Partez ! partez !
LÉONIE *avec fierté.* — J'obéis ; du moment où je ne suis plus une amie pour vous, je redeviens une subalterne qu'on paye et qui ne doit jamais être importune. *(Elle s'éloigne et dit à part sur le seuil de la porte.)* Ta confiance, ta douceur m'auraient touchée, jeune fille ! ta colère, tes soupçons me ramènent à la lutte, qui est ma vie. Adieu donc. *(Elle sort.)*

SCÈNE XIV.
Madame DE LAURIS, CÉCILE.

CÉCILE *avec agitation.* — Une amie, lorsqu'elle me trahit ! Oh ! trompeuse, trompeuse ! tu mens à moi qui t'aimais et qui me confiais ! Je souffre bien ! Si j'avais ma mère, elle me comprendrait, elle me guiderait, mais que dire à une aïeule ? l'amour, c'est si loin d'elle... elle doit l'avoir oublié ! *(Elle regarde du côté de madame de Lauris, celle-ci lui tend les bras, Cécile s'y jette.)* O ma bonne maman, si vous pouviez m'entendre !
Mme DE LAURIS *écrivant, Cécile lisant haut à mesure.* — Parle, j'entends un peu ce soir !
CÉCILE *avec véhémence.* — Elle nous trompe, elle nous trahit tous ; elle trompe mon père, qui se fie à elle et qui me disait tantôt : « Voudrais-tu l'avoir pour mère ? » elle vous trompe, vous, qu'elle soigne ; elle me trompe, moi, qu'elle caresse ; oui, oui, elle nous trahit tous, elle n'aime pas mon père, elle ne vous aime pas, elle est mon ennemie !...
Mme DE LAURIS *écrivant, Cécile lisant haut.* — Qu'en sais-tu ?
CÉCILE. — J'en suis sûre, puisqu'elle aime Julien, puisqu'elle l'enlève, puisqu'elle l'épouse ce soir !
Mme DE LAURIS *souriant, puis écrivant, Cécile lisant haut.* — En es-tu bien sûre ?
CÉCILE. — Si j'en suis sûre ! tantôt, dans la serre, ils ne me voyaient pas, mon cousin marchait auprès d'elle et soupirait ; tout à coup il a voulu lui prendre la main, elle s'est reculée et lui a dit avec son air inimitable : « Vous me laissez avec vos enfantillages. — Vous me traitez toujours en enfant, a répondu Julien ; vous vous trompez, j'ai la décision d'un homme, je ne veux plus vivre que pour vous. — Eh bien ! a-t-elle répliqué, nous en causerons : soyez ce soir à huit heures dans l'orangerie. — Ma vie, ma fortune sont à vous ! s'est écrié Julien. — Nous verrons bien, a-t-elle repris ; » et elle s'est enfuie en lui jetant un volubilis au visage. *(Elle pleure.)* O ma mère, ma mère ! cette femme est entrée ici pour me prendre mon bonheur.
Mme DE LAURIS *écrivant, Cécile lisant.* — J'ai tout vu, tout compris, tu te trompes, elle n'aime pas Julien.
CÉCILE. — Mais lui, il l'aime !
Mme DE LAURIS *écrivant, Cécile lisant.* — Il te reviendra.
CÉCILE. — Oh ! je n'en veux plus.
Mme DE LAURIS *écrivant, Cécile lisant.* — Laisse faire à la grand-mère.
CÉCILE. — Oui, vous m'aimez ! mais vous ne pouvez faire qu'il m'aime ; je vous dis que c'est fini.
Mme DE LAURIS *souriant en écrivant, Cécile lisant.* — Pas si vite ; je réponds de lui.
CÉCILE. — Vous ne l'avez pas entendu ! ses paroles sont là, elles ferment mon cœur. Mais vous souriez, vous ne me plaignez pas.
Mme DE LAURIS *écrivant, Cécile lisant.* — Tu oublies nos conventions, tu manques de foi.
CÉCILE *avec exaltation.* — Et vous, vous me croyez pas à mon malheur ! *(On entend sonner une horloge au dehors.)* Tenez, huit heures sonnent. *(Elle s'incline près de la porte-fenêtre entr'ouverte.)* J'entends des pas sur le sable près de l'orangerie ; laissez-moi m'approcher sur la terrasse, je les verrai, je les entendrai peut-être. *(Madame de Lauris fait des signes de tendresse et de supplication pour la retenir.)* Ma bonne mère, il faut que je sache !... Ah ! je veux savoir. *(Elle disparaît sur la terrasse.)*
Mme DE LAURIS. — Malheureuse enfant ! déjà passionnée. *(Elle se lève, et se traîne jusqu'à la porte-fenêtre en s'appuyant aux meubles.)* Où va-t-elle ? que fait-elle ?
CÉCILE *revenant éperdue.* — C'est bien elle, c'est bien lui, je les ai entendus ; ils parlent mariage, amour, félicité !... j'y vais, j'y vais. *(Madame de Lauris lui prend les mains et veut la retenir.)* Oh ! non, laissez-moi, je veux me montrer, je veux la confondre. *(Elle s'élance sur la terrasse et saute par-dessus la balustrade.)*
Mme DE LAURIS *oubliant le rôle qu'elle s'est imposé pousse un cri.* — Ah ! malheureuse enfant ! elle a franchi la balustrade au risque de se tuer ! *(Sur la terrasse, appelant.)* Cécile ! Cécile !

ACTE TROISIÈME.
Même décor. — Il fait nuit.

SCÈNE I.
JULIEN, MATHIEU, qui le suit. (Obscurité complète.)

JULIEN. — Cécile ! ma chère Cécile !
MATHIEU. — Ne criez pas si fort. Malgré sa surdité, vous allez réveiller madame votre tante.
JULIEN. — Ne faut-il pas qu'elle sache le malheur qui lui est arrivé ?
MATHIEU. — Est-ce d'une âme forte de répandre ainsi sa douleur ?

Venez, venez, allons chercher ailleurs mademoiselle Cécile; elle n'est point ici.

JULIEN. — Voilà plus d'un quart d'heure que vous me faites courir je ne sais où, sous prétexte de retrouver ma cousine, et en réalité, je crois, pour m'éloigner d'elle.

MATHIEU. — Ah! vous vous méfiez de moi?

JULIEN.. — Eh! n'êtes-vous pas le frère de cette femme diabolique qui met tout ici à feu et à sang.

MATHIEU. — Quelle énorme hyperbole!

JULIEN. — Comment! ça n'est pas vrai peut-être, textuellement vrai! Si le sang de Cécile a coulé, c'est à cause d'elle; c'est elle qui a soufflé le feu entre moi et mon oncle avec ses agaceries, ses œillades, ses mines provocantes, ses doubles rendez-vous! Car enfin, vous l'avez entendue, elle m'a dit ici, devant vous, son frère : « A ce soir huit heures, à l'orangerie! » Je m'y rends plein de confiance, vous étiez là tout près. Dans ma folie, car elle m'avait affolé, vous savez que je lui ai offert ma fortune, que je lui ai proposé de nous enfuir en Italie; mais, au lieu d'une réponse, elle m'a fait un grand éclat de rire, puis tout bas : Chut. j'entends marcher, rejoignez vite mon frère... Je veux savoir qui s'approche d'elle; je crois reconnaître la tournure de mon oncle, bientôt je n'en doute plus, c'est lui, lui à qui elle dit : « Mon cher Paul, vous venez d'entendre ce grand enfant, il est temps de veiller sur le bonheur de Cécile! » En ce moment, quelque chose s'élance de la terrasse, j'entends ce cri : « O Julien, Julien! c'est mal! » Une robe blanche m'effleure, je reconnais l'ombre et la voix de Cécile. D'autres voix s'écrient : « Malheureuse enfant! » On l'entoure; vous m'entraînez, et je ne sais pas même si cette jeune fille que j'ai sacrifiée s'est blessée ou s'est tuée pour moi!

MATHIEU. — Rassurez-vous, la terrasse est basse, le gazon qui la borde est très-moelleux; puis son père et ma sœur l'auront reçue dans leurs bras...

JULIEN. — Pour l'étouffer!... Oh! les institutrices! les institutrices! les voilà bien ces limiers des pères veufs, ces pourchasseuses des oncles, des frères et des cousins, ces pestes des maisons, ces Némésis des familles; elles poussent au suicide, elles excitent l'assassinat!

MATHIEU. — Vous êtes très-amusant!

JULIEN. — Vous me raillez! Parbleu, je ne le souffrirai pas; vous avez été le fil conducteur de tout ceci, et vous m'en rendrez raison!

MATHIEU. — Attendons le jour!

JULIEN. — Il faut que je me batte avec quelqu'un, avec vous ou avec mon oncle!

MATHIEU. — Avec votre oncle, ce sera plus dramatique.

JULIEN. — C'est lui qui m'a supplanté.

MATHIEU. — Je tends la main à votre ressentiment. Oui, votre oncle vous a mystifié, berné; ne l'avez-vous pas entendu dire en riant à ma sœur : Je vous remercie d'avoir donné une leçon à ce fat?

JULIEN. — Une leçon, une leçon! cela ne se passera pas ainsi : je me battrai!

MATHIEU. — Avec votre oncle?

JULIEN. — Oui.

MATHIEU. — Magnifique situation, mon cher! la situation du Cid! Mais un conseil d'abord.

JULIEN. — Lequel? faites vite.

MATHIEU. — Avant le duel, commencez par vous réconcilier avec la fille; car si vous tuiez le père, ce serait plus difficile.

JULIEN. — Bah! elle passera par-dessus tout : elle m'aime avec passion, avec frénésie; n'a-t-elle pas voulu se donner la mort pour moi!

MATHIEU. — Vous voilà un véritable héros de roman. Comment votre amour-propre pouvait-il découvrir une injure là où il n'y a que glorification pour vous?

JULIEN. — Sans doute, sans doute, si j'ai été joué par une coquette, un ange m'a bien vengé. Quelle candeur! quelle exaltation! que d'amour!

MATHIEU. — Vous devriez être radieux!

JULIEN. — J'en suis tout ému, tout ahuri.

MATHIEU. — Montrez-vous donc triomphant!

JULIEN. — Oui certes.

MATHIEU. — Enfin je vous retrouve! De la tenue, mon cher, vis-à-vis les femmes, de la tenue! Vous vous devez de sauvegarder votre dignité. Ma sœur vous a maté, disiez-vous, gardez-vous bien de le paraître. Ne sentez-vous pas que c'est s'avouer sot que de convenir qu'on a été joué par une coquette? Votre oncle a voulu vous donner une leçon, eh bien! tournez-la contre lui.

JULIEN. — Comment?

MATHIEU. — Soyez ravi, réellement ravi de l'amour de votre cousine.

JULIEN. — Je le suis.

MATHIEU. — Montrez une grande passion pour elle.

JULIEN. — Je l'éprouve.

MATHIEU. — Allons la chercher, venez la convaincre, et que lorsque ma sœur et son prétendu entre deux âges se montreront ici vous y paraissiez, vous, la main dans la main de votre jeune fiancée, donnez-vous le régal de leur étonnement, là est la vengeance.

JULIEN. — Pardieu! vous avez raison, vous êtes un véritable ami; allons vite. (Ils sortent par la porte du fond.)

SCÈNE II.

M. DE LAURIS, Madame DE LAURIS.

(M. de Lauris entre par la porte de gauche portant sa mère dans ses bras, il la dépose sur le fauteuil dormeuse et l'embrasse. Un domestique pose des flambeaux sur la cheminée et se retire.)

M. DE LAURIS. — Ma mère, ma bonne mère, que d'émotions à la fois! Quelle terreur! quelle joie! mais la joie survit seule, vous parlez, vous entendez, vous êtes guérie!

Mme DE LAURIS. — Oui, guérie, mais troublée, mais tremblante encore pour ma pauvre Cécile! Allons la retrouver.

M. DE LAURIS. — Rassurez-vous, elle va venir, elle est avec une autre mère qui l'instruit de la vérité.

Mme DE LAURIS. — La vérité, je ne la distingue plus en tout ceci du mensonge : d'abord j'avais cru comprendre le dessein de Léonie; mais quand Cécile l'a entendue accepter l'offre de Julien...

M. DE LAURIS. — Mais ce Julien, c'était moi.

Mme DE LAURIS. — Toi qui lui parlais mariage?

M. DE LAURIS. — Eh! oui, vous ne savez pas! je l'ai aimée autrefois; l'amour m'est revenu en la retrouvant. J'ai voulu le combattre par deux mauvais sentiments : l'intérêt et la vanité; mais l'amour vrai, l'amour pur l'a emporté!

Mme DE LAURIS souriant. — Pur! grâce à la pauvre fille, car si elle avait été moins fière!... Je connais vos péchés d'intention, monsieur Paul!

M. DE LAURIS. — Quoi! ma mère, vous entendiez donc?

Mme DE LAURIS. — Un peu.

M. DE LAURIS. — Vous parliez peut-être aussi?

Mme DE LAURIS. — Peut-être!

M. DE LAURIS. — O méchante mère, pourquoi nous donner cette inquiétude de vous croire privée de l'ouïe et de la parole?

Mme DE LAURIS. — C'est Molière qui l'a dit, mon cher fils : « On ne voit pas les cœurs! » Nous ne pouvons les pénétrer que s'ils se dévoilent d'eux-mêmes, et ils ne le font librement que lorsqu'ils ne se sentent pas observés. J'étais là comme une chose inerte, comme un meuble, chacun s'est trahi devant moi. J'ai voulu savoir, j'ai vu.

M. DE LAURIS avec anxiété. — Eh bien! que savez-vous d'elle? elle a dû parler sans défiance devant vous! m'aime-t-elle?

Mme DE LAURIS. — Elle t'aime, mon fils! non de l'amour d'une jeune fille, mais de l'amour réfléchi d'une femme de trente ans, aux allures libres et décidées, sans pour cela manquer de pudeur et de conscience.

M. DE LAURIS. — Et vous croyez qu'un tel amour n'est pas un calcul au moins?

Mme DE LAURIS. — Non, c'est un souvenir, une habitude de l'âme; si tu l'avais entendue parler de toi à son frère, tu aurais été ému. Elle mérite que ce qui a été jusqu'ici la tristesse de sa vie en devienne la douceur et l'orgueil.

M. DE LAURIS. — Merci, merci, ma bonne mère, vous consentez donc à la nommer votre fille?

Mme DE LAURIS. — C'est une réparation, c'est une récompense pour ses années de peine et de travail. Nous autres heureux, mon ami, nous devons à ceux qui ne le sont pas l'exemple de la justice.

M. DE LAURIS. — Que je vous embrasse, ma chère mère, d'être si bonne, si éclairée, et de sanctifier ma passion; je tremblais d'être réprimandé.

Mme DE LAURIS. Te voilà donc redevenu jeune homme, mon pauvre Paul! j'en suis aussi toute rajeunie! Tu seras heureux, va; c'est un bon cœur qui est resté fier et droit à travers un monde qui ne l'est guère.

M. DE LAURIS. — Vous la bénirez donc?

Mme DE LAURIS. — De toute mon âme.

M. DE LAURIS. — Tenez, la voilà! Cécile s'appuie à son bras! Voyez, qu'elles sont charmantes toutes les deux ainsi!

SCÈNE III.

M. DE LAURIS, Madame DE LAURIS, LÉONIE, CÉCILE.

M. DE LAURIS. — Arrivez! arrivez! notre mère est guérie : elle parle, elle entend! C'est vous deux qui avez fait ce miracle!

LÉONIE. — C'est l'amour maternel!... c'est l'effroi senti au coup de tête de notre chère Cécile!

Mme DE LAURIS riant. — Oh! oui, cela s'est vu dans l'histoire.

CÉCILE. — Que j'étais injuste, que j'étais folle, et que vous aviez raison de dire qu'elle était bonne! (Elle embrasse Léonie.) Vous deviniez donc, vous?

Mme DE LAURIS souriant. — La vieillesse entend les pensées même en n'entendant plus les paroles.

CÉCILE avec finesse. — Il me vient une idée : pour faire notre bonheur à tous, vous vous êtes moquée ici de tout le monde?

Mme DE LAURIS souriant. — Qu'est-ce à dire, mademoiselle?

CÉCILE. — Ce dont je suis presque sûre à présent, c'est que bonne maman n'était pas sourde et peut-être pas muette.

Léonie *s'agenouillant aux pieds de madame de Lauris*. — O madame, quelle confusion! Quoi! vous m'auriez entendue... vous auriez compris...

Mme DE LAURIS *la relevant*. — J'ai compris que vous étiez un pauvre cœur tourmenté, mais excellent. — Ne m'avez-vous pas sauvé la vie? Si je n'ai pas cessé de parler et d'entendre, c'est à vos soins que je le dois! Ma voix ne s'élèvera jamais contre vous. (*Elle l'embrasse.*) Vous êtes une bonne fille!... vous êtes ma fille!

LÉONIE. — Oh! Dieu soit béni, j'ai une famille!

CÉCILE. — Mon père, vous souvenez-vous que vous me demandiez ce matin si je voulais que mademoiselle fût ma mère? Eh bien! oui, je le veux, je le désire! Je serai heureuse de vous voir heureux; mais il faut que mademoiselle Léonie me donne une dernière leçon!

LÉONIE. — Laquelle, cher ange?

CÉCILE *avec câlinerie*. — Comment avez-vous fait et comment faut-il que je fasse pour me faire aimer de ce fantasque Julien?

LÉONIE *la regardant avec tendresse*. — Avec cette grâce, cette candeur, cet esprit, cela devrait aller tout seul d'être aimée! mais les hommes apprécient mal les droits sentiers tout fleuris; il faut à leurs pas quelques cailloux, quelques épines.

CÉCILE. — Ah! bien! bien!... il s'agit donc de changer les fleurs en pierres et en ronces qui chatouillent durement les pieds de mon cousin.

LÉONIE. — Soyez un peu volontaire, un peu moqueuse, et faites-lui faire pénitence du chagrin qu'il vous a causé.

CÉCILE. — Vous pensez qu'en le maltraitant il m'aimera mieux?

LÉONIE. — Oui, il craindra de vous perdre.

CÉCILE. — Hélas! tient-il à moi?

LÉONIE. — Plus que vous ne croyez, plus qu'il ne le croit lui-même.

M. DE LAURIS. — Il mérite une dure leçon!

Mme DE LAURIS *à son fils*. — Laisse-les faire... je voudrais bien voir que tu fusses aujourd'hui sévère et grondeur!

M. DE LAURIS. — C'est vrai, je ne saurais comment m'y prendre.

Mme DE LAURIS. — Pour toucher à certains côtés du cœur, il faut des mains de femme.

M. DE LAURIS. — Des pattes de chatte.

CÉCILE. — Vite! vite! dites-moi comment je puis prendre ma revanche?

LÉONIE. — Il va venir, il s'excusera, je le prévois; il s'attendrira, c'est certain : soyez sereine, étonnée, moquez-vous un peu de lui.

CÉCILE. — Mais s'il ne venait pas?

LÉONIE. — Chère amie, vous l'aimez bien! Rassurez-vous, ne l'avez-vous pas entendu vous cherchant, vous appelant! Mon frère l'éloignait de nous à dessein; mais ils vont venir!

CÉCILE. — Eh bien! que faire?

LÉONIE. — Nous cacher là, dans l'alcôve, avec votre père; nous l'entendrons, sans être vues, parler de vous, de moi... nous serons ainsi sur la défensive, et si notre mère, notre sauvegarde à tous, consent à rester là muette et immobile, comme il ignore le miracle dont nous savons le secret, nous, quand il le verra s'opérer tout à coup, jugez de sa surprise, de son effroi! (*A M. de Lauris.*) Qu'en pensez-vous?

M. DE LAURIS. — Vous êtes un ange par le cœur, un démon par l'esprit!

Mme DE LAURIS. — C'est une vraie femme du dix-huitième siècle, mon fils!

M. DE LAURIS. — Ma mère, vous m'effrayez!

Mme DE LAURIS. — Mais j'en suis, moi, de ce siècle calomnié!

LÉONIE *à M. de Lauris*. — Méchant! ma légèreté n'était que pour vous reconquérir; désormais elle abdique. (*Elle passe son bras sous celui de M. de Lauris, et offre l'autre à Cécile.*) Je les entends, venez.

CÉCILE *riant*. — Je grille de voir sa confusion.

LÉONIE *à M. de Lauris*. — Ces jeunes filles vous ont un sourire intérieur qui tarit vite les larmes. (*Ils se cachent tous trois dans l'alcôve.*) (*Madame de Lauris s'allonge dans son fauteuil et fait semblant de dormir.*)

SCÈNE IV.

Madame DE LAURIS, JULIEN, MATHIEU.

JULIEN *avec agitation*. — Je ne la trouve nulle part, ni dans sa chambre, ni dans celle de mon oncle, ni ici; voilà ma tante qui dort tranquille, sans se douter que sa petite-fille est partie, peut-être pour toujours! malade, mourante, morte, qui sait?...

MATHIEU. — Vous voulez donc absolument être un héros de mélodrame et qu'une femme se soit tuée pour vous?

JULIEN. — Ne raillez plus, je vous le défends! Oh! elle, ce n'est pas une froide coquette comme votre sœur!... c'est un cœur de feu et d'or comme le soleil!

MATHIEU. — Vous devenez inspiré!... mais qui donc vous contredit sur les mérites de mademoiselle Cécile? Ma sœur elle-même vous disait ce matin, quand vous lui parliez d'amour : « Aimez Cécile, elle vaut mieux que moi; elle est plus belle, plus jeune, plus candide! »

JULIEN. — Je le crois bien!

Mme DE LAURIS *ouvrant les yeux, à part*. — Cœur léger! (*Elle fait signe à Julien d'approcher.*)

JULIEN. — O ma bonne tante, vous me voyez donc!... que ne pouvez-vous m'entendre!... Cécile! Cécile! (*Il parcourt l'appartement comme pour chercher.*) O ma tante, vous me comprenez? (*Madame de Lauris sourit et fait un signe affirmatif.*) M'entendez-vous? (*Nouveau signe de tête de madame de Lauris qui veut dire oui.*) Rendez-la-moi! rendez-la-moi!... je vous fais le serment de la rendre heureuse!

Mme DE LAURIS *se levant tout à coup*. — Vous avez fait ce matin un autre serment.

JULIEN *reculant*. — Ciel! vous parlez!

MATHIEU. — Je m'en suis douté tantôt à certain sourire qui me répondait.

Mme DE LAURIS. — Oui, j'ai tout entendu, tout, c'est vous dire que j'aurai beaucoup à oublier.

MATHIEU. — Oubliez, madame la marquise! la mémoire a une mauvaise langue, qui calomnie trop souvent.

Mme DE LAURIS. — La mienne est discrète et bonne, elle ne répète rien et vous excuse tous.

JULIEN. — Tout le monde jouait donc la comédie! pas Cécile du moins?

CÉCILE *se montrant et riant*. — Moi comme les autres, mon cousin!

JULIEN *stupéfait*. — Vous, Cécile! vous! et vous riez!

CÉCILE. — Faut-il donc que je pleure sur vos péchés? Ma foi, non, j'aime mieux vous en faire repentir.

JULIEN. — Je vous contris, repentant, mais je ne comprends pas que vous soyez, vous, calme et riante.

CÉCILE. — Riante comme le triomphe!

JULIEN. — De qui triomphez-vous?

CÉCILE. — De vous, mon petit Julien, de vous à qui j'ai fait croire que bonne maman n'entendait pas, et qui avez dit devant elle toute sorte de choses...

Mme DE LAURIS. — Très-sottes et très-laides.

CÉCILE. — De vous, monsieur le présomptueux, qui vous êtes imaginé que mademoiselle Léonie voulait vous plaire, tandis qu'elle tendait un piège à votre infidélité pour éclairer ma confiance; de vous enfin qui avez eu l'orgueil de croire que j'étais désespérée et que je me jetais dans la fenêtre pour vous.

JULIEN. — Mais je l'ai vu, ceci, vu de mes yeux!

CÉCILE. — Comme un enfant impatient, qui ne prend pas le temps de descendre, je sautais seulement pour embrasser mon père et ma chère Léonie, à qui je n'avais pas dit bonsoir!

JULIEN *avec dépit*. — Quoi! vous n'étiez pas jalouse? quoi! vous ne m'aimiez pas?

CÉCILE. — C'est parce que je vous aime que je veux me conserver jolie et ingambe, et que je ne ferais pas la sottise de me jeter par les fenêtres.

MATHIEU. — Bien dit, très-bien, elle a autant d'esprit qu'elle est charmante.

JULIEN. — Je crois rêver!

Mme DE LAURIS. — Vous avez beaucoup trop rêvé depuis quelque temps!

JULIEN. — C'est vrai, j'ai été le jouet de mes songes.

SCÈNE V.

Madame DE LAURIS, JULIEN, MATHIEU, LÉONIE, M. DE LAURIS.

M. DE LAURIS. — La réalité vaut mieux, mon cher Julien.

CÉCILE *à Julien*. — Mon père a raison, écoutez-le... M'aimez-vous?

JULIEN. — C'est possible! on verra!

LÉONIE *à Julien*. — Je vous l'avais bien dit, que vous n'aimiez qu'elle, comme moi (*montrant M. de Lauris*), je n'aimais que lui! (*Tendant sa main à Julien.*) Faisons la paix; après tout, vous m'avez été utile : sans vous peut-être la cendre de mes souvenirs ne se serait pas ranimée.

M. DE LAURIS *à sa mère*. — Comme elle sait bien le contraire!

MATHIEU. — Touchant tableau ! voilà des amours de l'âge d'or!

LÉONIE. — Non des amours du siècle, mon frère; le cœur y est pour beaucoup, mais l'esprit n'y nuit pas.

MATHIEU. — Le savoir-faire en tisse la trame, le sentiment broche sur le tout.

LÉONIE. — Ne nous calomnie pas, mon frère; crois-moi, nous sommes dans la vérité des passions en en éloignant le romanesque faux et l'idéal impossible.

Mme DE LAURIS. — Elle a raison.

M. DE LAURIS. — Toujours, ma mère.

MATHIEU *à Julien*. — Si vous suivez mon conseil, nous les laisserons à leur idylle, et nous irons passer six mois à Naples!

JULIEN. — Y pensez-vous, seul?

MATHIEU. — Comptez sur moi! je ne vous quitterai pas; j'aime le macaroni.

CÉCILE. — Je suis de l'avis de M. Mathieu, mon cousin, j'exige six mois d'absence pour vous rendre vos grades de chevalier ! au retour je ne serai plus une petite fille !

JULIEN. — Mais elle est adorable avec ces airs-là !

MATHIEU. — Il y a longtemps qu'elle l'est !

M. DE LAURIS à *Julien*. — Vous le sentirez encore mieux quand vous reviendrez.

JULIEN. — Vous me chassez !

Mme DE LAURIS. — Vous partez enfant, vous nous reviendrez homme !

JULIEN *bas à Cécile*. — N'est-ce qu'une épreuve ?

CÉCILE *bas à Julien*. — Oui.

JULIEN *à Cécile*. — Je m'y soumets.

MATHIEU *à Julien*. — L'ennui entre ici avec la vertu, sortons-en bien vite ! (*A Léonie.*) Adieu donc !... sans amoureux à tourmenter, sans intrigue à conduire, que vas-tu devenir, pauvre sœur ?

LÉONIE. — Bonne mais frivole nature qui ne comprend pas que la douleur fait dévier le cœur, mais que le torrent qui ravage devient une source bienfaisante si on lui creuse un lit sur une pente douce.

Mme DE LAURIS. — Je l'ai compris, moi... (*montrant son fils*) et lui aussi.

LÉONIE *avec attendrissement*. — Ma mère, quinze ans de ma vie sont effacés !... je rajeunis de quinze ans !

M. DE LAURIS *regardant tour à tour Léonie et Cécile*. — Ma foi, on pourrait croire qu'elles sont sœurs !

Je l'ai compris, moi, et lui aussi.

FIN DE L'INSTITUTRICE.

Paris Typographie Plon frères, rue Garancière, 8.

www.ingramcontent.com/pod-product-compliance
Lightning Source LLC
Chambersburg PA
CBHW070707050426
42451CB00008B/534